IMAMS D'EUROPA

IEMed.

IMAMS D'EUROPA
LES EXPRESSIONS DE L'AUTORITAT RELIGIOSA ISLÀMICA

Editors: Gemma Aubarell - Jordi Moreras
Coordinació tècnica: Xavier Aragall

Disseny de la col·lecció: David Torrents
Maquetació: Carla Bahna
Impressió: VALANT2003
Dipòsit Legal: B-28149-2005

Girona 20, 5a planta
08010 Barcelona
www.iemed.org
ISBN: 84-393-6754-6

LES EXPRESSIONS DE L'AUTORITAT RELIGIOSA ISLÀMICA

PRÒLEG

EL LLOC DE L'ISLAM EN LA SOCIETAT CATALANA

Andreu Claret. Director de l'Institut Europeu de la Mediterrània

EL LLOC DE L'ISLAM EN LA SOCIETAT CATALANA

El debat sobre el lloc de l'islam en les societats europees està marcat per un context enrarit on la sospita, que s'ha apoderat de la opinió pública, fa difícil copsar la naturalesa d'aquesta confessió religiosa i formular propostes de gestió semblants a les que regulen l'activitat de les que estan més arrelades en la societat catalana. Aquesta circumstància reforça, però, l'interès i la urgència d'una aproximació serena al fenomen de l'islam en els països europeus, basada en el coneixement de la seva singularitat, la seva història, i del paper que hi ocupen les seves autoritats religioses. Aquest llibre, editat per l'Institut Europeu de la Mediterrània (IEMed) vol ser una contribució a aquest coneixement i al debat assossegat que demana la gestió de l'islam en l'espai públic. A Catalunya i a l'Estat espanyol, on la presència significativa de musulmans és més recent que en altres països de la Unió Europea, i on el fenomen de la immigració també ho és, aquesta necessitat és encara més imperiosa, ja que a la desconfiança pròpia de les societats occidentals s'hi afegeix un acusat desconeixement de l'islam i de les expressions públiques associades a aquesta religió en el món acadèmic i entre polítics i periodistes. Aquest retard en la diversificació cultural i religiosa de la nostra societat pot tenir, però, algun avantatge: la possibilitat d'aprendre d'altres experiències i tradicions, com les que s'analitzaren en el Seminari que és en l'origen del llibre: les de França, Holanda, Bèlgica, el Regne Unit, i altres societats europees de llarga tradició migratòria i de gestió de la diversitat cultural. La valoració de les estratègies diverses de reconeixement de l'islam que han conegut altres països europeus, amb èxit en alguns casos i en d'altres no tant, pot ser de gran utilitat a l'hora d'elaborar el nostre propi model de gestió de les comunitats musulmanes. El debat que vol suscitar aquesta aportació de l'IEMed implica foragitar prèviament la sospita i superar les percepcions estereotipades. No es pot comprendre ni actuar des del recel permanent. Aquest duu a una caricatura de l'islam i de les pràctiques culturals que el caracteritzen. Facilita una amalgama entre els temes que ens ocupen en aquest llibre –propis de la gestió pública dels espais i les pràctiques religioses– amb d'altres que corresponen al respecte de la llei o a l'actuació dels serveis d'intel·ligència i les forces de seguretat en la seva acció contra el terrorisme internacional. És cert que el context no podia ser pitjor. El Seminari sobre «L'estatus del personal religiós musulmà a Europa», organitzat per l'IEMed en col·laboració amb la Secretaria d'Afers Religiosos de la Generalitat de Catalunya, que està en l'origen d'aquest llibre, es va celebrar el 28 de gener de 2003, poc més d'un any després dels atemptats de l'11 de setembre de 2001, quan el debat públic sobre la presència de l'islam en les societats occidentals ja havia quedat contaminat per aquests esdeveniments. Vàrem creure, encertadament, que la desconfiança que els atemptats van estendre sobre les comunitats musulmanes residents a Occident, feia més necessària la reflexió sobre el seu coneixement i el reconeixement de les seves autoritats religioses. Durant els mesos següents a la celebració del Seminari, Casablanca i Madrid van ser objecte d'accions terroristes del mateix signe. L'origen marroquí i algerià de la majoria dels terroristes implicats va facilitar l'extensió de l'amalgama als immigrants. El fet que alguns dels autors o còmplices detinguts a la matança de Madrid haguessin format part de la feligresia de diverses mesquites de la capital espanyola va dirigir el reguard cap als oratoris musulmans presentats, de manera indiscriminada i sovint gens fonamentada, com a centres de difusió d'un islam rigorista, aliment espiritual dels jihadistes. D'aquí a atribuir a les mesquites un paper determinant en la preparació de les accions delictives comeses per musulmans només hi havia un pas, que van fer alguns creadors d'opinió i fins i tot alguns responsables polítics. És en aquest context, viciat per l'emergència del terrorisme internacional de signe islamista, on el debat intel·lectual i polític sobre les mesquites i els imams, i sobre altres manifestacions relacionades amb la presència de l'islam en l'espai públic, ha adquirit una visibilitat sobtada i un interès renovat per part de les institucions i de la societat civil. L'IEMed ha intentant fer una contribució significativa a aquest debat des dels seus orígens, l'any 1989, amb la convicció que som davant d'un tema de gran transcendència, en què s'hi juguen drets individuals però també realitats col·lectives. Drets dels nouvinguts que vénen amb la maleta carregada de noves demandes, i dret de la societat catalana a maldar per la seva cohesió i la seva identitat. La diversitat d'experiències que presenten els països europeus és una crida a la prudència i un toc d'atenció davant de la temptació d'importar models forans. Cada país, a partir de la seva tradició, de la seva cultura política, de la relació que s'hi estableix entre l'estat i la societat, ha de definir el marc legal que reguli les noves demandes. Només cal veure la diversitat de legislacions i pràctiques administratives existent a la Unió Europea sobre l'ostentació dels signes externs religiosos, o sobre la disposició del menjadors escolars a adaptar-se a la diversitat cultural dels estudiants, per concloure que no existeix un manual europeu de bones pràctiques en matèria de gestió de la diversitat. No hauríem de concloure, però, que cada país té la seva solució, en funció de la seva tradició, i que n'hi ha prou de fer passar les noves demandes per l'adreçador dels vells costums. El fracàs pot venir d'un excés de relativisme cultural, que no promou la integració, però també de la imposició d'un laïcisme dogmàtic, que es mostra impotent per gestionar la complexitat. En definitiva, el que apunta aquest llibre no són solucions, però sí uns quants principis i criteris per elaborar polítiques que permetin reconèixer les autoritats musulmanes, dignificar els centres de culte, contribuir a la formació dels imams en la seva condició de pastors espirituals d'una comunitat de creients, però també en la de persones de referència cívica per a molts musulmans i, per tant, en agents del procés de socialització de molts dels nouvinguts que s'incorporen a la societat catalana. Com en altres publicacions de l'IEMed que aborden les transformacions socials contemporànies, aquest llibre aporta idees per gestionar la diversitat. Assumint el principi segons el qual aquesta gestió de la diversitat pot ser compatible amb la defensa de la cohesió social i de la identitat si s'adapta, amb imaginació, a la realitat de cada país. Només així s'assolirà que els immigrants esdevinguin ciutadans i facin seva la necessitat de la cohesió de la societat catalana i de la seva identitat col·lectiva.

INTRODUCCIÓ

IMAMS D'EUROPA: RECONEIXEMENT, FORMACIÓ I INSTITUCIONALITZACIÓ

Gemma Aubarell. Directora de programació, Institut Europeu de la Mediterrània.
Jordi Moreras. Consultoria Tr[à]nsits. Barcelona.

A Europa, diferents estimacions situen la presència d'entre dotze i quinze milions de musulmans. Molts d'ells mantenen vincles més o menys estrets amb algun trajecte migratori, el que varen protagonitzar ells mateixos, o el que varen fer els seus avis o pares. Molts d'ells també han adquirit la nacionalitat dels països on viuen. Molts han vist créixer i formar-se els seus fills com a europeus. Indicadors estadístics com aquests mostren que la figuració d'un islam europeu és ja una realitat. A Espanya i a Catalunya, la prevalença del factor migratori és molt més forta que en altres realitats nacionals europees, ja que la nova presència musulmana a penes si acumula quatre dècades. Es calcula que a Catalunya hi ha entre 150.000 i 200.000 persones d'origen musulmà, majoritàriament d'origen estranger, cosa que representa gairebé el 2,3% del total de la població catalana. Malgrat que la presència de l'islam a Catalunya és relativament recent, el seu ràpid creixement numèric, així com la seva estructuració comunitària (es calcula que hi ha uns 140 oratoris musulmans), afavoreix una major visibilitat social, que es tradueix en l'expressió d'una voluntat de reivindicació del seu espai en la nostra societat. Les implicacions del seu reconeixement social plantegen nous interrogants a resoldre per part de les administracions públiques i els experts en el tema. Un dels principals aspectes a l'hora d'abordar el reconeixement de les comunitats musulmanes és el paper de les autoritats religioses islàmiques, ja que en un context migratori, els imams han d'acomplir una doble funció: d'una banda, vetllar pel contingut normatiu i espiritual de la creença musulmana i, de l'altra, adequar-la al fet de viure en un context social no musulmà. De fet, des de fa uns quants anys, la qüestió de l'autoritat religiosa en el si de les comunitats musulmanes a Europa desperta un creixent interès, almenys des de tres perspectives diferents: l'acadèmica, la de les opinions públiques europees, i la dels poders polítics. Els primers interpreten que l'heterogènia expressió de perfils d'una autoritat doctrinal islàmica, barrejats amb altres formes de lideratge, és indicativa de la manera en què s'està forjant el procés de configuració comunitària d'un islam europeu. Pel que fa a l'opinió publica, a nivell europeu hi ha una preocupació creixent pel paper dels imams i la interpretació que aquests fan sobre l'islam. Per a les institucions polítiques, mentre la qüestió de la representació de l'islam a nivell nacional és encara un tema pendent, la identificació religiosa d'aquests lideratges comunitaris s'interpreta com un interrogant als models laics de relació política. Amb la realització del Seminari sobre l'estatus del personal religiós musulmà a Europa que dóna peu a la present publicació, l'Institut Europeu de la Mediterrània i la Direcció General (anteriorment Secretaria) d'Afers Religiosos ens proposàvem principalment contextualitzar els trets de la presència islàmica a Catalunya en el conjunt de les realitats a Europa. Aquest marc comparat ens permetria conèixer les experiències que, en el marc d'una vivència més llarga poguessin ser d'utilitat per tal d'orientar Catalunya en aquest àmbit. L'objectiu de base era anotar estratègies per tal de poder treballar aquesta creixent pluralitat religiosa a Catalunya, tant des del punt de vista del desenvolupament i l'aplicació dels marcs legals existents, com de la promoció d'iniciatives de sensibilització social. D'aquesta sessió es volia extreure elements de referència per tal de poder aplicar-los al context català. El resultat final d'aquest Seminari el constitueix la present edició de les seves actes, que es veuen complementades amb una introducció teòrica general, amb un capítol que presenta la qüestió de les autoritats religioses a Espanya, així com d'un darrer apartat bibliogràfic amb les principals referències acadèmiques respecte d'aquesta qüestió. La publicació que presentem comptà amb la participació de destacats experts europeus de reconegut prestigi en l'estudi de les comunitats musulmanes a Europa. Felice Dassetto (Université Catholique de Louvain), Franck Frégosi (Société, Droit et Religion en Europe, CNRS, Strasbourg), Philip Lewis (University of Bradford), Nico Landman (Utrecht University), Valérie Amiraux (CNRS, Université de Picardie) i Jordi Moreras (Consultoria Tr[à]nsits, Barcelona). El llibre aborda la qüestió del lideratge i les autoritats doctrinals islàmiques, a partir de quatre perspectives: el reconeixement legal dels imams i la seva equiparació amb altres figures religioses a Europa, les iniciatives de formació per a imams a Europa (models proposats i avaluació de les experiències), els imams com a actors socials i el seu rol en la inserció de les comunitats musulmanes a Europa, i la institucionalització de l'islam i la qüestió del lideratge i l'autoritat doctrinal. És amb aquest propòsit que el llibre presenta una estructura que recull en primer lloc una anàlisi de la figura de l'imam en el context migratori, seguit de la situació de l'autoritat i el lideratge religiós en l'islam europeu. A partir d'aquesta explicació, el llibre proposa endinsar-nos en diversos exemples de països europeus. La presència islàmica i, conseqüentment, la situació dels imams, és molt diversa a cada país. L'origen i tipologia dels fluxos migratoris i l'estatut legal que cada país atorga a les confessions religioses determina aquesta complexitat. A França, per exemple, on la majoria de la població musulmana provè de les antigues zones colonitzades del Magreb i de l'Àfrica subsahariana, el model de relacions amb les confessions es defineix a partir d'una laïcitat d'estat sobre la qual se sustenta el model individualista republicà. Avui en dia, quan se celebra el centenari de la llei que el 1905 ratificava aquesta laïcitat, es produeixen intensos debats a l'entorn dels límits i dimensions d'aquesta laïcitat. En molts d'aquests debats, la qüestió de l'islam en l'espai públic, especialment a través del cas de l'ús, de manera ostentosa, de signes religiosos en escoles i altres espais de dependència pública, ocupa una inusitada centralitat. Tanmateix, però, la voluntat de l'Estat francès és clara en el sentit de proposar models d'organització de l'islam francès. En aquest sentit, l'actual ministre de l'Interior, Dominique de Villepin, ha llançat la proposta d'una formació dels imams que han d'exercir la seva tasca a França. A la Gran Bretanya, on el règim de relacions amb els cultes és ben diferent (l'Església anglicana és religió d'Estat) i on també existeix una llarga presència de musulmans indopakistanesos i àrabs, la presència pública de l'islam és molt més notòria i acceptada. El debat es trasllada als àmbits de reconeixement i participació comunitària, amb especial sensibilitat envers la denúncia d'activitats islamòfobes. Les iniciatives de formació del personal religiós islàmic són molt nombroses, la qual cosa indica l'heterogeneïtat doctrinal present en territori britànic. Lluny de la influència del passat colonial, a Holanda i Alemanya la presència de la religió musulmana es consolida a partir de moviments migratoris procedents de Marroc i Turquia, respectivament. En aquests casos, l'exercici de la llibertat religiosa ha estat activament fomentada per l'estat. A Alemanya, la regulació pública de les autoritats religioses és una pràctica arrelada i la formació d'imams és un aspecte que està molt avançat i es regula amb detall, comptant amb la col·laboració del Ministeri d'Afers Religiosos turc, que organitza la formació i arribada dels imams que han de treballar en els centres religiosos que en depenen oficialment. Holanda, que havia estat pionera en les propostes de formació dels imams que havien de treballar en terres europees, i on el seu model d'integració donava un ampli marge de llibertat a les comunitats religioses, fins i tot amb la implicació financera de l'estat, veu com tot això es replanteja sobtadament després dels assassinats del polític Pim Fortuyn i del cineasta Theo van Gogh. Els arguments sobre els límits a la radicalització de les pertinences culturals i religioses estan provocant un debat que insisteix més en els límits de la tolerància i que s'interroga sobre allò que va fallar del model anterior. A Espanya i a Catalunya, mentrestant, el debat sobre el reconeixement de l'islam com a minoria religiosa resta pendent després de tretze anys de no aplicació de l'Acord signat el 1992 entre l'estat i els representants musulmans. L'ombra grisa del brutal atemptat de l'11 de març de 2004 ha enrarit encara més el contingut d'aquest debat, ara molt més preocupat per controlar l'emergència de radicalismes, que no per atorgar un reconeixement social a aquesta presència. La figura dels imams ha estat especialment qüestionada, i se'ls ha identificat com a promotors de la introducció de doctrines fonamentalistes. En definitiva, amb diferent dimensió i context, les presències de l'islam europeu generen alguns dels debats més significatius sobre els valors europeus i sobre les mateixes cultures polítiques expressades en uns i altres països. En aquesta revisió encara pesa amb força el context posterior a l'11-S, marcat per la preeminència de la dimensió de la seguretat per damunt de qualsevol altra. La figura de les autoritats religioses islàmiques suscita recels i pors que cal reformular. Des d'una perspectiva comparada, aquest treball pretén aportar nous elements per al debat a l'entorn de les autoritats i els lideratges religiosos islàmics en el context europeu.

Els autors del llibre volen expressar un especial record a la memòria d'Ottavia Schmidt di Friedberg (1957-2003) i de Rémy Leveau (1932-2005), als quals dediquen aquest treball.

AUTORITATS EN (RE)CONSTRUCCIÓ. LA FIGURA DE L'IMAM EN EL CONTEXT MIGRATORI

Jordi Moreras. Consultoria Tr[à]nsits. Barcelona.

1. INTRODUCCIÓ: PER QUÈ AQUEST INTERÈS PELS IMAMS, I PER QUÈ ARA?*

La (re)construcció d'unes autoritats religioses islàmiques en un context de diàspora, i les seves implicacions pel que fa tant al lideratge en el si d'aquestes comunitats com als intents per elaborar un coneixement islàmic adequat a les realitats europees, ocupen un lloc cada vegada més important en la bibliografia més recent sobre l'islam europeu.[1] La fragilitat que envolta el desenvolupament d'aquests lideratges, davant l'absència d'autoritats sòlidament legitimades, a més de l'heterogeneïtat de propostes d'elaboració d'un coneixement islàmic aplicable al context europeu, es consideren alguns dels factors que dificulten la constitució d'un camp religiós musulmà a Europa, on les seves expressions a penes si comencen a ser visualitzades socialment (Dassetto, 1996; Saint-Blancat, 1997; Roy, 1999; Nielsen, 1999; Allievi, 2002).

En paral·lel amb el debat acadèmic, les expressions d'un lideratge islàmic a Europa també atreuen l'atenció d'altres àmbits de debat, com el polític o el de les opinions públiques europees, que s'interroguen sobre la implicació directa d'aquestes autoritats religioses en la integració social dels musulmans. Els darrers anys han estat nombroses les polèmiques nacionals que han transcendit a nivell europeu mitjançant els mitjans de comunicació.[2] Algunes, pel ressò que han adquirit, sembla que hagin convençut les opinions públiques europees de la dificultat de la integració de l'islam com a minoria religiosa europea, si les seves autoritats religioses formulen un discurs radicalitzat.[3]

> La qüestió central gira a l'entorn de la noció de lideratge, ja sigui entès en clau de representació, o de manera més matisada respecte a l'exercici de l'autoritat.

De quina manera es vincula l'interès acadèmic amb la preocupació que desperta entre les opinions públiques i les institucions polítiques europees el rol de les autoritats religioses islàmiques a Europa? Les raons d'aquest interès mutu es troben, certament, connectades, malgrat que els arguments que es desenvolupen en un àmbit o un altre siguin ben diferents: mentre que els investigadors socials analitzen com aquestes autoritats religioses es (re)construeixen, s'expressen o adquireixen un cert predicament entre les comunitats sobre les quals es projecten, per a les opinions públiques i –molt especialment– per als poders públics, l'interès se centra a identificar si darrere d'aquestes autoritats religioses també s'expressen lideratges que siguin veritablement representatius d'aquests col·lectius. La qüestió central, doncs, gira a l'entorn de la noció de lideratge, ja sigui entès en clau de *representació* (per part d'àmbits socials i polítics), o de manera més matisada respecte a *l'exercici de l'autoritat*, en incorporar per part dels investigadors altres factors com el coneixement, la confiança o el predicament social. La identificació del *who's who* del lideratge en aquests col·lectius es converteix en una qüestió de primer ordre per als poders públics, els quals encarreguen recerques als àmbits acadèmics per tal que avaluïn els possibles representants amb vista a futures interlocucions. Els investigadors, per contra, solen indicar que cal revisar la relació entre lideratge i representació, així com la definició de la interlocució, que no depèn d'aquell (o aquells) que es postulen en aquest sentit, sinó dels que la reconeixen com a tal (en aquest cas, per part de les institucions públiques).

> La forma en què aquests lideratges es presenten davant les opinions públiques europees contribueix a la percepció d'aquestes respecte del conjunt de la presència musulmana.

Sigui quina sigui la percepció que se'n tingui, el cert és que aquestes autoritats s'incorporen plenament a l'espai públic europeu, ja sigui perquè se les vincula directament amb els processos d'institucionalització de l'islam als països europeus, o perquè afegeixen un element qualitativament superior dins del procés de visibilitat de l'islam europeu, com és l'existència d'expressions de lideratge en el si d'aquests col·lectius.[4] La forma en què aquestes autoritats i aquests lideratges es presenten davant les opinions públiques europees contribueix en bona mesura a la percepció que aquestes elaboren respecte del conjunt de la presència musulmana. Als ulls d'aquestes opinions públiques, el comportament social, en forma de pràctiques i discursos, que mostren aquests lideratges durant la seva progressiva transformació en figures públiques, sol ser la millor carta de presentació del col·lectiu en el seu conjunt. Aquest és un primer punt de partida per apreciar com aquestes figures poden arribar a adquirir una rellevància determinada en un debat social que es formula en termes i interrogants propis de les societats europees, i on aquestes acaben essent interpel·lades gairebé exclusivament en termes d'integració social (insinuant la seva responsabilitat en aquest procés), si no de participació social, per ja no dir política.

> En les nostres societats contemporànies, no fer-se present (o, almenys, no ser representat) en l'espai públic, és garantia d'invisibilitat social.

Les dinàmiques de configuració comunitària desenvolupades pels col·lectius musulmans en les darreres dècades, des de l'aparició dels primers espais de culte fins a la reconstrucció dels nuclis familiars i a l'expressió d'identitats postmigratòries en clau de pertinença islàmica, han anat acumulat tota una sèrie d'elements de visibilitat social al llarg de la història recent de l'islam europeu (abans islam *trasplantat* i avui islam de la ***diàspora***[5]). L'actual etapa de visibilitat no pot es entendre sense considerar la qüestió de l'esfera pública, i la participació en ella de col·lectius socialment minoritzats, com són els musulmans. En les nostres societats contemporànies, no fer-se present (o, almenys, no ser representat) en l'espai públic, és garantia d'invisibilitat social. Avui en dia, aquestes presències o absències, tant com a fruit de les presentacions pròpies com, sobretot, de les representacions que en fan uns altres, són en la base dels processos de marginació social. El que implícitament se li suggereix a una sèrie de col·lectius –com, en aquest cas, el d'una minoria religiosa d'origen principalment immigrant– és que es mantingui en un àmbit d'invisibilitat social, ja que només la seva presència sembla que provoqui malestar per a la majoria. Afortunadament, la incorporació de nous actors, individuals o col·lectius, que busquen fer-se un lloc en aquest espai públic, tot reivindicant el seu reconeixement social com a ciutadans de ple dret, contribueix a trencar amb aquesta invisibilitat i a transformar i redefinir els marges de l'espai públic de les societats europees. La forma en què aquests actors són presentats i representats esdevé un aspecte clau amb vista al reconeixement social dels col·lectius amb els quals són identificats.[6]

En aquest text d'introducció vull exposar, d'una manera sintètica, les principals qüestions que es formulen en el debat a l'entorn d'aquestes autoritats i d'aquests lideratges en el si dels col·lectius musulmans a Europa.

2. EXPECTATIVES A L'ENTORN D'AUTORITATS EN PRECARI

Davant la prioritat de trobar un interlocutor vàlid per a aquests col·lectius, des de les societats europees s'acostuma a assenyalar els imams (tot ignorant l'existència d'altres diferents perfils d'autoritat religiosa, com els ulemes, els muftís o els *fqih*), com les figures que poden representar aquest lideratge comunitari. Aquesta consideració parteix del principi –força qüestionable– que sosté que uns col·lectius, dels quals es destaca per sobre de tot el seu component religiós, necessàriament han de tenir un lideratge que també sigui religiós. Es tracta d'un argument equívoc, en primer lloc perquè contribueix a formalitzar encara més l'etiquetatge social d'aquests col·lectius com a comunitats religioses, orientades únicament en clau doctrinal i cultural. L'explícita *comunitarització externa* que s'opera a través d'aquest argument no es correspon amb les constatacions empíriques que els diferents estudis mostren, tant respecte als diferents nivells de rellevància que adquireix el factor religiós per a cadascun dels membres d'aquests col·lectius, com per l'existència d'altres referències, formalment no religioses, amb les quals aquests col·lectius poden identificar-se i crear pertinences individuals o grupals, i que també poden servir per mobilitzar-los. En segon lloc, perquè en interpretar d'una manera molt unívoca la noció d'autoritat que representen aquestes figures, s'acaba confonent en la pràctica l'expressió d'una autoritat doctrinal (que permet que aquestes figures exerceixin una sèrie de funcions de tipus cultural en l'interior del seu col·lectiu) amb la d'un lideratge associatiu (representat pels òrgans directius d'associacions o oratoris comunitaris).

Aquests equívocs en la forma de conceptualitzar el lideratge en el si d'aquests col·lectius influeixen en les funcions i expectatives que des d'Europa es generen referents a la figura dels imams, que contrasten especialment amb les que projecten sobre ells les seves pròpies comunitats. Bona part d'aquestes expectatives parteixen de la forma en què es pensen l'estatus i les funcions d'altres perfils de personal religiós no musulmà. La preeminència d'una o altra tradició religiosa, i la projecció dels seus especialistes religiosos (sacerdot, pastor, rabí, per citar només els propis de les altres religions monoteistes), amb la seva consideració social afegida, condiciona la forma en què es conceptualitza el paper dels imams a Europa. Sovint s'imagina que aquests han de desenvolupar les mateixes funcions pastorals o culturals que aquests altres perfils, o que han d'ocupar una determinada posició dins d'una estructura jeràrquica organitzativa del culte, la qual cosa provoca nombrosos errors i simplificacions.

Des de les societats europees s'acostuma a assenyalar els imams com les figures que poden representar aquest lideratge comunitari.

El contrast entre la valoració de l'autoritat que en fan les societats europees i la que elaboren els responsables associatius que els contracten és una de les més notables paradoxes en la consideració social dels imams que s'observa a Europa (Reeber, 2000; Bruinessen, 2003): mentre que per als primers la figura dels imams ocupa un lloc preeminent, per als segons, el seu rol s'entén més aviat com a dependent de la comunitat i al seu servei. Aquesta valoració, aparentment tan positiva per part de la societat europea, contribueix a revaloritzar l'autoritat d'aquesta figura, si bé amb criteris ben diferents als que acostumen a elaborar les mateixes comunitats musulmanes. La falta de correspondència entre les valoracions que es fan des d'una banda i altra contribueix encara a fer més precari i més contingent l'exercici de la seva autoritat. En síntesi, ho podem veure en el quadre de més abaix.

L'autoritat que s'atorga als imams des de les societats europees depèn, doncs, de la consideració del seu lideratge extern (durant els contactes amb les instàncies polítiques, per exemple) i de la seva capacitat per convertir-se en guies per al col·lectiu. Totes dues funcions segueixen girant al voltant de la integració social de la comunitat, un procés en el qual s'afirma que el rol dels imams és clau i fonamental, tot pressuposant la seva capacitat d'influència sobre el col·lectiu. Una influència que, és important insistir-hi, sovint és prou relativa, tant pel predicament que aquest imam pugui mantenir davant la seva comunitat local com per la presència de membres d'aquest col·lectiu que no s'identifiquin amb cap mena de referència religiosa. Atribuir-los un grau d'influència tan gran seria fer-los responsables directes de les dificultats que es presentin en els complexos processos d'integració que protagonitzen aquests col·lectius, cosa que és força discutible.

La seva influència, necessàriament s'ha de matisar d'acord amb dos criteris: en primer lloc, davant de la seva inestabilitat professional, sovint amb una situació contractual irregular,[7] i en segon, respecte a la manca de formació o l'escassa preparació que mostra aquest personal religiós per acomplir les seves funcions en un context migratori. Tots dos elements actuen com a indicadors del grau d'influència que poden exercir aquestes autoritats religioses. Difícilment podran afavorir la integració social del seu col·lectiu mentre la seva continuï en precari. D'altra banda, des del punt de vista de la seva formació, es produeix de nou una altra confusió, ja que una cosa és que els seus coneixements islàmics siguin escassos o que no s'adeqüin a les realitats europees, i una altra, que aquests no siguin vàlids (o que, fins i tot, es considerin contraproduents) per tal d'afavorir la integració del seu col·lectiu. De moment, i deixant de banda el delicat aspecte de la valoració de la idoneïtat o no dels coneixements i orientacions doctrinals d'aquest personal religiós per treballar a Europa, el domini i coneixement de les llengües i els usos socials dels països europeus ha estat considerat un bon indicador de com els imams poden treballar per la integració dels seus col·lectius, així com per la seva pròpia.

> S'afirma que el rol dels imams és clau i fonamental en el procés d'integració social de la comunitat, tot pressuposant la seva capacitat d'influència sobre el col·lectiu.

Ahir pràcticament desapercebuts, els imams ràpidament es converteixen en figures amb notorietat pública a Europa (Chaabaoui, 1994: 62). En convertir-los en protagonistes en el debat públic sobre

Funcions i expectatives respecte dels imams a Europa

	Comunitats musulmanes	Societats europees
Funcions	• Direcció ritual de la comunitat • Atenció religiosa (hospitals, presons, etc.) • Formació de les noves generacions • Manteniment de l'oratori	• Interlocució davant de les institucions polítiques i socials • Mediació en cas de conflictes • Lideratge civil de la comunitat
Expectatives	• Salvaguardar i garantir el manteniment dels vincles comunitaris a l'entorn del factor religiós	• Formular la representació del col·lectiu, en clau de moderació en el discurs i en la pràctica del lideratge

Font: Elaboració pròpia.

la integració social dels col·lectius immigrants, els imams acaben sent veritablement *trasplantats* d'un àmbit d'actuació comunitària a l'esfera pública, mostrant-los com a figures controvertides davant de la seva implicació, més o menys compromesa, per procurar la integració dels seus col·lectius de referència. Sovint se suggereix que la integració social de l'imam podria ser el *termòmetre* de l'estat de la integració social del col·lectiu. Segons aquesta lògica, en el cas que aquest imam verbalitzés algun tipus de discurs aparentment tradicionalista o rigorista, semblaria que el procés d'integració del col·lectiu fes un pas enrere.[8] I, al contrari, si aquest mostrés una clara voluntat per conèixer la llengua del país, o per mantenir un discurs públic de moderació, llavors la integració de la comunitat progressaria adequadament. De nou, cal matisar aquestes correlacions que accepten sense contrastar la influència d'una autoritat sobre aquest col·lectiu, i sense considerar com aquesta es projecta i, sobretot, com és acceptada socialment.

Sovint se suggereix que la integració social de l'imam podria ser el termòmetre de l'estat de la integració social del col·lectiu.

Per les subtilitats en l'expressió d'aquesta autoritat religiosa en context de diàspora, és necessari anar més enllà dels conceptes que habitualment s'empren per referir-se a autoritat (com ara, poder, jerarquia o legitimitat), complementant-los amb altres com coneixement, confiança o predicament social, que suggereixen la incorporació d'altres dimensions d'anàlisi. A través d'ells es pot donar preferència als aspectes de context que mediatitzen l'exercici de l'autoritat religiosa, per sobre dels merament definitoris, orientant l'anàlisi envers la perspectiva dels actors que accepten aquest lideratge, i no únicament respecte dels que el protagonitzen.[9]

3. AUTORITAT

La qüestió de l'autoritat religiosa entre les comunitats musulmanes a Occident és hereva de la manera en què les societats europees pensen la relació entre política i religió en l'islam. Una percepció que manté vigents els pressupostos escripturals i literalistes de la vella tradició orientalista que insisteix en la no-separació entre l'àmbit polític i l'àmbit religiós, o en la formulació d'una idea teocràtica, autoritària i dependent del poder i de les relacions entre aquells que actuen com a líders i aquells que són liderats. Eickelman i Piscatori (1996: 57 i ss.) argumenten que la clau per entendre la relació que s'estableix entre religió i política en l'islam rau en la naturalesa de l'autoritat, que per garantir el reconeixement social del seu exercici, pot encobrir elements d'un i altre àmbit. L'anàlisi d'aquesta autoritat religiosa s'ha de fer, d'acord amb aquests autors, sobre la base dels tres nivells en què aquesta s'expressa: l'*ideològic*, en què l'autoritat és encarnada per grups o individus que són identificats amb l'ordre moral i amb els elements socials de referència simbòlica (inclosos els textos sagrats i la seva exegesi), que els permet controlar i convertir en rutina la producció simbòlica d'una societat. El *situacional*, en què la institucionalització de l'autoritat afavoreix la presència de diferents actors que pugnen entre si per tal d'apropiar-se d'aquesta autoritat. El recurs intensiu als símbols que l'identifiquen afavoreix «apropiacions» contínues per part dels uns i els altres, fins a convertir l'autoritat en quelcom que depèn de la posició que un ocupa en relació amb els seus competidors. A l'últim, el *funcional*, en què l'autoritat extreu el seu prestigi i la seva influència precisament de l'execució de les seves funcions. Amb un clar argument circular, una autoritat extreu el seu predicament de l'exercici d'aquesta autoritat, que també s'expressa a través de la mediació que exerceix entre els diferents pols de poder presents en una societat.

Si volguéssim aplicar aquest esquema a la realitat de l'islam europeu, ens trobaríem que en el nivell *ideològic*, la producció i reproducció de referents simbòlics islàmics a Europa segueix dues vies: o bé la importació de referències, així com d'imams i d'autoritats religioses dels països d'origen, o bé l'elaboració de nous referents, ja sigui en forma de discurs, ja sigui en forma d'elaboració d'una jurisprudència islàmica europea (un *fiqh* minoritari o *fiqh al-aqalliyat*. v. *infra*). En l'aspecte *situacional*, la configuració a Europa d'un camp religiós islàmic (en el sentit que li dóna Pierre Bourdieu, d'un camp de forces en disputa entre els diferents actors que volen apropiar-se del seu capital simbòlic específic), a través d'una fragmentada institucionalització en clau nacional, afavoreix encara més l'aparició de múltiples expressions d'autoritat en competència. Però en aquest context de diàspora, el posicionament dels actors que es postulen respecte d'aquesta autoritat ja no depèn només de la relació que hom mantingui amb els seus competidors, sinó també del reconeixement de la potestat que li pot atorgar la societat europea (i que és fonamental per al procés d'institucionalització i d'interlocució del col·lectiu davant d'aquesta). Finalment, l'aspecte *funcional* d'aquesta autoritat es vincula a les funcions que socialment es projecten sobre les institucions i els individus que les personifiquen, i que en un context europeu incorporen, per sobre de tot, el principi de manteniment de les referències d'origen. L'argument continua sent circular, ja que l'autoritat s'expressa a través d'aquestes funcions, mentre que de la funció es passa al càrrec (fruit del procés d'institucionalització), i del càrrec a l'autoritat legitimada (la mesquita com a font de legitimació per a aquells que s'institueixen com els seus responsables).

La transformació de la funció en càrrec no deixa de ser una contradicció quant al caràcter de «guiatge» que incorpora la figura de l'imam, especialment dins l'islam sunnita. *Imam* es deriva de l'arrel del verb *ammama*, que significa seguir un destí, una direcció, amb una funció de guia que ha estat destacada per les quatre escoles canòniques de l'islam (la malikita, la xafiïta, l'hanbalita i l'hanafita). Totes aquestes interpretacions jurídiques coincideixen a no assenyalar l'*imamat* (o condició de la tasca que desenvolupa l'imam) com un càrrec, sinó tan sols com una funció ocasional, sovint transitòria i intercanviable. De fet, hi ha poques coses que distingeixen l'imam de la resta de fidels musulmans, i potser la més destacada és que està més instruït en matèria religiosa, o que coneix millor els aspectes del ritualisme musulmà. Les cinc condicions que, nominalment, ha d'acomplir tot imam, són les següents (Stehly, 1998): l'imam ha de ser musulmà; ha de posseir un coneixement profund de l'Alcorà, haver-lo memoritzat i conèixer els fonaments de la tradició i el contingut de les oracions canòniques; ha de ser adult, preferentment; ha de rebre l'acord implícit per part de la comunitat que ha de guiar durant l'oració; i ha de ser baró, preferentment, si bé segons el criteri d'alguns teòlegs musulmans s'accepta que una dona pugui dirigir l'oració d'altres dones.

D'acord amb aquesta definició prèvia, l'autoritat religiosa en l'islam sembla pertànyer exclusivament als homes (i això no és una excepció respecte d'altres tradicions religioses). Nadine Weibel (1998, 2001) i Gerdien Jonker (2003) argumenten que, malgrat que els centres de producció del coneixement islàmic segueixin sent controlats per autoritats masculines, existeixen altres formes d'expressió d'aquesta autoritat que són protagonitzades per dones. Si segons els jurisconsults (homes) musulmans resulta inadequat que una dona dirigeixi la pregària ritual dels homes, més enllà d'aquesta funció de guia hi ha altres terrenys en què la referència espiritual pot ser protagonitzada per dones. Weibel analitza les iniciatives associatives per part de dones musulmanes, mitjançant les quals s'organitzen activitats de formació i debat a l'entorn de qüestions relacionades amb la vida quotidiana com a musulmanes (la preparació per al matrimoni, la contracepció, la formació mixta, l'educació dels fills, l'ús del *hijab*, etc.). La reputació que adquireixen les dones que dirigeixen aquestes activitats, així com el fet que hagin rebut una doble formació doctrinal i universitària,[10] els permet obtenir una autoritat reconeguda entre aquests cercles associatius femenins i, fins i tot, fora d'ells.[11]

La recerca d'«espais de producció externa» a l'autoritat religiosa (en paraules de Jonker, 2003: 37), porta les dones a buscar altres àmbits religiosos com l'educació religiosa, la producció editorial (ja citada, a la qual cal afegir la creació i el manteniment de pàgines web a Internet), o el diàleg interreligiós. Jonker també considera la presència de dones que elaboren les seves tasques religioses dins de les institucions tradicionals comunitàries, i cita el cas de l'ensenyament religiós que és organitzat per diferents centres musulmans i que imparteixen mestres musulmanes. Però enfront d'aquesta dependència d'una autoritat masculina, que continua mantenint l'aportació de les dones dins d'un marge d'invisibilitat (Jonker considera que les tradicionals reunions de dones per pregar col·lectivament també depenen d'aquesta autoritat), s'observa l'aparició, entre les noves generacions de dones musulmanes europees, d'iniciatives que contribueixen a produir coneixement islàmic des d'una perspectiva femenina.[12] Unes aportacions que, sense entrar en oposició directa amb les autoritats normatives masculines, adquireixen una creixent visibilitat, ja que es projecten fora dels àmbits estrictament comunitaris, tot i desenvolupant una actitud en relació amb l'islam que és, a la vegada, contestatària (respecte a la pol·lució dels valors islàmics per la influència assimiladora de les societats no musulmanes) i apologètica (perquè defensen un model de vida islàmic, començant pels hàbits en el vestir davant les societats europees) (Weibel, 1998: 97). Si bé el compromís militant és una forma de garantir la seva autonomia respecte de la seva comunitat, paradoxalment se les converteix en interlocutores privilegiades davant dels poders públics i de les societats civils europees (Saint-Blancat, 2004). Sigui com sigui, la presència musulmana minoritària ofereix prou condicions perquè s'elaborin discursos d'autoritat doctrinal protagonitzats per dones, que poden contribuir activament a incorporar l'islam en l'àmbit públic a través d'un discurs creatiu de relectura dels textos tradicionals (Jonker, 2003: 45).

4. CONEIXEMENT

En la tradició islàmica, el coneixement (*ilm*) no és només el principi que sustenta tota autoritat religiosa; és també el que permet establir una jerarquia en el si de la mateixa. Des del punt de vista de l'ortodòxia, en l'islam no existeix cap funció que sigui comparable a la del clergat, i això doctrinalment és així (sobretot en la tradició sunnita) ja que no és possible establir un paper de mitjancer entre el missatge diví i el creient musulmà. Ha de ser aquest mateix el que comprengui i percebi el seu contingut i, a través del seu esforç de comprensió i d'interpretació (*ijtihad*) i la seva responsabilitat personal, aprofundeixi en el coneixement de la fe, per tal de convertir-la en guia de referència per a la vida quotidiana. Tot intent, doncs, per constituir un cos sacerdotal que intercedís entre Déu i els homes, es podria considerar com una temptativa d'usurpar la llibertat fonamental dels creients. Però això no vol dir que no existeixin en l'islam diferents especialistes religiosos que, d'acord amb la seva formació i el seu coneixement, acompleixen determinades funcions al servei de la comunitat musulmana, especialment de reproducció i salvaguarda d'aquest saber religiós. Louis Gardet s'hi refereix com a «homes de religió» (*ashab ad-din*), encarregats de vetllar pel compliment de la Llei revelada, guiant la comunitat en la seva conducta quotidiana (Gardet, 1977). Els ulemes (*ulama, en plural*; en singular, *alim*), els «homes de coneixement», representen aquest principi de guia i continuïtat, com a custodis, transmissors i intèrprets del llegat intel·lectual i espiritual de la comunitat islàmica.[13]

Les quatre escoles canòniques de l'islam coincideixen a no assenyalar l'imamat com un càrrec, sinó tan sols com una funció ocasional, sovint transitòria i intercanviable.

L'autoritat d'aquests ulemes com a especialistes religiosos es fonamenta sobre l'accés als textos sagrats islàmics i el seu ús. Tothom pot tenir accés a aquests textos, però només uns especialistes estan autoritzats a interpretar-los. L'especialització es converteix en la base de l'autoritat, i si –com habitualment s'afirma– en l'islam no hi ha cap autoritat central que pugui conferir legitimitat a les diferents expressions de lideratge religiós, el cert és que són els textos sagrats, tant l'Alcorà com les tradicions del profeta Mahoma, els que atorguen aquest principi d'autoritat. L'aprenentatge memorístic de l'Alcorà (*hafiz al-quran*), la seva interpretació (*tafsir*) o l'estudi de la tradició profètica (els *ahadiz*, sing. *hadiz*) són les tasques pròpies dels ulemes.[14] Per Gilsenan (1982: 31-32), no solament el text sagrat és un instrument d'autoritat per als ulemes, sinó que és transformat en esotèric i reservat per als especialistes, com a forma d'excloure altres interpretacions no ortodoxes. La reproducció de l'autoritat d'aquests especialistes religiosos es fonamenta en el manteniment del text preservat d'altres interpretacions heterodoxes.[15]

Entre les noves generacions de dones musulmanes europees s'observa l'aparició d'iniciatives que contribueixen a produir coneixement islàmic des d'una perspectiva femenina.

El monopoli sobre la interpretació de la Revelació profètica i la seva transformació en un potencial mode de control social per part dels ulemes, és doblement qüestionat en l'actualitat en tot el món islàmic, davant de les transformacions de l'espai públic islàmic (Eickelman-Anderson, 1999). D'una banda, les iniciatives desenvolupades pels diferents estats musulmans per organitzar el camp religiós i, especialment, en la formació i proliferació d'imams i altre personal religiós, s'incorporen plenament dins d'un procés de burocratització religiosa que té com a principal objectiu la legitimació de la seva acció política, i fer front a altres centres de producció d'aquest capital religiós (ja siguin tradicionals o, més recents, d'inspiració islamista) que poguessin qüestionar aquesta legitimitat.[16] De l'altra, una de les conseqüències de la promoció de l'ensenyament superior en aquests països, així com l'accelerada implantació de les noves tecnologies de la informació, ha estat l'aparició de noves veus i interpretacions en un terreny que anteriorment havia estat monopoli gairebé exclusiu dels ulemes. Aquesta «democratització» inherent que incorpora aquest nou espai públic islàmic, tant en l'accés com quant a les tendències d'interpretació dels textos canònics de la tradició islàmica, redefineix les concepcions i estructures de l'autoritat religiosa i, per tant, del rol dels ulemes, com també dels imams (Zaman, 2002: 54-55). En aquest context de competència per l'autoritat religiosa, la figura de l'imam –com un dels diferents perfils d'aquests especialistes religiosos– adquireix un renovat interès per l'estudi de com aquesta autoritat s'expressa en contextos locals,[17] tant per la seva transcendència comunitària (com a figura que és al capdavant de la mesquita local), pel seu caràcter més o menys professional, com per situar-se en un nivell intermedi en la jerarquia dels altres perfils religiosos musulmans.

5. EL PREDICAMENT SOCIAL A PROVA: LES «JUTABUN» EN DIÀSPORA

Perquè un coneixement sigui socialment efectiu ha de convertir-se en autoritat, mentre que si una autoritat vol ser establerta, haurà de projectar-se com a coneixement. Per Patrick D. Gaffney, la influència de les autoritats religioses en un context local «depèn fonamentalment dels conceptes de coneixement que es troben en aquest context i com aquestes qualitats són compreses per ser representades» (1994: 35). És a dir, la garantia per al reconeixement d'una autoritat religiosa no depèn només del bagatge propi de coneixement de la persona, sinó de la manera en què aquesta és compresa i acceptada. La base d'aquesta comprensió reposa sobre un principi de confiança. Les comunitats locals extreuen de la vida quotidiana prou elements per jutjar la capacitat i competència dels imams com a guies per al col·lectiu. Aquests reben un marge de confiança de la seva part, a partir d'una sèrie d'actituds i comportaments que s'espera que acompleixin. La trajectòria pública de figures com els imams (als quals cal afegir els responsables associatius i comerciants, especialment els propietaris de carnisseries *halal*), és avaluada per la comunitat, que espera de tots ells que demostrin activament la seva condició de musulmans modèlics. A través de les implicacions socials de les seves accions (treball, mostres de generositat, disponibilitat, honestedat...), aconsegueixen acumular una bona reputació, que la comunitat pot posar en dubte si demostren alguna desviació en el seu comportament definit socialment. En un context europeu condicionat per una creixent pèrdua de ritualisme en el si dels col·lectius musulmans (Benkheira, 1998), el comportament d'aquestes figures socials adopta un caràcter d'exemplaritat per al conjunt de la comunitat.

El monopoli sobre la interpretació de la Revelació profètica i la seva transformació en un potencial mode de control social per part dels ulemes, és doblement qüestionat en l'actualitat en tot el món islàmic.

Michel Reeber, en el seu estudi sobre la forma i el contingut de les *jutabun* ([sing. *jutba*], sermó que es pronuncia durant l'oració comunitària del divendres al migdia, la *salat al-juma'a*) a Europa, sintetitza els cinc requisits de tot bon imam, segons el criteri de les mateixes comunitats musulmanes locals: el coneixement de l'Alcorà i la seva exegesi, la disponibilitat envers el col·lectiu, dominar l'art de la predicació (*balagha*), ser capaç d'elaborar argumentacions de tipus jurídic i espiritual, i mantenir una actitud de reserva en relació amb la vida profana (Reeber, 2000: 197). Aquesta forma de valorar la dependència de l'imam respecte d'aquest àmbit comunitari, suggerint pràcticament la seva reclusió en el perímetre comunitari, no contrasta només amb les expectatives de lideratge que es projecten sobre ells des de les societats europees (discrepància mostrada en el quadre de la pàgina 18), sinó que serveixen com a barem per controlar la seva presència pública. Es considera, doncs, que el seu lloc *natural* ha de ser l'oratori local, davant dels fidels, des de l'oració del matí fins a la nit, i no la tribuna pública.[18] Això podria explicar, en part, el pobre domini de la llengua o el desconeixement d'altres usos i normes socials europeus per part d'aquest personal religiós. Un coneixement que, sovint, no es considera gaire necessari per part d'aquells que contracten aquests imams i que, per tant, no el promouen.[19]

El prestigi i la reputació de tot imam es fonamenten en virtut de la seva tasca comunitària, i no per la participació en activitats externes al col·lectiu.

Aquest *deure de reserva* que s'imposa als imams a Europa té una incidència directa sobre el seu predicament social. El seu prestigi i la seva reputació es fonamenten en virtut de la seva tasca comunitària, i no per la participació en activitats externes al col·lectiu. La mesquita és el receptacle on s'expressa i es manté el predicament personal de tot imam. Diversos autors (Gaffney, 1994; Tayob, 1999) han analitzat la complementarietat que es produeix entre dos moments d'expressió d'aquesta autoritat, la predicació i la direcció de l'oració, que se simbolitzen al voltant de les figures del *minbar* i del *mihrab*.[20] Per Tayob, el minbar és el principal símbol d'autoritat en l'islam, que es complementa amb el guiatge de la comunitat durant l'oració, en situar-se al seu capdavant, en el mihrab. Es podria dir que l'expressió d'aquesta autoritat es desenvolupa en dues dimensions, una de vertical (*minbar*), en fonamentar un principi de jerarquia que fa que un membre de la comunitat, per delegació, es dirigeixi individualment al seu conjunt, i una altra d'horitzontal (*mihrab*), en convertir-se en un membre més del grup, però situant-se al davant de tothom durant l'oració comunitària.[21] Des de la perspectiva del púlpit, la mesquita es converteix en l'espai on es desenvolupa i es transforma una determinada relació d'autoritat acceptada socialment; des de l'orientació envers la *qibla,* la mesquita es mostra com l'espai adequat per a l'exercici d'un ritualisme que aplega el col·lectiu a l'entorn d'una determinada identitat comunitària (Gaffney, 1994: 23-24).

El moment en què el coneixement i la autoritat de l'imam es posen especialment a prova és durant la pronunciació de la «jutba».

Aquesta bidimensionalitat en l'expressió de l'autoritat en l'interior de la mesquita posa a prova doblement el predicament social de l'imam com a figura de perfil comunitari. Des d'una perspectiva comparada, i prenent com a exemple l'estudi de la pràctica islàmica a Mayotte (Illes Comores), Michael Lambek (1990) mostra com el bagatge de coneixements que aporten els imams, predicadors i altres especialistes religiosos no és suficient perquè la seva autoritat sigui acceptada socialment. És la pràctica social, la conducta diària, la capacitat per transmetre el seu propi coneixement i fer-lo accessible a tothom,[22] és el que determina el reconeixement d'aquesta autoritat. El moment en què aquest coneixement i aquesta autoritat es posen especialment a prova és durant la pronunciació de la *jutba.*[23] Els *jutaba'a* (sing. *jatib*), aquells imams que elaboren i pronuncien el sermó de l'oració comunitària de divendres al migdia, s'exposen a la mirada crítica del col·lectiu i poden revalidar –o posar en dubte– l'autoritat basada en el seu coneixement, la seva integritat i el seu compromís amb la comunitat, si ells mateix exemplifiquen, o no, en la seva conducta quotidiana, tot allò que inclouen en els sermons. L'imam ha de demostrar, doncs, que és posseïdor de la condició d'*adl*, d'honorabilitat, de persona sotmesa a la llei religiosa i de bona moralitat, que li permet convertir-se en patró de referència per al col·lectiu.[24]

La *jutba*, doncs, és la més evident expressió de la fràgil ambivalència que envolta l'autoritat religiosa d'aquestes figures. Si, d'una banda, el *jatib* es converteix en una figura vulnerable a la crítica social, de l'altra, aquest és el principal vehicle d'influència del predicador sobre el col·lectiu. Considerada com un dels principals mitjans clàssics de comunicació pública entre governants i governats en el món islàmic (Antoun, 1989: 10; Gaffney, 1994: 120), a més d'un instrument de mobilització social i política, intensivament explotat pels moviments islamistes (Fathi, 1995), és normal que sigui un dels principals objectius a controlar activament per part dels governs musulmans mateixos.[25] El *jatib* pot dependre d'una estructura burocràtica oficial, que el pot haver designat per ocupar aquest càrrec en una determinada mesquita local (és la versió moderna de la delegació que, en els temps clàssics, feia el governant a mans de l'*alim* més respectat, per tal d'elaborar i pronunciar el sermó setmanal); però alhora requereix altres mecanismes que legitimin la seva autoritat davant el col·lectiu. Un en podria ser el ritualisme del sermó per part del predicador,[26] a través del recurs a un llenguatge formal (amb clar predomini de l'àrab clàssic, *fusha),* a una retòrica pròpia d'un orador que manté una vehemència mesurada, o a una sèrie de metàfores amb les quals exemplificar els seus arguments. D'aquesta manera, per l'aspecte més formal del discurs, s'intenta reforçar l'autoritat del predicador sobre la base del coneixement.[27] Seguint amb la mateixa estratègia esotèrica d'accés als textos religiosos que comentava anteriorment Gilsenan, la predicació de sermons formals en clau de metàfora presumeix la paradoxal necessitat d'un intermediari que interpreti la complexitat de la llei divina i la faci comprensible per al conjunt de la comunitat. L'autoritat dels predicadors, doncs, assumeix una funció de mediació interpretativa entre la religió dels especialistes i la religió popular (Antoun, 1989: 68; Gaffney, 1994: 52).

El contingut dels sermons que es pronuncien des dels *minbars* de les mesquites europees constitueix un subjecte d'interès de primer ordre en la bibliografia sobre l'islam europeu. Les circumstàncies de la predicació en un context de diàspora, quant a forma i fons, han atret l'atenció d'investigadors, però també dels diferents serveis de seguretat europeus que, almenys des de principis dels anys noranta, han dedicat una especial atenció als sermons dels diferents predicadors –ja sigui adscrits a una mesquita local, o bé itinerants–, tement que aquests fossin vehicles de penetració del radicalisme islàmic. Aquests estudis han mostrat que la temàtica que aborden aquests sermons va evolucionant d'acord amb les circumstàncies socials i polítiques que afecten directament o indirectament les comunitats musulmanes a Europa i a l'estranger (Reeber, 2000: 199-201; Canatan, 2002). Les prèdiques amb un contingut plenament polític, amb tot, representen una minoria dins d'un conjunt en el qual dominen les referències a aspectes ètics, teològics, d'ortopraxi, o de comportament respecte a les relacions amb els no musulmans (Barton, 1986). És evident que, en el context europeu, aquests predicadors gaudeixen d'un marge de llibertat per elaborar el contingut de les seves *jutabun*, que possiblement no tenien en els seus països d'origen davant del control a què eren sotmesos per les autoritats. Però també és cert que en la diàspora, el grau d'acceptació d'una sèrie de discursos molt concrets depèn de l'actitud que mostrin els receptors. La moderació en el discurs i en la selecció de temàtiques *apropiades*, segons el criteri del col·lectiu, constitueix també un criteri de legitimació del predicador comunitari. La tendència a transformar la *jutba* en un discurs polític no és tan evident com semblaria: segons Reeber (*ibíd.*, 199) els discursos amb un contingut polític acostumen a fer-se abans o després de l'oració de divendres al migdia (o bé qualsevol altre dia), en forma de conferència o lliçó, però rarament en el moment del sermó.[28] Un altre estudi, elaborat per l'Institut d'Alts Estudis sobre la Seguretat Interior francès, sobre 48 sermons fets a França entre setembre de 1999 i juny de 2001, indica que la gran majoria d'aquests no incorporen cap mena de contingut polític, sinó d'altres principalment moralitzadors i orientats vers la pràctica de la religió islàmica (Ternissien, 2002: 24-34). Una altra tendència que progressa amb força és la introducció en el sermó de temàtiques relacionades amb la presència d'aquestes comunitats en diàspora, tot abordant diferents problemàtiques que les afecten, i que tenen un abast social. Aquesta dinàmica és resultat de l'adopció d'un rol de mediació social per part d'aquestes autoritats religioses (Bouzar, 2001), que s'expressa a través de la participació i la implicació associativa més activa en àmbits socials ja no estrictament comunitaris.[29]

6. LES CRÍTIQUES I LES RESISTÈNCIES

L'exposició social de l'imam, com a autoritat religiosa, a la consideració de la comunitat que avalua els seus actes, les seves relacions socials, els seus ensenyaments o el seu guiatge espiritual, no acostuma a estar exempta de crítiques. Convertides en figures vulnerables a la crítica social, les autoritats religioses poden veure's qüestionades per altres criteris que no depenen necessàriament de la seva formació religiosa, sinó també de la seva projecció social. De fet, en ser figures de relleu públic, solen ser el blanc de les crítiques dels seus detractors, com també dels elogis d'aquells que en valoren positivament la tasca. La seva influència, doncs, està condicionada per aquestes discrepàncies, que poden conduir tant al seu desprestigi social com al reforçament de la seva posició en el si de la comunitat, tot depenent de les respostes que aquests elaborin.

En un context de diàspora, ja he comentat anteriorment que existeix la tendència de convertir la funció de l'imam en càrrec, adscrit nominalment a una mesquita o un oratori determinats. Això comporta implícitament un principi d'institucionalització d'aquestes figures que, situades al capdavant d'un espai de culte, són identificades com les que ostenten aquest principi d'autoritat religiosa. Aquesta mena d'institucionalització obre la porta a la discrepància, que pot arribar a expressar-se públicament segons les circumstàncies que es donin en un context social determinat. D'una manera general, la crítica envers aquestes figures adopta quatre vies diferenciades d'expressió: la *política*, tot indicant la dependència ideològica d'aquesta figura religiosa respecte d'un determinat poder polític; la *doctrinal*, d'acord amb la interpretació doctrinal que aquest en faci; la *genera-*

cional, davant la manca de connexió entre el discurs que elaboren aquests imams i les noves generacions; i la de la *competència professional* d'aquestes autoritats en el seu servei a la comunitat.

Les autoritats religioses poden veure's qüestionades per altres criteris que no depenen necessàriament de la seva formació religiosa, sinó també de la seva projecció social.

Si la funció de guia ritual i de predicació originàriament foren delegades per part del poder a mans dels imams, i si aquests expressaven la seva submissió a l'autoritat política fent-hi referència explícita durant la pronunciació de la *jutba*, la pregunta que cal fer-se és com s'expressa aquesta dependència política en un context de diàspora. Referir-se o no a una autoritat política del país d'origen (en el cas del Marroc, fer referència a la figura del rei que, a més, ostenta la condició d'*amir al-muminin*) ha estat el criteri que ha servit, de fet, per diferenciar els centres *oficialistes* (que no oficials, ja que poden no dependre de cap estructura governamental) dels que es podrien considerar com a *independents* (ja que es neguen a fer referència a aquestes o altres autoritats, sense qüestionar-ne, però, la legitimitat) i, també, d'aquells centres que exposen clarament una línia d'*oposició* envers aquestes autoritats d'origen. L'actiu treball desenvolupat pels estats musulmans d'origen per tal de limitar l'aparició d'un espai de discrepància política en l'exterior i que s'emplaci en el si d'aquests oratoris comunitaris (només cal pensar en l'acció a Europa de les Amicales magrebines entre les dècades dels seixanta i els vuitanta, o la de l'estructura associativa controlada per la Diyanet turca), no ha impedit que el marge de llibertat d'expressió present en les societats europees fomentés l'expressió d'aquestes veus d'oposició política. La línia ideològica adoptada per l'imam o pels responsables de l'oratori en defineix l'orientació, si bé això no vol dir que tots aquells que freqüenten la mesquita hagin de compartir necessàriament els mateixos plantejaments.

El mateix es pot dir de l'orientació doctrinal d'aquests centres. La línia doctrinal acostuma a ser definida per l'imam, que l'expressa al llarg dels seus sermons i reflexions adreçats a la comunitat, si bé els responsables dels centres també hi tenen un paper destacat, en mantenir relacions estretes amb altres centres que formulen la mateixa inspiració doctrinal. Les diferents variants doctrinals d'interpretació de la tradició islàmica adquireixen forma i discurs en el sentit que es localitzen a la mesquita, que es presenta com la principal institució de difusió i propagació d'aquestes interpretacions entre les comunitats locals. La seva capacitat per amplificar la influència d'un discurs sobre un col·lectiu implica que el control de la mesquita representi un dels principals motius de disputa en el si d'aquests col·lectius. Com a exemple d'aquesta pugna analitzaré una dinàmica que és present arreu d'Europa, i que mostra les estratègies dels grups d'inspiració salafista[30] per reemplaçar els responsables i imams dels oratoris comunitaris locals. Cal dir, de principi, que aquestes estratègies s'aprofiten de la fragilitat que mostren tant aquests espais com aquestes autoritats. Quan un grup d'aquesta inspiració comença a freqüentar un oratori local, promouen activitats de cara al col·lectiu, en especial l'organització de conferències o de sessions de lectura o estudi de l'Alcorà, des de les quals, a poc a poc, incorporen qüestions pròpies a la seva interpretació literalista. De vegades, tant els responsables del centre com els imams veuen de bon grat aquestes activitats, ja que contribueixen a revifar la mesquita local. Tant és així que alguns imams comencen a adequar les seves prèdiques i reflexions envers aquesta interpretació salafista, que barreja en el seu si elements propis de l'hanbalisme o del wahabisme. Quan no és així, l'estratègia passa per reemplaçar l'imam. Els arguments que justifiquen aquesta substitució passen, sovint, per deixar en evidència davant del col·lectiu els coneixements de què disposa aquest. El temps de la *jutba* és el moment més apropiat per qüestionar aquesta autoritat, tot recriminant-li quan finalitza l'oració comunitària que no coneix amb detall determinats fonaments de la tradició, en especial els *ahadiz*, o fets del profeta Mahoma.[31] Per Van Bruinessen (2003b), aquesta estratègia és àmpliament emprada a Europa pels salafistes i ha aconseguit un èxit notable, per la seva simplicitat alhora que contundència. Davant d'aquesta acusació, si l'imam no disposa del coneixement suficient en aquesta matèria com per respondre-hi adequadament, la seva figura queda en entredit davant del col·lectiu, que pot començar a dubtar de la seva autoritat religiosa. La crítica continuada pot accelerar la sortida de l'imam de la mesquita local, i la seva substitució per un altre que és aportat pel grup salafista. Els salafistes argumenten aquesta estratègia d'assetjament d'acord amb una dita atribuïda al profeta Mahoma, que digué que és desaconsellat que aquell que dirigeixi la pregària d'un grup sigui detestat per aquest per un motiu religiós.[32] La decisió final per reemplaçar un imam per un altre adquireix, d'aquesta manera, un component comunitari que justifica aquest canvi, i difumina la maniobra d'un col·lectiu per aconseguir controlar l'expressió de l'autoritat religiosa des de la institució-mesquita.

La capacitat de la mesquita per amplificar la influència d'un discurs sobre un col·lectiu implica que el seu control representi un dels principals motius de disputa en el si de diferents col·lectius.

Si un dels reptes de futur de l'islam europeu és fer la transició de «l'islam dels pares a l'islam dels fills i –en especial– de les filles» (segons l'expressió de Dassetto i Nonneman, 1996: 216), això passa també per revisar la relació que s'estableix entre aquestes noves generacions i les autoritats religioses. La desconnexió que es produeix entre uns i altres té un component generacional, però alhora també d'interpretació i/o identificació amb la referència islàmica. Davant d'unes autoritats que acostumen a formar part del mateix grup d'edat que el dels pares d'aquests joves, i que desenvolupen un discurs religiós carregat de referències a la societat i cultura d'origen del col·lectiu, les noves generacions no acaben d'identificar-se amb un discurs que els vincula amb el país deixat enrere (sovint, a penes conegut i, per tant, no assumit com a propi), abans que amb la societat on viuen i en la qual s'han socialitzat. Aquestes noves generacions desenvolupen un procés d'«autosocialització» (en paraules de Leïla Babès, 1997), tot formulant un discurs de recuperació de la referència religiosa, però al mateix temps de distanciament respecte a determinats elements que es vinculen amb les seves tradicions familiars i culturals. La recerca d'espais propis i autònoms, fora dels oratoris comunitaris, condueix explícitament a la recerca de noves autoritats religioses, que avui en dia s'identifiquen amb el perfil dels nous intel·lectuals musulmans educats a Occident, i que llur influència supera considerablement la de les autoritats establertes a les mesquites locals. El desencontre també és doctrinal, ja que la reivindicació que aquests nous intel·lectuals fan de la relació individual respecte del fet religiós contrasta amb el discurs a l'entorn del vincle comunitari que formulen les autoritats tradicionals.[33]

La darrera crítica es formula en termes de competència professional, i és elaborada per part d'aquells imams que han estat formats als països d'origen i s'instal·len a Europa sense estar adscrits nominalment a cap mesquita, o bé per aquells que complementen aquesta funció amb la seva condició d'estudiants de cicle superior (que cursen, sovint, estudis tècnics) en universitats europees. Aquest perfil d'imams més joves i amb una millor preparació que els que se situen al capdavant dels oratoris comunitaris, representa una clara concurrència per a ells, ja que posen en qüestió la seva competència per ocupar aquest càrrec. La seva participació en les activitats que organitza l'oratori local és valorada positivament, si bé acostuma a limitar-se als aspectes complementaris al culte, ja sigui l'educació alcorànica per a nens i nenes, algunes conferències durant el mes de ramadà, o altres atencions que l'imam nominalment adscrit a una mesquita no pot cobrir (l'atenció religiosa a hospitals o presons, per exemple) per manca de temps. A vegades, aquests imams joves són invitats a pronunciar la *jutba* de divendres al migdia, la qual cosa –contràriament al que podria pensar-se– no suposa delegar-los la responsabilitat d'aquesta expressió fonamental de l'autoritat religiosa, sinó reforçar la seva condició d'«hostes» externs a l'oratori. Altres vegades, i coincidint amb el període estival, aquests imams substitueixen la persona que ostenta el càrrec d'imam principal, durant la seva absència per vacances. En definitiva, les relacions de competència que es generen entre aquells imams que s'aferren al càrrec (tot reafirmant-se sobre una implícita funcionarització d'aquesta funció que no és tal), i que tenen com a principals actius l'edat, la permanència en el càrrec o els vincles d'amistat amb membres de la comunitat, i aquells que poden aportar una millor formació, com també una major disposició per afrontar alguns dels reptes que acompanya la seva presència en diàspora, ens confirmen els arguments expressats anteriorment en el sentit que el reconeixement i la confiança atorgada a aquestes autoritats religioses depèn de circumstàncies de context que no valoren únicament l'acumulació del coneixement.

7. LA CONSTRUCCIÓ I TRANSMISSIÓ DEL CONEIXEMENT ISLÀMIC

La posició dels musulmans que viuen en minoria en societats no musulmanes ha generat una històrica disputa doctrinal en l'islam, que en l'actualitat adquireix un renovat impuls amb la presència de comunitats musulmanes a Occident (Shadid-Koningsveld, 1996). Si, fins ara, el debat sobre les condicions dels musulmans en minoria havia estat formulat per veus i arguments que se situaven en les societats musulmanes d'origen, avui en dia són aquestes mateixes poblacions musulmanes a Occident les que cerquen alternatives per respondre als interrogants que els formula la vida quotidiana en una societat no musulmana. És ben cert que moltes de les respostes segueixen important-se d'altres societats musulmanes, però ara el debat que s'imposa passa per cercar alternatives per resoldre d'una manera efectiva els reptes que suscita la permanència en aquestes societats occidentals. El caràcter lícit o il·lícit de romandre d'una manera permanent en territoris on no és vigent la llei islàmica depèn de diverses condicions, segons el criteri dels jurisconsults que participen en aquest debat.[34] No obstant això, preval la idea que cal superar l'oposició clàssica entre *dar al-islam* (territoris on impera la llei islàmica) i *dar al-harb* (territoris sota el mandat d'altres lleis no islàmiques), generada en un altre període històric i geopolític, per tal de posar un major èmfasi en les possibilitats d'elaborar i transmetre un saber islàmic adequat a unes realitats socials i polítiques no musulmanes.

Considerar aquestes possibilitats suposa repensar dues de les bases sobre les quals reposa la construcció del coneixement islàmic, com és la llengua àrab com a vehicle d'expressió i transmissió, i el dret (*fiqh*) com a interpretació codificada i institucionalitzada de la llei islàmica, la xara (*shari'a*).

> La desconnexió que es produeix entre les noves generacions i les autoritats religioses té un component d'interpretació i/o identificació amb la referència islàmica.

L'àrab clàssic (*fusha*) es considera la llengua doctrinal de l'islam, ja que és en àrab com originàriament va ser revelat l'Alcorà i com es van compilar les tradicions del profeta Mahoma. L'accés al corpus doctrinal de l'islam segueix fent-se en àrab, malgrat la prevalença que adquireixen altres llengües presents en les societats musulmanes. Per tant, l'accés a aquest coneixement (que és la base de l'autoritat religiosa) continua depenent del domini d'aquesta llengua en la seva forma clàssica. Les autoritats tradicionals encara empren preferentment l'àrab, tant en els textos que elaboren com en els dictàmens i sermons que pronuncien. En un context migratori, aquest ús adquireix un valor afegit al predicament d'aquesta autoritat, ja que una part significativa d'aquests poblacions musulmanes no domina l'àrab clàssic.[35] El predomini de les llengües europees com a llengües d'ús comú entre les noves generacions musulmanes expressa les dificultats que implica la transmissió de les referències familiars (no solament lingüístiques) en la diàspora (Teim, 1999). La feble competència lingüística d'aquestes generacions dificulta tant la transmissió d'aquest saber religiós com la formació de noves autoritats religioses.[36] Malgrat la centralitat que encara manté la llengua àrab, s'observa a Occident una progressiva complementarietat –que no substitució– de l'àrab per altres llengües occidentals, que comencen a fer-se presents, com a traduccions o amb primeres edicions, de textos de contingut teològic islàmic (el catàleg d'editorials com Tawhid o de centres com The Islamic Foundation és compost pràcticament per obres en francès i anglès, respectivament), així com també dins d'Internet, on el predomini pertany a les llengües occidentals.

La possibilitat d'adequar les referències islàmiques a contextos no musulmans ha portat diferents autors a formular la idea d'elaborar un *fiqh al-aqalliyat*, o un dret islàmic per a les minories musulmanes. Taha Jabir al-Alwani, un dels primers autors que va formular aquesta proposta, argumenta que el «*fiqh* per a minories és una disciplina específica que pren en consideració la relació entre el principi religiós i les condicions de la comunitat i del context en què aquesta s'emplaça. És un *fiqh* que s'aplica a un grup específic de persones que viuen en condicions particulars amb necessitats especials, i que pot no ser apropiat per a altres comunitats» (al-Alwani, 2002: 3). Al-Alwani fou un dels fundadors del Fiqh Council of North America el 1988, creat amb la voluntat de poder donar resposta als interrogants de tipus doctrinal que se'ls plantejaven als musulmans que vivien als Estats Units. A Europa, i seguint aquest exemple, es constituí el març de 1997 el Consell Europeu de *Fàtues* i Recerques (CEFR), com una iniciativa de la Federació d'Organitzacions Islàmiques a Europa (FIOE). El Consell, format per trenta-cinc membres, té al capdavant reconegudes autoritats islàmiques, com Yusuf al-Qaradawi o Faysal Mawlawi, que ocupen els càrrecs de president i vicepresident, a més d'altres muftís que provenen de diferents països europeus. El CEFR se situa dins la línia del reformisme salafista (cal diferenciar-lo del literalisme salafista) i, en paraules de Qaradawi mateix, la seva missió és intentar «unificar en la mesura del possible els dictàmens jurídics adreçats a les comunitats musulmanes d'Europa, per tal d'evitar la confusió i les querelles ideològiques», si bé sense convertir-se en una competència, sinó en un complement de les «decisions que emanen dels grans consells ja existents» (al-Qaradawi, 2002: 24). La influència d'al-Qaradawi sobre la línia de treball i la metodologia del Consell Europeu és força evident: conceptes com facilitat (*taysir*), necessitat (*darura*) o eclecticisme (*talfiq*), emprats assíduament per Qaradawi en les seves obres, són plenament incorporats en la definició de les fatues com a elements de guia pels musulmans en un context occidental. D'aquesta manera, el pragmatisme interpretatiu i contextual acaba per convertir-se en l'aspecte diferencial de l'elaboració doctrinal del CEFR (Caeiro, 2003a: 10-11).

El predomini de les llengües europees com a llengües d'ús comú entre les noves generacions musulmanes expressa les dificultats que implica la transmissió de les referències familiars en la diàspora.

Malgrat el caràcter complementari que es vol donar a aquest *fiqh al-aqalliyat*, les crítiques han estat nombroses per part d'altres jurisconsults musulmans que consideren que aquesta iniciativa contribueix a fragmentar el contingut del *fiqh* ordinari amb les excepcions a aplicar en un context determinat. Les crítiques més insistents han estat formulades per muftís conservadors, com ara els xeics saudites Abdul-Aziz Ibn Baz i Muhammad Ibn Uthaymeen, que argumenten que la preservació de la fe i l'estricta obediència a les lleis de l'islam són els principals deures dels musulmans, fins i tot d'aquells que viuen en situació minoritària (Masud, 2002: 17). Ambdós juristes consideren que els musulmans que viuen fora de territoris on no impera la llei islàmica s'han de protegir de la influència d'aquestes societats, i suggereixen preservar la seva identitat cultural i religiosa aïllant-se socialment.[37]

La possibilitat d'adequar les referències islàmiques a contextos no musulmans ha portat diferents autors a formular la idea d'elaborar un dret islàmic per a les minories musulmanes.

L'anàlisi d'aquestes propostes per elaborar una llei islàmica per a musulmans en situació minoritària indica que les qüestions que aborden aquests jurisconsults no es relacionen només amb els musulmans que viuen en minoria, sinó que s'adrecen al conjunt de la *umma* musulmana (Van Koningsveld, 2001; Boender, 2003). Muhammad Khalid Masud (2002) constata la paradoxa que suposa per als juristes musulmans pensar la formulació d'un *fiqh* fora de l'àmbit d'un estat islàmic, en especial el *fiqh europeu*. Per ell, el recurs al concepte de minoria és ambigu i poc definit, ja que difícilment poden ser comparables les realitats de les minories musulmanes en contextos tan diferents com l'occidental o l'asiàtic, per exemple. D'altra banda, les demandes per elaborar aquest *fiqh* també difereixen entre els països: així, per Masud, als Estats Units, la demanda d'aquesta jurisprudència pròpia d'una minoria religiosa adquireix una clara connotació de drets civils. Per Caeiro, la iniciativa del Consell Europeu de Fàtues i Recerques és interpretada de manera diferent en països com Gran Bretanya o França: mentre que en el primer context les fatues elaborades pel CEFR serveixen per fer front a l'extremisme i el literalisme doctrinal, en el segon suposen un anhel d'autenticitat davant les interpretacions modernistes i secularitzants de l'islam (Caeiro, 2003a: 11).

L'impacte de les noves tecnologies de la informació contribueix d'una manera decisiva a afavorir que diferents expressions de l'autoritat religiosa adquireixin un predicament major.

No obstant això, hi ha un altre factor que també és debatut pels analistes acadèmics, com és la concreció a escala local d'unes elaboracions jurídiques que sovint es defineixen en l'àmbit supranacional. La seva incidència pot arribar a ser molt relativa en un context local, tot depenent també de l'existència d'altres expressions d'autoritat religiosa en el si d'una comunitat musulmana concreta. En aquest sentit, caldria analitzar la forma en què diferents expressions d'autoritat religiosa en aquests contextos comunitaris (ja sigui els dictàmens jurídics en forma de fàtua, com l'elaboració de *jutabun* o de *dars*) es complementen, o entren en col·lisió entre si. Per aquest motiu, l'anàlisi de la producció de les expressions d'aquesta autoritat s'ha de combinar amb l'estudi de la seva acceptació, aspecte gens fàcil d'analitzar, malgrat que constitueix la mesura mitjançant la qual establir el seu grau de predicament. Caeiro, en el seu estudi sobre la producció de fatues per part del CEFR, dedica un apartat final a l'anàlisi del que ell anomena el «consum de fàtues», per tal de mostrar el grau d'incidència d'aquestes elaboracions jurídiques. Segons ell, les condicions en què es desenvolupa tant la demanda com l'*ifta* (la resposta en forma de fatua) han canviat substancialment, sigui pel que fa al nivell de formació i coneixement doctrinal que tenen el muftí (el jurisconsult) i el *mustafti* (el que formula la qüestió), com –especialment– pel grau d'implicació dels musulmans mateixos en els debats a l'entorn de la producció del *fiqh*. Les diverses elaboracions jurídiques de destacats juristes es converteixen en objecte de debat per part de musulmans particulars, que opinen o discrepen dels dictàmens dels *muftís*.[38] En aquest sentit, l'impacte de les noves tecnologies de la informació, especialment les televisions per satèl·lit i Internet, contribueixen d'una manera decisiva a afavorir que diferents expressions de l'autoritat religiosa adquireixin un predicament major.[39] Però al mateix temps, també afavoreixen una major interacció i –sovint– la crítica a determinats postulats per part de musulmans particulars. La trivialització de les expressions d'aquesta autoritat s'expressa en aquest context en el recurs que sovint es fa de les fatues: a Internet, des de mitjan anys noranta, han aparegut diferents pàgines web que es dediquen gairebé exclusivament a compilar diverses col·leccions de fatues que, ordenades temàticament poden ser consultables per part d'aquells interessats a saber si una determinada qüestió ha rebut algun dictamen jurídic (Bunt, 2003). Les múltiples respostes que hom pot trobar respecte a qüestions molt concretes mostren la varietat interpretativa en el si de l'islam,[40] però el fet que les fatues no tinguin un caràcter vinculant[41] afavoreix la comparació i l'opció entre unes i altres respostes per part d'aquells que recerquen aquest tipus de dictàmens. En definitiva, davant les múltiples possibilitats que es presenten, l'elecció es converteix en un acte plenament subjectiu, en què intervenen criteris més propis d'unes pautes de consum que de l'acceptació objectivada d'una autoritat determinada. L'èmfasi sobre la responsabilitat individual dels creients musulmans que expressen figures com Yusef al-Qaradawi o Tariq Ramadan,[42] a més de l'acció diversificadora dels mitjans de comunicació, afavoreix segons Caeiro la racionalització individual en el procés de producció, però també d'acceptació i consum, de les elaboracions jurídiques en forma de *fiqh al-aqalliyat*, com a expressions de l'autoritat religiosa islàmica a Europa.

8. DEL RECONEIXEMENT A LA INSTITUCIONALITZACIÓ DELS IMAMS A EUROPA

Anteriorment he fet esment del procés de burocratització religiosa que desenvolupen els diferents estats musulmans per organitzar el camp religiós i atorgar una legitimitat religiosa a la seva tasca política. El control dels espais (els béns de gestió comunal, els *awqaf*, o habús, és a dir, edificis que allotgen els llocs de culte), de les veus doctrinals autoritzades (el personal religiós que s'encarrega de garantir l'atenció religiosa comunitària), com del discurs religiós (produït i gestionat per part del poder polític) esdevenen la clau d'aquest procés de burocratització. Preservar l'ortodòxia doctrinal serveix també per mantenir un determinat *status quo* institucional.[43] En el cas concret del personal religiós, la formació esdevé la base del procés de funcionarització d'aquests professionals, que passen a dependre d'un àmbit institucional (els ministeris d'afers religiosos, o similars) que els selecciona, els remunera i els controla. D'acord amb les necessitats que marca l'atenció religiosa, es defineixen els perfils professionals en què seran formats els futurs aspirants a cobrir una feina remunerada dins d'una estructura professional jerarquitzada.[44]

La funcionarització d'aquest personal, remunerat per les respectives administracions i adscrit a determinats càrrecs i funcions, contradiu el caràcter circumstancial que semblava acompanyar la tasca d'imam. El mateix es podria dir de la seva ubicació en una estructura jeràrquica, controlada en tot moment per l'Estat, que nomena tant aquells imams que han d'ocupar un càrrec al capdavant d'un petit oratori de barri, com el principal muftí que representa la màxima autoritat religiosa reconeguda pel poder. La voluntat de controlar el camp i la referència religiosa afavoreixen la institucionalització jeràrquica dels islams nacionals, encara que per això calgui reinterpretar d'una altra manera el rol d'aquests professionals religiosos.[45]

L'organització externa del culte musulmà emigrat, però, representa per als estats musulmans altres circumstàncies ben diferents de les d'origen. Algu d'ells, en la seva voluntat per trasplantar l'int polític per controlar l'emergència d'aquests de culte i referències doctrinals fora del seu territori, han arribat a constituir instàncies específiques. És el cas de Turquia, que a través de la Direcció d'Afers Religiosos, o Diyanet, organitza tant l'obertura i el manteniment d'oratoris com l'arribada dels imams que hi han de treballar.[46] Per contra, el Marroc (i, per extensió, la resta dels països magrebins) no ha estat fins a la dècada dels noranta que s'ha aplicat a elaborar propostes d'organització del culte, més enllà de les estructures formades a l'entorn de les Amicales dels anys seixanta. És significatiu constatar que el Ministeri d'Habús i Afers Islàmics marroquí no disposi de les competències polítiques per intervenir en les comunitats immigrades, ja que és a la Fondation Hassan II pour les Ressortissants Marocains à l'Etranger a qui correspon adoptar les decisions, malgrat que fins molt recentment no ha començat a considerar la qüestió religiosa en el seu programa d'intervencions. A l'últim, altres països han optat per la via de la creació de grans centres culturals islàmics com a mecanisme per poder intervenir en l'organització del culte musulmà a Europa. Aquest ha estat, i continua sent, un model força present arreu dels països europeus, que han vist com a les seves capitals s'inauguraven centres d'aquestes característiques. Malgrat que els esdeveniments de l'11-S poden haver fet canviar aquesta percepció, no deixa de ser sorprenent observar com aquests centres han trobat un ampli suport per part dels responsables polítics europeus, encara que estiguessin finançats externament o que formulessin una línia doctrinal conservadora.

Però deixant de banda la voluntat política de control dels estats musulmans respecte a les iniciatives dels seus súbdits emigrats, el cert és que els governs europeus han començat també a interrogar-se sobre aquest tema. És, precisament, la manca d'organització que mostra l'emergència d'un islam a Europa el que fa que aquests governs es plantegin si cal intervenir o no en aquesta organització. I això no deixa de ser paradoxal, ja que de vegades es formulen els mateixos interrogants que són proposats pels estats musulmans, tot i que els seus objectius finals difereixin. La temptació, formulada més d'una vegada, de pensar que aquest és un afer del qual han de d'ocupar-se exclusivament els mateixos estats d'origen, planteja prou interrogants com per assumir-la acríticament. Malgrat que els governs europeus es mostren formalment reticents a formular una decidida intervenció en aquest tema (i per això sovint apel·len a les limitacions a la intervenció pública que formulen els seus ordenaments jurídics en matèria de relacions Estat - confessions religioses), el cert és que acaben per desenvolupar d'una manera general una *intervenció indirecta* respecte al tema del personal religiós musulmà. Aquesta es formula en tres àmbits concrets: el del reconeixement legal, el de la formació i el de la institucionalització d'aquestes figures.

> Els governs europeus acaben per desenvolupar d'una manera general una intervenció indirecta respecte al tema del personal religiós musulmà.

El reconeixement legal d'aquest personal passa sovint per la seva equiparació amb el d'altres confessions religioses ja presents a Europa, i depèn del model de relacions que, històricament, cada societat ha establert amb el fet religiós. Per tant, cal tenir present que existeix una àmplia diversitat de models, així com de formes de reconeixement d'aquestes figures, amb països que han formulat notables avenços en aquest terreny. Així, als Països Baixos una resolució del Tribunal Suprem de 30 de maig de 1986 confereix als imams exactament la mateixa situació legal que tenen els ministres de l'Església catòlica, els pastors protestants i els rabins jueus (vegeu l'article de Nico Landman). El mateix passa a l'Estat espanyol, tal com s'expressa en l'Acord de Cooperació entre l'Estat espanyol i la Comissió Islàmica d'Espanya, signat el 10 de novembre de 1992. A Bèlgica, atès que la religió musulmana està reconeguda per l'Estat des de 1974, els seus ministres de culte s'equiparen al mateix rang que els d'altres cultes. Aquesta equiparació hauria de convertir-los en beneficiaris d'una remuneració mensual, si bé en l'actualitat aquesta remuneració es limita només a l'imam-director del Centre Islàmic i Cultural de Brussel·les. També en la proposta de conveni que la Unió de Comunitats Islàmiques a Itàlia (UCOII) va lliurar al Govern italià el novembre de 1992, un dels principals punts es referia als ministres de culte, als quals se'ls garantiria el lliure exercici de la seva tasca religiosa i haurien de ser nomenats per la UCOII.

> Arreu hi ha el convenciment que cal pal·liar l'escàs coneixement de la llengua, de la cultura i de la societat en la qual aquests imams vénen a instal·lar-se per treballar.

El reconeixement legal d'una figura religiosa per part dels estats europeus no els fa competents en matèria religiosa, per la qual cosa solen delegar aquesta definició en les institucions comunitàries pròpies que disposen del criteri adient per determinar que una persona compleix les condicions per ser un imam. Però els estats, si volen equiparar aquest personal religiós amb el d'altres confessions, han d'establir algun criteri mínim exigible a tothom. Un d'aquests criteris és el de la formació, que esdevé clau quan les instàncies de l'Estat puguin formular algun dubte raonable sobre la idoneïtat d'aquest personal religiós. Plantejar-se aquest dubte pot arribar a ser pertinent, si no fos perquè en l'origen de la formulació és present el neguit de les societats europees, davant del que s'imagina que pot suposar la introducció d'idees de caire fonamentalista, i la seva conseqüent influència negativa sobre el conjunt del col·lectiu musulmà. Arreu d'Europa, els diferents analistes (vegeu els articles que componen aquest llibre) mostren que el perfil formatiu d'aquests imams no és sempre el més adient per a l'exercici de la seva tasca de guiatge en un context no musulmà. La pregunta que es formula amb insistència és, en reconèixer aquesta mancança formativa, qui s'ha d'encarregar de formar aquests imams que han de treballar a Europa? Han de continuar formant-se a l'estranger, seguint les directrius dels països musulmans d'origen o, per contra, s'han de formar a Europa? Alguns governs europeus (Països Baixos, França) han estat pioners a l'hora d'abordar aquests interrogants, tot cercant alternatives per al que es formulava, no solament com a part del reconeixement d'un determinat culte religiós a Europa, sinó com a forma d'integrar socialment els col·lectius (pensats genèricament com a població estrangera) que aquest culte religiós aplega. S'han anat acumulant diferents experiències en el conjunt d'Europa que no permeten, però, parlar de models nacionals exportables. Arreu hi ha el convenciment que cal pal·liar l'escàs coneixement de la llengua, de la cultura i de la societat en la qual aquests imams vénen a instal·lar-se per treballar, i per aquest motiu ja s'han formulat diferents propostes de formació específica. Ara bé, els dubtes apareixen en el moment en què cal incorporar altres continguts a aquest ensenyament, ja sigui, d'una banda, els valors, les institucions i els referents democràtics de les societats europees, i de l'altra, la formació en els fonaments de la tradició islàmica contextualitzats a una realitat social no musulmana. Quan el debat a l'entorn de la formació dels imams a Europa segueix del tot obert,[47] el panorama en aquest terreny es troba repartit, per un costat, entre les diferents iniciatives de formació superior que han aparegut arreu d'Europa (sovint amb vincles financers i doctrinals externs, i que tot just comencen a ser reconegudes per part de les comunitats musulmanes europees de base) i, per l'altre, en la formació en origen que imparteixen els centres oficials de formació islàmica (cosa que no suposa necessàriament una relació directa amb l'arribada a Europa d'aquests especialistes, que poden desmarcar-se dels circuits oficials).

L'organització del culte és en la base de la institucionalització d'aquest personal religiós. En opinió dels governs europeus, es considera que l'organització del culte musulmà (en especial pel que fa als imams) ha ser responsabilitat, bé de les entitats i federacions islàmiques a Europa amb voluntat representativa, o bé d'institucions dependents dels estats d'origen. Segons la lògica burocràtica que inspira l'Estat, és a través d'aquesta organització que es pot pensar en el reconeixement i l'equiparació d'aquest personal religiós amb el d'altres comunitats religioses. El reconeixement estatal dels imams passa per la condició que aquests estiguin vinculats a aquella entitat a la qual l'Estat li atorga –per complet o en part– la representació instituïda del conjunt del col·lectiu musulmà en l'àmbit nacional.[48] No obstant això, les diferents realitats comunitàries europees mostren que aquestes propostes d'organització no ocupen tot el camp religiós islàmic: una part important d'aquestes comunitats continua autoorganitzant-se fora de la influència de federacions nacionals o d'instàncies governamentals d'origen, especialment pel que fa a la contractació dels imams que posen al capdavant dels seus oratoris. D'altra banda, és significatiu notar que en les federacions islàmiques europees amb voluntat de representació, el pes dels imams o d'altres autoritats religioses és, més aviat, relatiu, i que en els seus òrgans directius trobem majoritàriament perfils laics.[49] En aquest context, i d'una manera paradoxal, les iniciatives de regulació de l'exercici de les funcions d'aquest personal religiós per part de les federacions islàmiques esdevenen una estratègia, no solament per adoptar una posició privilegiada en un context que sovint es presenta en competència amb altres opcions representatives, sinó també per adquirir un caràcter de legitimació als ulls dels governs europeus, que valoren positivament els seus esforços per organitzar aquest terreny. Les federacions islàmiques es converteixen, doncs, en les primeres instàncies burocratitzadores i de control de l'autoritat religiosa islàmica en context europeu, ja que reemplacen els criteris de selecció formulats per les comunitats locals, per la possessió d'un certificat o diploma que indiqui que aquest imam s'ha format adequadament i/o que pertany a una o altra instància organitzativa. Les respostes a aquests intents de monopolització de l'acreditació i el reconeixement de l'autoritat religiosa caracteritzen avui en dia les relacions complexes que mantenen aquestes entitats de projecció nacional (que tenen com a principal objectiu la institucionalització d'una representació del col·lectiu musulmà davant les instàncies estatals), i les comunitats musulmanes locals (que, en canvi, formulen un model organitzatiu limitat al seu àmbit local, que vol donar resposta a les seves demandes culturals).

9. CONCLUSIONS

Que a Europa les figures de l'autoritat religiosa islàmica estiguin en procés de reconstrucció es pot deure a dos motius: d'una banda, perquè els perfils, els contorns i els marges d'expressió d'aquesta autoritat segueixen sent imprecisos, poc definits. No es tracta d'una indefinició com a resultat d'una organització precària del culte musulmà a Europa (un factor gens negligible, i que té una evident influència en la institucionalització d'aquestes figures), sinó com a conseqüència de la forma en què s'entenen i s'expressen aquestes autoritats que tenen com a base la combinació entre el coneixement i el predicament social. D'altra banda, aquestes figures són doblement reconegudes i doblement qüestionades, en virtut de les expectatives que es generen al seu voltant des de les seves comunitats de referència i des de les societats europees. Les primeres en reconeixen el lideratge i el guiatge espiritual, i hi aboquen una sèrie de responsabilitats que s'espera que acompleixin, ja que en cas contrari poden definir els arguments que serveixen per qüestionar la seva tasca. Per a les societats europees, en barrejar les nocions d'autoritat religiosa amb les de lideratge civil o associatiu, el reconeixement o qüestionament d'aquestes figures depèn de com s'avaluï la seva tasca de mediació, interlocució i promoció de la integració social del seu col·lectiu. Expectatives, doncs, que no necessàriament coincideixen ni es complementen entre si, i que es formulen des d'àmbits ben diferents, ja sigui en l'interior d'aquestes comunitats o en el seu exterior, en l'espai públic de les societats europees.

Les figures d'autoritat religiosa islàmica es troben en

el centre d'un doble debat, que progressa en paral·lel i sense connexió aparent entre els arguments que són exposats per part de les comunitats musulmanes i de les societats europees. Les primeres s'interroguen sobre la capacitat d'interpretació, de transmissió i de guiatge d'aquestes figures, mentre que les segones debaten al voltant del lideratge, de la formació, del grau d'influència sobre el col·lectiu, la seva dependència externa i la possible deriva radical del seu discurs. Ambdós debats responen a la doble dimensió comunitària i pública que semblen tenir les tasques a desenvolupar per aquestes autoritats religioses i, per tant, cal connectar-los entre si.

Les figures d'autoritat religiosa islàmica es troben en el centre d'un doble debat, que progressa en paral·lel i sense connexió aparent entre els arguments que són exposats per part de les comunitats musulmanes i de les societats europees.

Un camí per fer-ho és la institucionalització d'aquest personal religiós. O almenys així s'interpreta, tant per part de les instàncies que es postulen com a representants dels islams nacionals arreu d'Europa com per part dels òrgans administratius públics que han de promoure el reconeixement d'aquesta presència musulmana i de les seves interlocucions. Mentre que les relacions que mantenen aquestes autoritats religioses amb les administracions públiques es poden sintetitzar al voltant de la idea de la intermediació, aquelles que s'estableixen amb les instàncies de representació del col·lectiu esdevenen exemples de recerca mútua de legitimitat. Els consells o federacions islàmiques nacionals s'organitzen sobre una estructura jeràrquica laica, i no són autoritats religioses les que es troben al capdavant d'aquestes entitats (o si ho són, sovint adopten un perfil testimonial i poc executiu). Per tant, requereixen legitimar-se a través de la incorporació d'aquestes figures, ja sigui per mantenir la credibilitat religiosa en les seves actuacions com per poder desenvolupar iniciatives d'organització del culte islàmic a escala nacional (per exemple, formar i acreditar els futurs imams, o elaborar fatues en nom d'aquestes institucions). Pel contrari, el reconeixement d'aquest personal religiós per part d'aquestes instàncies representatives (en forma de vinculació o d'acreditació de la seva formació), els pot ser força útil per a les seves relacions en el si del col·lectiu, però sobretot per comunicar-se amb les societats europees, que dubten de la seva adequada preparació. Ambdós processos de legitimació es reprodueixen en un context minoritari i amb absència d'una estructura estatal, que en origen era l'encarregada de salvaguardar l'ortodòxia oficial, la qual cosa condiciona els límits d'aquesta legitimació mútua.

Cal evitar la confusió entre la institucionalització i l'organització d'un culte, cosa que afavoreix la tendència dels estats europeus a immiscir-se en els àmbits de l'organització, que pertanyen únicament a les confessions respectives.

El reconeixement d'aquestes figures religioses per part de les administracions públiques europees contribueix activament al seu procés d'institucionalització, però la seva autoritat no depèn únicament d'aquest factor de reconeixement extern. La legitimació que extreuen aquestes figures dels poders públics se situa dins de l'àmbit civil i no del doctrinal, que correspon a altres àmbits en què aquests poders no tenen competència. Amb això vull dir que cal evitar la confusió entre la institucionalització i l'organització d'un culte (a través de la seva institucionalització –i del reconeixement de les instàncies representatives– un culte pot organitzar-se, però també ho pot fer sense ella), cosa que afavoreix la tendència dels estats europeus a immiscir-se en els àmbits de l'organització, que pertanyen únicament a les confessions respectives (proposant, per exemple, la creació de centres de formació superior en matèria religiosa).[50] Els límits de la intervenció de l'Estat en matèria religiosa es posen a prova, d'una manera fonamental, davant la qüestió del reconeixement del personal religiós. Uns límits que sovint es reinterpreten o se superen en parlar de les autoritats religioses islàmiques, fet que no acostuma a passar amb la resta de les confessions establertes a Europa, la qual cosa reforça considerablement el criteri d'excepcionalitat que s'atorga a l'islam respecte d'elles. El reconeixement d'aquestes autoritats no passa tant per assenyalar-ne l'excepcionalitat, sinó per comprendre la forma en què acompleixen les seves funcions, que no són solament comunitàries, sinó que també adquireixen una dimensió creixent com a figures públiques. És aquest el camí per abordar seriosament l'emergència de noves expressions d'unes autoritats religioses que ja no es dediquen només a importar acríticament referències externes, sinó que cada vegada es mostren més capaces d'elaborar un coneixement islàmic a Europa i de fer propostes doctrinals i jurídiques adequades a les comunitats musulmanes en la diàspora.

Bibliografia

ABU-SAHLIEH, SAMI A. A., (1996), «La migration dans la conception musulmane», *Migration-Société*, vol. 8, núm. 45, pp. 5-26.

AL-ALWANI, TAHA JABIR., (2002), *Towards a Fiqh for Minorities. Some basic reflections*. Londres: The International Institute of Islamic Thought.

ALLIEVI, STEFANO., (2002), *Musulmani d'Occidente. Tendenze dell'Islam europeo*. Milà: Carocci.

AL-QARADAWI, YUSUF., (2002), «Présentation du Conseil», a Conseil Européen des Fatwas et de la Recherche, *Recueil de fatwas. Avis juridiques concernant les musulmans d'Europe*. Serie núm. 1. Lió: Tawhid, pp. 21-27.

ANTOUN, RICHARD T., (1989), *Muslim Preacher in the Modern World: A Jordanian case study in comparative perspective*. Princeton: Princeton University Press.

BABÈS, LEÏLA., (1997), *L'islam positif. La religion des jeunes musulmans de France*. París: Éditions de l'Atelier.

BAMBA, AMARA., (2003), «La formation des imams, le nouveau défi de l'Islam en France», www.saphirnet.info (12 de juny de 2003). Consulta feta el 18-11-2003.

BARTON, STEPHEN., (1986), «Sermons for Europe. The preaching of a Bradford imam». *Research paper. Muslims in Europe* (Birmingham: Centre for the Study of Islam and Christian-Muslim Relation), núm. 29, pp. 1-19.

BEETHAM, DAVID., (1991), *The legitimation of power*. Basingstoke: Macmillan Press.

BENKHEIRA, MOHAMMED H., (1998), «Vider l'islam de sa substance rituelle pour l'intégrer?». *Islam de France*, núm. 2, pp. 42-49.

BENTZIN, ANKE., (2003), «Islamic TV programmes as a forum of a religious discourse», a Stefano Allievi-Jorgen Nielsen (eds.), *Muslim networks and transnational communities in and across Europe*. Leiden: Brill, pp. 170-193.

BLOCH, MAURICE., (ed.) (1975), *Political language and oratory in traditional society*. Londres: Academic Press.

BOENDER, WELMOET., (2003), «Islamic law and Muslim minorities». *ISIM Newsletter*, núm. 12, p. 13.

BOURDIEU, PIERRE., (1971) «Genèse et structure du champ religieux». *Revue Française de Sociologie*, vol 12, núm. 3, pp. 295-334.

BOUZAR, DOUNIA., (2001), *L'islam des banlieues. Les prédicateurs musulmans: nouveaux travailleurs sociaux?*. París: Syros.

BRUINESSEN, MARTIN VAN., (2003a), «The Production of Islamic Knowledge in Western Europe». *ISIM Newsletter*, núm. 12, p. 6.

BRUINESSEN, MARTIN VAN., (2003b), «Making and Unmaking Muslim Religious Authority in Western Europe». Ponència presentada al Seminari The Production of Islamic Knowledge in Western Europe (Florència - Montecatini Terme, 19-23 març 2003), organitzada pel Programa Mediterrani del Robert Schuman Centre for Advanced Studies at the European University Institute.

BUFFIN, FRÉDÉRIC., (1998), «Les imams et la sécurité nationale: état des lieux et perspectives», a Franck Frégosi (ed.), *La formation des cadres religieux musulmans en France. Approches socio-juridiques*. París: L'Harmattan, pp. 83-89.

BUNT, GARY R., (2000), *Virtually Islamic: Computer-mediated communication and Cyber islamic Environments*. Cardiff: University of Wales.

BUNT, GARY R., (2003), *Islam in the Digital Age: E-Jihad, Online Fatwas and Cyber Islamic Environments.* Londres: Pluto Press.

CAEIRO, ALEXANDRE., (2003a), «The European Council of Fatwa and Research». Ponència presentada al Seminari *The Production of Islamic Knowledge in Western Europe* (Florència-Montecatini Terme, 19-23 març 2003), organitzada pel Programa Mediterrani del Robert Schuman Centre for Advanced Studies at the European University Institute.

CAEIRO, ALEXANDRE., (2003b), «Adjusting Islamic Law to migration», *ISIM Newsletter*, núm. 12, p. 26-27.

CANATAN, KADIR., (2002), «Required: Muslim leadership». *ISIM Newsletter*, núm. 9, p. 18.

CHAABAOUI, MOHAMED., (1994), «Rôle et statut de l'imam en France». *Migrations-Société*, vol. 6, núm. 33-34, *Statut, rôle et formation de l'imam en France*, pp. 57-64.

CHEKROUN, MOHAMED., (1990), *Jeux et enjeux culturels au Maroc.* Rabat: Ed. Okad.

DASSETTO, FELICE., (1996), *La construction de l'islam européen. Approche socio-anthropologique.* París: L'Harmattan.

DASSETTO, FELICE., (2003), «Intellectuels musulmans et screening», *La Libre Belgique*, (31 març 2003).

DASSETTO, FELICE-NONNEMAN, GERD., (1993), «Islam in Belgium and the Netherlands: Towards a Typology of 'transplanted' Islam», a G. Nonneman-T. Niblock-B. Szajkowski (eds.), *Muslim communities in the New Europe.* Reading: Ithaca Press, pp. 187-218.

EICKELMAN, DALE F., (1981) «The study of islam in local contexts», a R.C. Martin (ed.), *Contribution to Asian Studies*, vol. 17.

EICKELMAN, DALE F., (1985), *Knowledge and power in Morocco. The Education of a Twentieth-Century Notable.* Princeton: Priceton University Press.

EICKELMAN, DALE F. - ANDERSON, JON W., (eds.) (1999), *New Media in the Muslim World. The emerging public sphere.* Bloomington: Indiana University Press.

EICKELMAN, DALE F.-PISCATORI, JAMES., (1996), *Muslim Politics.* Princeton: Princeton University Press.

EL-GHISSASSI, HAKIM., (2003), «La formation religieuse», *La Médina* (www.lamedina.fr). Consulta feta el 17-11-2003.

EL-JISR, BASSEM., (1993) «L'islam européen, entre l'intégrisme et l'intégration», a M. Arkoun - R. Leveau - B. El-Jisr (dirs.) *L'Islam et les musulmans dans le monde. Tome I, L'Europe Occidentale.* Beirut: Centre Culturel Hariri.

EUMC., (2002), *Summary Report on Islamophobia in the EU after 11 September.* Viena: European Monitoring Centre on Racism and Xenophobia (Christopher Allen, Jørgen S. Nielsen, reporters).

FATHI, ASGHAR., (1995), «Khutba», *The Oxford Encyclopedia of the Modern Islamic World* (John L. Esposito, ed.) Nova York: Oxford University Press, vol. 2, pp. 432-435.

FEHÉRVÁRI, G., (1993), «Mihrab», *Encyclopedia of Islam*, Leiden: E.J. Brill, vol.7, pp. 7-15.

FIERRO, MARIBEL., (1995), «La emigración en el islam. Conceptos antiguos, nuevos problemas», a M. Abumalham (ed.) *Comunidades islámicas en Europa.* Madrid: Trotta, pp. 71-84.

FRÉGOSI, FRANCK., (1998), «Les filières nationales de formation des imams en France: L'Institut Européen des Sciences Humaines (Château-Chinon) et l'Institut d'Études Islamiques de Paris (Paris)», a Franck Frégosi (ed.), *La formation des cadres religieux musulmans en France. Approches socio-juridiques.* París: L'Harmattan, 1998, pp. 101-139.

GAFFNEY, PATRICK D., (1994), *The Prophet's Pulpit. Islamic preaching in contemporary Egypt.* Berkeley: University of California Press.

GARDET, LOUIS., (1977) *Les hommes de l'Islam. Approche des mentalités.* París: Hachette.

GILSENAN, MICHAEL., (1982), *Recognizing Islam. Religion and Society in the Modern Arab World.* Londres: Croom Helm.

JONKER, GERDIEN., (2000), «Islamic television 'made in Berlin'», a Felice Dassetto (dir.), *Paroles d'islam. Individus, sociétés et discours dans l'islam européen contemporain.* París: Maisonneuve&Larose - European Science Foundation, pp. 267-280.

JONKER, GERDIEN., (2003), «Islamic knowledge through a woman's lens: education, power and belief». *Social Compass*, vol. 50, núm. 1, pp. 35-46.

KEDDIE, NIKKIE., (ed.) (1972), *Scholars, Saints, and Sufis: Muslim Religious Institutions in the Middle East since 1500.* Berkeley: University of California Press.

KEPEL, GILLES., (1984), *Les banlieues de l'islam.* París: Seuil.

KEPEL, GILLES., (1985), «La leçon de Cheikh Fayçal. Les enjeux d'un discours islamiste dans l'immigration musulmane en France», *Esprit*, núm. 102, pp. 186-196.

KONINGSVELD, PETER S. VAN., (2001), *The significance of fatwas for Muslims in Europe.* ISIM Lecture, Utrecht.

LAMBEK, MICHAEL., (1990), «Certain knowledge, contestable authority: power and practice on the Islamic periphery». *American Ethnologist*, vol. 17, núm. 1, pp. 23-40.

LUKES, STEVEN., (1985), *El poder: un enfoque radical.* Madrid: Siglo XXI.

MALIK, JAMAL., (1996), *Colonialization of Islam: Dissolution of Traditional Institutions in Pakistan.* Lahore, Vanguard Books.

MANDAVILLE, PETER., (2000), «Information technology and the changing boundaries of European Islam», a Felice Dassetto (dir.), *Paroles d'islam. Individus, sociétés et discours dans l'islam européen contemporain.* París: Maisonneuve&Larose - European Science Foundation, pp. 281-298.

MARIANI, ERMETE., (2002), «Hadith On-Line: the invention of a tradition». *ISIM Newsletter*, núm. 9, p. 24.

MARIANI, ERMETE., (2004), «Yussuf al-Qardawi: pouvoir électronique, financier et symbolique», a Franck Mermier (dir.), *Mondialisation et nouveaux médias dans l'Orient arabe* (col·loqui organitzat a Lió el novembre de 2001 pel GREMMO i pel CERMOC-UL).

MARTINIELLO, M., 1992. *Leadership et pouvoir dans les communautés d'origine immigrée.* París: L'Harmattan.

MASUD, MUHAMMAD K., (2002), «Islamic law and Muslim minorities». *ISIM Newsletter*, núm. 11, p. 17.

MASUD, MUHAMMAD K. - MESSICK, BRINKLEY - POWERS, DAVID S., (1996), «Muftis, fatwas and Islamic legal interpretation», a M.H. Masud - B. Messick - D. S. Powers (eds.), *Islamic legal interpretation. Muftis and their fatwas.* Cambridge: Harvard University Press, pp. 3-32.

MASUD, MUHAMMAD K., (1990), «The obligation to migrate: the doctrine of *hijra* in Islamic law», a Dale F. Eickelman - James Piscatori (eds.*), Muslim Travellers: Pilgrimage, Migration. and the Religious Imagination.* Berkeley: University of California Press.

NIELSEN, JORGEN S., (1999), *Towards a European Islam.* Basingstoke: Palgrave.

PEDERSEN, JOHANNES., (1978), «Khatib», *Encyclopedia of Islam.* Leiden: E.J. Brill, vol. 4, pp. 1109-1111.

PEDERSEN, JOHANNES., (1993), «Minbar», *Encyclopedia of Islam.* Leiden: E.J. Brill, vol. 7, pp. 74-77.

RAMADAN, TARIQ., (2003), *Les musulmans d'Occident et l'avenir de l'islam.* Arles: Actes Sud.

REEBER, MICHEL., (1997), «La formation d'imam dans la Risala d'Ibn Abi Zayd al-Qayrawani», a *Revue de Droit Canonique*, 1997, tom 47/2, pp. 329-338.

REEBER, MICHEL., (2000), «Les khutbas de la diaspora: enquête sur les tendances de la prédication islamique dans les mosquées en France et dans plusieurs pays d'Europe occidentale», a Felice Dassetto (dir.), *Paroles d'islam. Individus, sociétés et discours dans l'islam européen contemporain.* París: Maisonneuve&Larose - European Science Foundation, pp.185-203.

REEBER, MICHEL., (2003), «Une tradution fémenine du Coran: Zeinab Abdelaziz». Ponència presentada al Seminari *Religions d'hommes, regards de femmes* (Estrasburg, 15-16 de maig de 2003. Université Robert Schuman-Société, Droit et Religion en Europe-CNRS).

ROALD, ANNE-SOPHIE., (2001), «The wise men: democratisation and gender equalisation in the Islamic message: Yusuf al-Qaradawi and Ahmad a-Kubaisi on the air». *Encounters*, vol. 7, núm. 1, pp. 29-55.

ROY, OLIVIER., (1999), *Vers un islam européen.* París: Esprit.

ROY, OLIVIER., (2000), «L'individualisation dans l'islam européen contemporain», a Felice Dassetto (dir.), *Paroles d'islam. Individus, sociétés et discours dans l'islam européen contemporain.* París: Maisonneuve&Larose - European Science Foundation, pp. 369-384.

ROY, OLIVIER., (2003), *El islam mundializado.* Barcelona: Editorial Bellaterra.

SAINT-BLANCAT, CHANTAL., (1997) *L'islam de la diaspora.* París: Fayard Éditions.

SAINT-BLANCAT, CHANTAL., (2002), «Islam in Diaspora: Between Reterritorialization and Extraterritoriality». *International Journal of Urban and Regional Research*, vol. 26, núm. 1, pp. 138-151.

SAINT-BLANCAT, CHANTAL., (2004), «La transmission de l'islam auprès des nouvelles générations de la diaspora», *Social Compass.*

SAKTANBER, AYSE., (2002) *Living Islam: Women, Religion and Politicisation of Culture in Turkey*, Londres: IB.Tauris.

SHADID, WASIF A.R. - KONINGSVELD, PETER S. VAN., (1996), «Loyalty to a non-Muslim government: an analysis of islamic normative discussions and of the views of some contemporary islamicists», a W.A. Shadid - P.S. Van Koningsveld (eds.), *Political participation and identities of muslims in non-muslim states.* Kok Pharos: Kampen, pp. 84-114.

SKOVGAARD-PETERSEN, JACOB., (1997), *Defining Islam for the Egyptian state. Muftis and fatwas of the Dar al-Ifta.* Leiden: Brill.

STEHLY, RALPH., (1998), «L'imamat des cinq prières selon Chafi'i et Ibn Qudama», a Franck Frégosi (dir.), *La formation des cadres religieux musulmans en France. Approches socio-juridiques.* París: L'Harmattan.

TAYOB, ABDULKADER., (1999), «The *minbar*: power and authority in Islam», a *Islam. A short introduction.* Oxford: Oneworld, pp. 113-138.

TEIM (TALLER DE ESTUDIOS INTERNACIONALES MEDITERRÁNEOS)., (1999), *Lengua y cultura de origen: niños marroquíes en la escuela española*. Madrid: Ediciones del Oriente y del Mediterráneo.

TERNISSIEN, XAVIER., (2002), *La France des mosquées*. París: Albin Michel.

TOPCU-BRESTRICH, EMEL., (2003), «Islamic organization in Turkey: conflicts between centre and periphery», a Karl-Fritz Daiber - Gerdien Jonker (eds.), *Local forms of religious organization as structural modernisation. Effects on religious community building and globalisation*. Marburg: Philipps Universität, pp. 31-49.

TOZY, MOHAMED., (1990), «Le prince, le clerc et l'État: la restructuration du champ religieux au Maroc», a Gilles Kepel-Yann Richard (eds.), *Intellectuels et militants de l'islam contemporain*. París: Seuil, pp. 71-102.

TOZY, MOHAMED., (2000), *Monarquía e islam político en Marruecos*. Barcelona: Bellaterra.

TYAN, ÉMILE., (1960), «'Adl », *Encyclopedia of Islam*. Leiden: E.J. Brill, vol. 1, pp. 215-216.

VERTOVEC, STEVEN., (1999), «Conceiving and researching transnationalism». *Ethnic and Racial Studies*, vol. 22, núm. 2, pp. 447-62.

VERTOVEC, STEVEN., (2003), «Diaspora, transnationalism and islam: sites of change and modes of research», a Stefano Allievi - Jørgen S. Nielsen (eds.), *Muslim Networks and Transnational Communities in and across Europe*. Leiden: E.J. Brill, pp. 312-326.

VERTOVEC, STEVEN - COHEN, ROBIN., (eds.) (1999) *Migration, Diasporas and Transnationalism* (with), Aldershot: Edward Elgar.

WALBRIDGE, LINDA S., (1997), *Without forgetting the Imam. Lebanese shi'ism in an American community*. Detroit: Wayne State University Press.

WEIBEL, NADINE., (1998), «L'encadrement religieux au féminin», a Franck Frégosi (ed.), *La formation des cadres religieux musulmans en France. Approches socio-juridiques*. París: L'Harmattan, pp. 91-100.

WEIBEL, NADINE., (2001), «De l'autorité du père à celle de Dieu ou comment les 'musulmanes actives' d'Europe se réapproprient l'autorité religieuse». Ponència presentada al col·loqui anual de l'Association Française des Sciences Sociales des Religions *Les transformations de l'autorité religieuse* (París, ISESCO, 5-6 febrer 2001).

WENSINCK, ARENT JAN., (1986), «Khutba», *Encyclopedia of Islam*. Leiden: E.J. Brill, vol. 5, pp. 74-75.

WERBNER, PNINA-ANWAR, MUHAMAD., (eds.)(1991), *Black and Ethnic Leadership in Britain: The Cultural Dimensions of Political Action*. Londres: Routledge.

ZAMAN, MUHAMMAD QASIM., (2002), *The Ulama in contemporary Islam. Custodians of change*. Princeton: Princeton University Press.

ZARABOZO, JAMAAL AL-DIN., (1998), *The Friday Prayer (part 1: the fiqh)*. Ann Arbor: Islamic Assembly of North America.

ZEGHAL, MALIKA., (1997), *Los guardianes del islam. Los intelectuales tradicionales y el reto de la modernidad*. Barcelona: Bellaterra.

Notes

* Aquest text ha estat enriquit amb les aportacions crítiques fetes per Alberto López Bargados i Josep Lluís Mateo Dieste. L'autor es troba en deute intelectual amb ells.

1. L'apartat bibliogràfic que conclou aquest volum recull part d'aquesta producció.

2. Tan sols citaré alguns exemples: les declaracions homòfobes de l'imam Khalil al-Moumni a la televisió holandesa (maig 2000); la publicació a Barcelona del llibre *La mujer en el islam* de l'imam de Fuengirola Muhammad Kamal Mustafa, acusat per altres col·lectius musulmans de fer apologia del maltractament envers les dones (juny 2000); els arguments de Hani Ramadan, director del Centre Islàmic de Ginebra, en l'article «La charia incomprise» publicat per *Le Monde*, en referència a la lapidació per adulteri (setembre 2002); la clausura per ordre judicial de la mesquita de Finsbury Park a Londres on predicava Abu Hamza al-Masri, conegut per les seves proclames radicals (febrer 2003); o les declaracions públiques a favor de la *yihad* contra els no musulmans de l'imam del Centre Islàmic de Roma, Abdel-Samie Mahmoud Ibrahim Moussa (juny 2003).

3. No podem sostreure'ns al fet que, després de l'11-S, un vel de sospita envolta qualsevol presència pública de l'islam a Europa, especialment respecte d'aquelles figures que postulen algun tipus de lideratge expressat en termes doctrinals islàmics. La seva presència, més o menys activa en l'espai públic europeu, i la incorporació al seu discurs d'alguna referència islàmica clara esdevenen criteris a partir dels quals es pot categoritzar aquests lideratges amb els apel·latius d'«integrista» i «fonamentalista», enfront d'altres que es consideren «moderats» o «liberals». En un article a la premsa belga, Felice Dassetto (2003) critica la sospita i malfiança pública que es genera a l'entorn d'aquestes figures, tant per part de les opinions públiques com pels serveis de seguretat europeus, que contribueixen a criminalitzar i penalitzar un lideratge emergent en el si de l'islam europeu, compromès amb la recerca del seu reconeixement públic.

4. El debat que aquí se suggereix no té només a veure amb la forma en què aquests lideratges, sorgits de col·lectius minoritaris, són capaços d'elaborar els seus arguments i pràctiques (sobre l'*ethnic leadership*, vegeu Werbner-Anwar, 1991, i Martiniello, 1992), sinó també amb la definició i la funció d'aquest lideratge segons la cultura política pròpia de cada país europeu. En el cas concret de l'islam, la qüestió que es planteja és saber com s'accepta que els seus lideratges incorporin una clara referència religiosa en els seus discursos i manifestacions.

5. El canvi en els termes emprats no respon només a l'evolució que experimenten les realitats a les quals es fa referència, sinó també a les elaboracions teòriques que volen explicar-les, i que avui en dia s'instal·len fonamentalment a l'entorn del paradigma del transnacionalisme. Vegeu, entre altres autors, Saint-Blancat (1997, 2002), Vertovec (1999, 2003) o Vertovec-Cohen (1999).
6. Els dos grans interrogants que fins ara preocupaven les societats europees quant a la instal·lació de poblacions musulmanes en el seu territori, el de la seva integració social com a col·lectius d'origen immigrant i el de la seva radicalització ideològica, semblen reeditar-se de nou dins d'aquest context de deriva de la seguretat respecte de tot allò que té a veure amb l'islam i amb els musulmans després de l'11-S (EUMC, 2002).
7. A França, l'any 1996, es calculava que dels gairebé 1.000-1.500 imams que treballaven en el seu territori, a penes una setantena estaven inscrits en el règim de la seguretat social (Buffin, 1998: 88). Aquest fet fou reconegut públicament pel ministre de l'Interior francès, Nicolas Sarkozy, el 18 d'abril de 2003 durant la seva intervenció en el congrés anual de l'Union des Organisations Islamiques de France (UOIF) a Le Bourget (*Le Monde*, 19-4-03).
8. De fet, sovint als imams se'ls considera responsables directes de l'ús del vel per part de les dones, de les demandes de menús sense porc o *halal* en els menjadors escolars, o de l'abandó de l'escola per les adolescents abans de finalitzar el seu cicle formatiu.
9. Desplaçar l'anàlisi envers les raons i els motius que té un grup d'individus per acceptar una autoritat determinada, suposa prendre un camí alternatiu en l'estudi de les relacions entre poder i legitimitat. Si bé l'interès preferent de les ciències socials, des de Max Weber, s'ha situat en l'estudi de les estratègies de legitimació que són promogudes des de les mateixes autoritats de cara a justificar-se (la fonamentació de la «creença en la legitimitat», segons Weber), l'altra part de la relació, la que té a veure amb el context de recepció i acceptació d'aquesta autoritat, sembla despertar poc interès per a l'anàlisi. No obstant això, l'estudi d'aquesta acceptació confirma el caràcter contingent i contextual de tota expressió de legitimitat (Beetham, 1991: 14 i ss., Lukes, 1985).
10. Frégosi (1998) indica que durant el curs 1996-97, el percentatge d'alumnat femení de l'Institut Europeu de Ciències Humanes a Nièvre (França) era del 40%. L'Institut Islàmic de la Mesquita de París, per la seva part, declara que un terç dels seus alumnes són dones. En el programa actual de formació d'aquest centre (que s'inicià l'octubre de 2003), es fa referència explícita a la formació de dones per a l'atenció religiosa en hospitals.
11. Existeixen nombrosos exemples d'aquesta autoritat religiosa femenina, que es fan presents tant en l'àmbit de la producció editorial com en els mitjans de comunicació. Es pot citar Malika Dif o Asma Lamrabet, que s'han destacat en l'àmbit dels assaigs sobre la condició femenina i l'islam, publicats en editorials islàmiques a Europa. A Egipte tenim els exemples de Zeïneb Abdelaziz, professora de civilització francesa a la Universitat d'Al-Azhar, autora de diversos treballs, entre ells una anàlisi de les traduccions de l'Alcorà *(Tarjamat al-quran ila ayn?*, El Caire, 2001), a la qual Michel Reeber ha dedicat un recent treball (2003); i Abla Kahlaoui, també formada a la Universitat d'Al-Azhar, que té en la cadena per satèl·lit Iqraa un programa setmanal d'una hora de durada, anomenat *Fatawa al-nisa*, en què respon a qüestions plantejades al voltant de temàtiques femenines. A Espanya, des del si de les comunitats de neomusulmans han aparegut veus femenines (les de Yaratullah Monturiol, Sabora Uribe o Jadicha Candela, per exemple), que participen activament en debats que se susciten sobre l'islam, i que elaboren diversos comentaris sobre qüestions teològiques musulmanes.
12. Jonker cita tres exemples extrets de la realitat alemanya: el Zentrum für Islamische Frauenforschung, que promou activitats de lectura i interpretació de l'Alcorà; *HUDA, Netzwerk für muslimische Frauen*, una xarxa que elabora una revista adreçada a les dones musulmanes; i Die Islamische Pädagogische Dienst (IPD), que produeix materials pedagògics sobre l'islam per a mesquites i escoles públiques. Caldria afegir, possiblement, l'edició de publicacions periòdiques adreçades específicament a un públic femení musulmà, com seria *Hawwa* a França, o *Al-Nisa*, als Països Baixos.
13. Aquest principi de guiatge i continuïtat és fonamental dins d'aquest concepte d'ulema: «És la combinació de la seva formació intel·lectual, de la seva vocació i, fonamentalment, de la seva orientació, és a dir, d'un cert sentit de continuïtat amb la tradició islàmica que defineix els ulemes; i és aquest sentit de continuïtat el que constitueix la més significativa diferència entre aquests i els seus detractors modernistes i islamistes» (Zaman, 2002: 10).
14. La centralitat dels textos sagrats és destacada per Eickelman com un dels principis fonamentals sobre els quals es basa tot tipus d'ensenyament doctrinal: «El paradigma de tot coneixement és l'Alcorà considerat literalment com la paraula de Déu; al Marroc, la seva acurada memorització en una o més de les formes convencionals de recitació és el primer nivell de domini de les ciències religioses a través de la "possessió mnemònica" *(malakat al-hifd)*. La memorització de textos clau, tal com és memoritzat l'Alcorà, és el punt de partida per tenir competències en matèria de ciència religiosa» (Eickelman, 1985: 57-58).
15. La idea de l'existència d'una ortodòxia i d'una doctrina que comporta implícitament un principi de sistematització i d'institucionalització és destacada en l'anàlisi que fa Pierre Bourdieu del fet religiós. Segons ell, la competència religiosa d'aquests especialistes es fonamenta en el «domini d'un corpus de normes i sabers explícits, deliberadament sistematitzats pels especialistes que pertanyen a una institució socialment encarregada de reproduir el capital religiós per una acció pedagògica precisa» (Bourdieu, 1971: 305). Aquests especialistes, doncs, són els dipositaris d'aquest capital religiós i formen part d'una estructura burocràtica que garanteix la continuïtat i legitimitat de la seva funció.
16. Podem trobar evidents exemples d'aquest procés al Marroc (Tozy, 2000), a Egipte (Zeghal, 1997), a Turquia (Saktanber, 2002) i al Pakistan (Malik, 1996), entre d'altres països. Vegeu la nota 45.
17. L'estudi de l'«islam en contextos locals» parteix del principi de combinar el reconeixement dels immediats àmbits socials, on s'expressa una determinada pràctica considerada com a islàmica, amb una relació de continuïtat que l'inscriu dins d'una tradició més àmplia (Eickelman, 1982: 1-16; Gaffney, 1994: 30). Aquesta perspectiva d'anàlisi és del tot aplicable a la realitat de l'islam europeu, una vegada s'ha superat el paradigma del trasplantament que havia dominat en els primers estudis.

18. En una de les entrevistes citades per Reeber, un estudiant marroquí diu el següent: «Preferim que l'imam romangui a la mesquita i que no en surti. No desitgem que es passegi, que s'impregni massa de la cultura occidental» (Reeber, 2000: 198). En termes semblants a aquests (malgrat que aplicat a un context ben diferent), Mohamed Tozy cita un fragment d'un discurs del 1982 del rei Hassan II del Marroc, en què aquest intenta definir el perfil ideal d'ulema: «Se trataría de ideólogos que no se metieran en política, ulemas educadores que se mezclaran con la gente, que les sermonearan pero sin atosigarles ni hablarles de la cotidianidad; portavoces oficiales de una línea religiosa que atacara las "desviaciones extranjeras", las "agresiones culturales", los movimientos heterodoxos, pero sin salirse de los límites de su salario, la mezquita y el tiempo comprendido entre la oración de *magrib* y la de *ishá*» (Tozy, 1990: 94-95).
19. Aquest principi de «reclusió» dels imams dins dels límits comunitaris comença pel fet que sovint se'ls ofereix el mateix local de l'oratori com a primera residència, la qual cosa dificulta notablement el reagrupament amb els seus familiars, així com la seva autonomia personal i la seva integració en la societat europea.
20. *El minbar* és el púlpit des del qual l'imam pronuncia la *jutba* de l'oració de divendres al migdia. El *mihrab* és el nínxol que indica la direcció envers la Meca (*qibla*), que guia l'orientació de l'oració. Sobre el *minbar*, vegeu Pedersen (1993: 74-77), i sobre el *mihrab*, Fehérvári (1993: 7-15).
21. *En la risala* d'Al-Qayrawani, aquest situa la funció de l'imam com a director de la pregària comunitària en una dimensió essencialment horitzontal, en què la distinció respecte a la resta de fidels es fa per criteris de coneixement, que no suposa cap mena d'intercessió respecte a Déu, sinó de continuïtat (Reeber, 1997: 335-336).
22. A Mayotte, un criteri distintiu de l'autoritat religiosa és compartir el propi coneixement. Aquell que posseeix el coneixement, també ha de ser capaç de transmetre'l (Lambek, 1990: 29). En l'islam europeu, aquesta condició probablement no és tan explícita.
23. *Sobre la jutba*, vegeu Wensinck (1986: 746-77), i sobre el *jatib*, Pedersen (1978: 1141-1142).
24. *Sobre la noció d'adl*, vegeu Tyan (1960: 215-216).
25. L'exemple més recent d'aquest intent de control de la predicació el tenim al Marroc, on després dels sagnants atemptats del 16 de maig de 2003, el ministeri d'Habús i Afers Islàmics vol elaborar un butlletí mensual en què es donarien orientacions generals als imams per tal que aquests elaboressin les seves prèdiques. El següent text forma part de la presentació d'aquest butlletí: «Senyors, sabent que vostès es troben en una societat que té en el seu si diferents institucions democràtiques (Parlament, mitjans de comunicació...), no és necessari que hagin de seguir assumint les seves anteriors responsabilitats d'*al amr bil maarouf wa annahy ani al mounkar* ["cercar el bé i evitar el mal"] sigui quin sigui el context, ja que això ja ho fa també el parlamentari en els seus informes, el periodista en les seves informacions i denúncies. Consagreu-vos, doncs, a anunciar els grans principis i la promoció de les regles de l'ètica. Això us posarà en guàrdia contra la polèmica, l'error d'apreciació del neòfit, l'error tècnic de judici i la flagrant contradicció amb la política de l'Estat» (*Tel Quel*, núm. 85, juliol 2003, p. 21).
26. Reeber afirma que la predicació a Europa Occidental és essencialment un acte ritual (2000: 191). Això explicaria el recurs intensiu a un llenguatge literari (i no col·loquial, amb el qual poder arribar amb més intensitat a una audiència generalment no gaire formada) o a la retòrica i l'entonació de la veu, com a mitjans per crear un clima apropiat per escoltar l'al·locució d'una autoritat religiosa. El ritualisme, doncs, seria un dels elements distintius que diferencia les *jutabun* d'altres formes d'adreçar-se a un públic amb una finalitat religiosa, ja sigui en forma de lectura (*muhardra*) o lliçó (*dars*), desenvolupat per altres perfils de predicadors, com el *wa'iz* (predicador itinerant) o el *da* (missioner, propagandista) (Gaffney, 1994: 122 i 32-33). L'altre seria que la implicació dels que escolten la *jutba* i la seva interacció respecte del predicador és mínima (en tot cas, els oients expressen el seu assentiment a les paraules del *jatib*), a diferència dels altres discursos que tenen previst que aquest hagi de respondre les preguntes que li formulen els assistents (Antoun, 1989: 101).
27. Bloch (1975: 24) argumenta que una al·locució formal reforça la naturalesa jeràrquica entre l'orador i l'oient, tot reproduint a través seu les relacions de poder existents.
28. De fet, qui vulgui escoltar un discurs islàmic amb contingut polític, no cal que acudeixi a la mesquita: l'ús profús de cassettes d'àudio i vídeo que recullen les prèdiques de reconeguts xeics o ulemes és tan present a Europa com en la resta del món musulmà. En paraules de Reeber, «la *jutba* es desplaça del *minbar* a les llars musulmanes» en format àudio o vídeo, la qual cosa provoca tota una revolució en el camp religiós islàmic. És difícil determinar el *hit parade* dels sermons més escoltats, especialment ara que s'incorporen altres formats de reproducció digital (Real Audio, MP3...). Durant els anys vuitanta, un dels predicadors «estrella» fou Abd al-Hamid Kishk, del qual es van editar centenars de versions dels seus discursos i conferències (sobre Kishk, vegeu Kepel, 1984 i 1985). En l'actualitat, aquests diversos formats de reproducció també són emprats per altres conferenciants que, sortint del perfil teològic clàssic, elaboren una producció doctrinalment molt variada. Un repàs al catàleg de l'editorial Tawhid a Lió, ens mostra que els dos principals autors de cassets d'àudio i vídeo són Tariq Ramadan i Hassan Iquioussen, que mantenen un important predicament entre les noves generacions musulmanes francòfones.
29. Aquesta tendència ha estat analitzada en el seminari *The production of Islamic knowledge in Western Europe*, celebrat a Florència entre el 19 i 23 de maig de 2003, en el marc del Centre Robert Schuman de l'Institut Universitari Europeu. Vegeu la ressenya del seminari a Van Bruinessen (2003a: 6).
30. Empro el concepte *salafisme* per referir-me, en paraules d'Olivier Roy (2003: 137-167), al corrent neofonamentalista que es justifica per l'escripturalisme teològic i l'antioccidentalisme cultural, tot partint d'una visió molt estricta i literalista del missatge alcorànic, que refusa la mediació interpretativa de les escoles jurídiques, i que pretén sotmetre el conjunt dels actes i comportaments humans a la norma islàmica. Els grups d'inspiració salafista (del terme *salaf as-salih*, els avantpassats virtuosos) en un context migratori són especialment reticents a qualsevol forma d'integració dels col·lectius musulmans a les societats occidentals.
31. Els salafistes, com la resta de corrents d'inspiració *hanbalita*, fan un intensiu recurs als *ahadiz* en les seves argumentacions, ja

que s'adeqüen perfectament a la seva orientació literalista. Dos dels autors de referència per als salafistes en matèria d'*ahadiz* són els xeics Abdulaziz Ibn Baz i Mohamed Nasruddin al-Albani. Cal tenir present, d'altra banda, que l'estudi dels *ahadiz* ocupa una part molt important en les universitats islàmiques d'Aràbia Saudita. En elles s'elabora una important producció en forma d'estudis temàtics, edicions crítiques d'obres clàssiques, així com nombroses tesis doctorals (Zaman, 2002: 209, n. 14). Sobre la presència de reculls d'*ahadiz* a Internet, vegeu Mariani (2002: 24).

32. *Aquest hadith* és citat per una de les obres d'inspiració salafista més conegudes, la del xeic Abu Baker Jaber al-Jazairi, *La voie du musulman (Minhaj al-Muslim)*, editada i reeditada en diferents formats arreu d'Europa. He consultat l'edició francesa de 1998, feta a Beirut per Dar al-Fikr.

33. L'emergència d'una relació individual respecte a la religiositat en l'islam europeu, i la seva teorització per part d'actors d'aquest islam, és conseqüència –segons Roy (2000)– de la confluència de quatre factors: de la crisi de la comunitat ètnica d'origen, de l'absència d'autoritats religioses legítimes, de l'absència d'un sistema de coerció social i jurídica, i de la importància que adquireixen les nocions d'elecció i fe.

34. Algunes d'aquestes condicions serien, entre d'altres, la garantia de poder mantenir les pràctiques i creences islàmiques, el deure addicional de la predicació de la fe –*da'wa*–, no mantenir relacions d'amistat amb no musulmans, etc. La bibliografia generada entorn aquest debat, a partir de l'anàlisi de la idea de l'emigració en l'islam, és extensa. Vegeu Masud (1990), El-Jisr (1993), Fierro (1995) i Abu-Sahlieh (1996).

35. Reeber (2000) indica que la gran majoria de les *jutabun* que es pronuncien a Europa es fan en àrab clàssic, si bé cita alguns dels recursos (traducció simultània, resum, editar el text escrit del sermó) que fan servir les comunitats per tal de permetre que aquells que no dominen el *fusha* puguin entendre el sermó. En alguns casos, especialment quan la comunitat no és arabòfona, és habitual que el corpus central de la *jutba* (deixant de banda els exordis previs o les cites alcoràniques, o els *ahadiz*, que es fan sempre en àrab), es faci en la llengua majoritària del col·lectiu. Antoun (1989: 103) i Walbridge (1997: 115) –en el context de Jordània i de les comunitats libaneses als Estats Units, respectivament–, mostren que els *jutaba'a* sovint intercalen expressions en àrab col·loquial, o en una altra llengua coneguda pels assistents, com a forma de fer més aclaridor el seu sermó. Des del punt de vista doctrinal, Al-Qairawani en la seva *risala* fa notar que malgrat que Abu Hanifa considerava que la *jutba* es podia fer en una llengua diferent a l'àrab, la resta de les escoles jurídiques (fins i tot altres alfaquís hanafis) consideren que això no és recomanable. Per Jamaal al-Din Zarabozo (1998: 118), des d'una perspectiva salafista, la traducció del contingut de la *jutba* que es fa en algunes mesquites a Occident per tal de fer més comprensible el seu contingut, és una pràctica del tot inadequada, ja que interfereix absolutament en l'estructura formal del sermó.

36. En el currículum dels diferents instituts de formació religiosa islàmica a Europa, l'ensenyament de l'àrab clàssic ocupa un lloc força important, no solament durant els primers cursos, sinó durant tot el temps que dura la formació (vegeu Frégosi, 1998).

37. Ambdós citen una dita atribuïda al profeta Mahoma, segons la qual «aquell que s'uneix a un no musulmà i viu amb ell, es torna com ell». Vegeu Ibn Baz i Ibn Uthaymeen, *Fatawa regarding Muslims living as minorities*, Londres: Message of Islam, 1998. Algunes d'aquestes fatues es poden trobar traduïdes en diferents idiomes a diverses pàgines web. Una selecció de les mateixes (en especial, «Veredicte sobre la residència en terra d'incrèduls») ha estat traduïda al castellà el 2000 amb el títol *Fatuas importantes para toda la nación*, en una coedició entre el Centro Cultural Islámico de Madrid i la Casa del Libro Árabe a Barcelona.

38. Vegeu, per exemple, els comentaris del metge egipci Dr. Khaled Mountasser, respecte de les fatues que, amb un clar contingut eròtic havia elaborat el xeic al-Qaradawi («Une orgie de fatwas érotiques», *Courrier International*, núm. 673, 25 setembre- 10 octubre 2003, p. 32).

39. Yusuf al-Qaradawi és el paradigma de la presència d'aquestes autoritats religioses als mitjans de comunicació. Ja sigui a través de la seva pàgina personal a Internet (www.qaradawi.net), com mitjançant les seves intervencions en cadenes de televisió com Al-Jazeera (on té un programa setmanal que s'anomena *shari'a wal hayat*, «la Xara i la vida»), Qaradawi ha aconseguit convertir-se plenament en una autoritat mediàtica, que mai no ha dubtat a recórrer a les noves tecnologies de la informació per poder propagar les seves idees. Sobre Qaradawi i la seva trajectòria mediàtica, vegeu entre d'altres, Roald (2001) i Mariani (2004). Internet i les televisions per satèl·lit esdevenen les vies a través de les quals poder difondre la doctrina islàmica (vegeu Bunt, 2000, 2003; Mandaville, 2000). A Europa, els programes de televisió amb un contingut islàmic (ja siguin produïts en aquests països o importats d'altres països musulmans) cobreixen un buit en el terreny de la transmissió i també esdevenen un mitjà per a l'expressió de les autoritats religioses presents. Jonker (2000) i Bentzin (2003) analitzen el cas de l'Open Channel de Berlín, com a canal que incorpora diferents programes amb continguts islàmics, mostrant com ofereixen una nova forma de comunicació i discurs religiós, sense dependre de la mesquita com a institució doctrinal tradicional.

40. Autors com Tariq Ramadan justifiquen aquesta heterogeneïtat de respostes des d'un punt de vista doctrinal, afirmant que aquestes respostes solen ser diferents ja que les qüestions que s'aborden també són diferents, tot depenent del context social i històric en què es formulin. Així, una mateixa qüestió ha de ser resolta per un dictamen que tingui present el nou context on aquesta es formula. Ramadan afirma que tots els muftís s'esforcen per cercar la veritat en les seves fatues, malgrat que sovint adoptin posicions diferents (Ramadan, 2003: 94-96).

41. Aquesta és una de les principals diferències, en l'àmbit del procediment legal islàmic, entre els dictàmens que elabora un *qadi* (o jutge) i els d'un muftí. Vegeu Masud-Messick-Powers (1996) i Skovgaard Petersen (1997).

42. Ambdós autors, des d'una perspectiva reformista salafista, advoquen per una mena *d'ijtihad* individual. Caeiro cita el comentari de Qaradawi, segons el qual, «cada home és el seu propi muftí» (Caeiro, 2003a: 32). Ramadan, pel qual «la qüestió de la pràctica i del comportament forma part del domini de la responsabilitat de la persona, que n'assumeix les conseqüències sense que això posi en dubte la seva qualitat reconeguda de musulmà» (2003: 65), argumenta que en el cas d'una qüestió en la qual no es poden trobar proves indiscutibles, «cada musulmà ha de

seguir, després d'una reflexió i una anàlisi, aquells criteris més evidents i convincents» (*ibíd*: 96).
43. Keddie recorda que va ser la dinastia abbàssida (i no la primera dinastia de califes omeies), la que es va destacar en la formació d'un cos de juristes i teòlegs, com a forma de poder preservar l'ortodòxia musulmana davant de les doctrines herètiques i de les influències de pensadors no musulmans (Keddie, 1972: 2).
44. Els quatre perfils formatius que es defineixen dins del perfil d'imam, i que indiquen graus diferents de competència en matèria religiosa són els d'*imam muntaz* (imam-professor amb estudis teològics superiors), *imam jatib* (amb la preparació doctrinal adequada per poder elaborar i pronunciar la *jutba* o sermó durant l'oració comunitària del migdia), *imam as-salawat al-jams* (l'imam que dirigeix les cinc oracions diàries, i que ha de disposar dels coneixements del *fiqh* necessaris per a l'execució d'aquestes pregàries), i *mu'allim al-quran* (professor d'ensenyament alcorànic, que ha d'haver memoritzat l'Alcorà). Altres perfils professionals, complementaris dels anteriors, també són funcionaritzats, tant aquells que requereixen d'una formació específica (els *mu'aqit*, encarregats de confeccionar el calendari lunar oficial i de calcular les hores de les cinc oracions diàries), com els que no (els *mu'ad-din*, o muetzins encarregats de fer la crida a l'oració; o els *qayim* o *mukkadam*, que es dediquen al manteniment dels locals de la mesquita).
45. El Marroc és un clar exponent del procés de burocratització que acompanya la formació dels futurs especialistes religiosos, tal com han analitzat autors com Tozy (1990, 2000) o Chekroun (1990). Des de la seva independència el 1956, el Marroc ha desenvolupat una política de progressiva centralització i unificació del camp religiós a l'entorn de la figura del rei, que ha passat preferentment per la monopolització en la formació de nous especialistes religiosos. L'intent de l'Estat marroquí per controlar tota deriva radical en el si del col·lectiu dels ulemes, començà per exercir com a contrapès al tipus de formació religiosa que era impartida en universitats tradicionals (com la Qarawiyin a Fes), amb la creació el 1964 de l'Institut superior de ciències religioses Dar al-Hadit al-Hassaniya i de la llicenciatura universitària d'estudis islàmics el 1979. El resultat d'aquesta intervenció fou la saturació del mercat laboral davant l'augment del nombre d'especialistes religiosos, la qual cosa provocà que molts d'ells haguessin de trobar altres alternatives laborals fora de l'àmbit oficial. Els moviments islamistes s'han nodrit d'aquestes noves generacions d'ulemes o d'imams, si bé desplaçant-se cap a altres àmbits de producció de discurs religiós (com editorials, premsa i, en l'actualitat, les noves tecnologies de la informació), lluny del control estatal. Si l'objectiu de l'Estat marroquí ha estat, almenys des dels anys setanta, limitar la proliferació dels llocs de culte i neutralitzar els «predicadors lliures», no sembla que se n'hagi sortit gaire bé: en l'actualitat es calcula que al Marroc hi ha 8.659 mesquites que depenen del Ministeri d'Habús i d'Afers Islàmics, enfront de les 22.583 que són gestionades per persones o associacions privades. En 14.305 d'aquestes es fa la pregària de divendres, amb la seva corresponent *jutba* (*Tel Quel*, núm. 85, juliol 2003, p. 22). Després dels atemptats terroristes de maig de 2003 a Casablanca, s'han fet patents les dificultats de les autoritats marroquines per controlar la tasca dels predicadors salafistes, especialment actius en les perifèries urbanes de les principals ciutats del país. El darrer capítol d'aquest procés de burocratització religiosa ha estat l'anunci fet per aquest ministeri, per tal de crear delegacions provincials que s'ocuparien de la gestió local dels afers islàmics (*Maroc-Hebdo*, 17-23 octubre 2003).
46. Vegeu l'article de Valérie Amiraux sobre la implantació de les mesquites controlades per la Diyanet a Alemanya. Sobre la història, l'estructura i el desenvolupament a Europa de la Diyanet, vegeu Topcu-Brestrich (2003).
47. El juny de 2003, l'historiador Daniel Rivet, director de l'Institut d'Etudes de l'Islam et des Sociétés du Monde Musulman (IISM), va lliurar el dictamen que el primer ministre francès, Jean-Pierre Raffarin, li havia demanat respecte a les propostes de formació de personal religiós musulmà a França. En el seu informe, Rivet proposa la creació de departaments d'islamologia a les universitats franceses (vegeu El Ghissani, 2003).
48. Aquest ha estat el model de reconeixement que ha seguit l'Estat espanyol, tal com s'indica en l'article 3 de l'Acord de Cooperació signat amb la Comissió Islàmica d'Espanya el novembre de 1992.
49. És el cas de França, amb el Consell Francès del Culte Musulmà (vegeu Bamba, 2003), o d'Espanya, amb les dues federacions que conformen la Comissió Islàmica d'Espanya, la Federación Española de Entidades Religiosas Islámicas (FEERI) i la Unión de Comunidades Islámicas en España (UCIDE).
50. D'aquesta manera s'expressa l'informe de la Comissió de reflexió sobre l'aplicació del principi de laïcitat en la República, més conegut com a Informe Stasi, elaborat per encàrrec del president de la República francesa, Jacques Chirac, i fet públic l'11 de desembre de 2003, que advoca pel desenvolupament a França d'una escola nacional d'estudis islàmics.

AUTORITAT: REPRESENTACIÓ I LÍDERS EN L'ISLAM EUROPEU

Felice Dassetto. Centre Interdisciplinaire d'Études de l'Islam dans le Monde Contemporaine (CISMOC)- Université Catholique de Louvain (Bèlgica).

D'ençà 30 o 35 anys, els musulmans han creat un teixit associatiu i religiós als països europeus. És així com ha sorgit un entrellat social religiós, sovint amb una base etniconacional (marroquins, algerians, turcs, pakistanesos...) a les ciutats i als barris de població musulmana. Des de la seva aparició fins avui, parlar dels musulmans fa que es plantegi la qüestió de l'autoritat religiosa, des d'una doble perspectiva: d'una banda, la dels líders i de les autoritats religioses; de l'altra, la de l'autoritat representativa dels musulmans. Aquesta dicotomia està associada a la tensió constant entre passió religiosa i institucionalització. Per tant, la creació d'una autoritat que reuneixi els musulmans dels diferents països europeus i l'abast de la qual sigui continental ha de ser més un procés, lluny encara de la seva conclusió, que no pas un fet arrelat.

La creació d'una autoritat que reuneixi els musulmans dels diferents països europeus i l'abast de la qual sigui continental ha de ser més un procés, lluny encara de la seva conclusió, que no pas un fet arrelat.

1. L'AUTORITAT ENTRE ELS MUSULMANS EUROPEUS

Per entendre aquesta qüestió, és important situar-se en la cruïlla de tres lògiques: la dels fonaments de l'autoritat en sentit general, la dels líders de la comunitat d'immigrants i la de l'autoritat en matèria de l'islam.

a. El poder i l'autoritat en sentit general

La socioantropologia general, així com la psicologia social, ens donen alguns instruments conceptuals per aprehendre l'aparició i el funcionament del liderat en el món islàmic. Aquest concepte (líder i liderat) fa al·lusió a l'acció d'orientar i d'influir en el futur d'un grup o d'una població, però també a l'autoritat o al poder, és a dir, a la capacitat d'exercir d'una manera efectiva aquesta influència.[1]

L'autoritat d'un poder deriva de la seva legitimitat als ulls de qui l'ha acceptat. Max Weber va establir una tipologia ja clàssica dels motius en què es basa aquesta legitimitat, i n'identifica tres. Una autoritat pot haver estat legitimada: (a) per la tradició, per la força que prové de l'experiència històrica de la població; (b) pel carisma, és a dir, per les qualitats personals del líder, que susciten l'adhesió i el consentiment; (c) pel caràcter legal i racional de les lleis promulgades. Aquests tres pols de legitimitat són, indubtablement, fonamentals, però cal preguntar-se si n'hi ha més.

Disposem, per tant, d'alguns conceptes de partida que haurem de revisar: la distinció entre autoritat i poder; els fonaments de la legitimitat de l'autoritat i el procés d'adhesió a la legitimitat; la distinció, més clàssica, entre el caire formal i informal del liderat, que marca el grau de visibilitat i d'implantació institucional del liderat; i la distinció mertoniana entre líder local i líder cosmopolita per tal de definir la dimensió socioespacial del territori que ocupa el líder i que podríem resumir amb el concepte d'«abast» del liderat, és a dir, de l'amplitud social de la capacitat del líder i de la realitat de les seves accions.

b. Els líders de la comunitat d'immigrants

Tot aprofundint en aquests conceptes, els sociòlegs que han treballat amb les poblacions immigrades i amb els grups ètnicament marcats han observat determinats aspectes relacionats amb l'aparició dels líders en el si de les comunitats. No és del tot inútil recordar aquestes conceptualitzacions, per bé que no puguem reduir, d'una manera massa excloent, els líders musulmans a la categoria de «líders immigrats».[2]

Podem esbossar alguns dels trets que caracteritzen aquest liderat. Recorden, no obstant això, les observacions que van fer W.I. Thomas i F. Znaniecki en el seu famós estudi sobre la immigració polonesa als estats Units.[3] Els autors van advertir que, a partir d'una lògica comuna a la majoria de migracions contemporànies, els líders que apareixien no tenien, com a mínim inicialment, cap connexió els uns amb els altres, una història de liderat comuna. No formaven cap grup consolidat que pogués constituir una força intel·lectual dirigent. Un dels seus reptes era dur a terme un treball de creació de comunitat, és a dir, no solament una unitat d'intencions, de projectes i d'estratègies, sinó arribar a fer circular una paraula i de comprendre la paraula d'un altre.

Un altre criteri per a l'anàlisi consisteix a aprehendre els líders ètnics en funció del «lloc» on apareixen. Diem que un líder ha estat «rebut» si prové d'un indret diferent i si la seva legitimitat rau en aquest altre indret: són líders enviats o que procedeixen d'espais d'origen on ja tenien un títol concret. Diem, en canvi, que un líder ha «sorgit» de la població si la seva irrupció s'ha produït de manera natural, és a dir, si s'ha imposat per motius relacionats amb la lògica de funcionament del grup ètnic. Diem, també, que un líder és «imposat o promogut» per l'exterior, per exemple pels poders públics. Hi ha qui s'afirma, finalment, com a líder «en transició», gràcies a la seva capacitat i a la seva voluntat per fer de pont entre el grup ètnic i el context, o pel seu desig de fer servir la força que li atorga la seva legitimitat ètnica com a trampolí per escapar del grup.

Altres criteris posen l'accent en la representativitat del líder (l'abast de la seva legitimitat) o en l'esplendor de la seva autoritat (¿el reconeixement del líder es limita al grup o ha traspassat les fronteres de la comunitat?).

Deixant de banda totes aquestes categories, ens ocuparem de la qüestió de la legitimitat de l'autoritat un l'islam abans de passar a analitzar els líders en l'islam trasplantat.

En el món islàmic, els càrrecs de poder tenen una vida difícil, perquè aquest poder no té cap garantia de perpetuïtat.

c. Els fonaments de l'autoritat en l'islam

Sovint sentim a dir, en comparar la institució religiosa islàmica amb el cristianisme i el catolicisme, per exemple, que l'islam no té un clergat. Aquesta afirmació no és del tot certa. És veritat que, històricament, els musulmans no tenen en el seu origen uns principis consensuats, sorgits de textos revelats o de pràctiques fundadores que podrien definir d'una manera universal un estatut d'autoritat i la manera com es transmet.

Tot això pot ser perquè que en l'islam no hi ha manipulació de l'element sagrat, i per tant no necessita de cap figura «sacralitzada» per fer-ho, o potser perquè el Profeta no va pensar en la seva successió, perquè considerava que arribaria «naturalment», dins de les estructures tribals.

De totes maneres, aquesta situació dóna peu a una sociologia peculiar de l'organització musulmana, que podem observar en les seves actuacions, especialment en les de l'islam sunita. Tot això es pot resumir en els punts següents:

- Ningú no ostenta (en principi, perquè de fet és una altra qüestió de la qual ens ocuparem a continuació) el monopoli legítim del poder religiós.
- El lideratge en l'islam és (també en principi) un sistema obert, però observem diferents processos d'institucionalització religiosa que desemboquen en diverses formes de clergat islàmic.
- Tota autoritat només pot existir gràcies a un treball d'influència constant. En el món islàmic, els càrrecs de poder tenen una vida difícil, perquè aquest poder no té cap garantia de perpetuïtat. El líder ha de recórrer constantment a la seva influència personal per afirmar la seva legitimitat. Des d'aquest punt de vista, els líders religiosos són, també, autèntics líders polítics.
- Aquest sistema obert de competició fa que l'islam sigui molt permeable a la influència externa (política, més concretament), ja que no hi ha cap institució que barri el pas als poders polítics. Aquesta permeabilitat al poder polític perllonga la tradició islàmica, atesa l'articulació de l'element religiós i polític en l'experiència de Medina, i esdevé, així, un procés que s'inscriu en els principis mateixos del funcionament sociològic. A tall d'exemple, podem esmentar el cas europeu, en què els musulmans accepten, i sovint demanen, la intervenció de l'Estat per regular les disputes entre líders.

Dit això, per bé que no hi hagi una legislació en els principis de l'autoritat, sí que existeix una legislació sociològica en els fets. Per tant, el funcionament dels lideratges en l'islam europeu només és comprensible a partir de la confluència de les lògiques generals del funcionament del poder, de les lògiques inherents a la immigració (que continuen sent presents i encara avui es renoven) i de la lògica interna del funcionament de l'islam.

2. ¿EN QUÈ BASEN LA SEVA AUTORITAT ELS LÍDERS DE L'ISLAM EUROPEU?

Els musulmans han instaurat un grapat d'organitzacions a Europa, de les quals emana el poder dels diferents líders. Totes aquestes iniciatives són el resultat de la implicació etnicoreligiosa dels creients, un fet que implica que cada creient sigui responsable de «discernir el bé i el mal».

La multiplicació de líders a Europa és el reflex concret d'un fenomen similar que ja existia en els països musulmans. D'ençà cinquanta anys, en aquells països s'ha produït un tomb radical en la figura del líder, com a conseqüència dels profunds canvis socials i culturals. Comprendre les relacions entre els líders musulmans és massa complex perquè les aliances i els enfrontaments entre els líders nous i els vells, fills de la tradició (com els ulemes) o d'un nou marc sociopolític, depenen de la possibilitat de controlar i orientar la població. En aquesta fase de la història de l'islam, que en certa manera sembla que és el moment en què neixen noves formes de liderat, és fonamental identificar quines són les lògiques socials si volem escatir els objectius dels diferents corrents que transiten pel món islàmic.

> L'islam ha convertit el saber, el text escrit i el coneixement de l'àrab (la llengua divina) en el fonament indiscutible de l'autoritat.

Les lògiques socials a partir de les quals neixen els poders a l'islam s'articulen al voltant de cinc grans eixos.[4]

a. El coneixement i el sentit

Religió del llibre en el sentit estricte del terme, de la paraula, del significat, però també de la norma, l'islam ha convertit el saber, el text escrit (especialment a les societats analfabetes) i el coneixement de l'àrab (la llengua divina) en el fonament indiscutible de l'autoritat.

Aquest poder prové de la tradició de les escriptures i de la tradició gnoseològica de l'islam. El coneixement del text fundador, que suposa alhora el coneixement més o menys extens de l'àrab clàssic, és un pas previ indispensable i la base de tot coneixement. Tothom que estigui en possessió d'aquest saber és investit tradicionalment amb un estatut elevat, i la seva importància és superior encara en el context de les societats analfabetes. Tradicionalment, el sistema teològic (ciència del *kalam*), així com el filosòfic (*falsafa*), ocupa en l'islam un lloc relativament secundari. Per la seva banda, el procés de transformació del missatge inicial en un corpus de normes que regulen les conductes individuals i col·lectives té una importància capital.[5] La reelaboració normativa correspon als especialistes en els comentaris (*tafsir*) i en les interpretacions (*ta'wil*) de l'Alcorà i en la identificació d'un conjunt de paraules i de fets, considerats com a autèntics, de la vida i de l'obra del Profeta (*hadith*), i el resultat de la seva tasca es la tradició (*sunna*) exemplar. A partir d'aquestes dades i amb mètodes concrets, s'elabora la ciència de la llei (*fiqh*), un codi vital global que sol afectar la societat, el poder i el culte. D'aquest procés global de descodificació i de recodificació neixen, en el si de l'islam sunita, les escoles jurídiques.[6] Cadascuna d'aquestes escoles connota, a la seva manera, la cultura musulmana en la seva zona geogràfica d'implantació. Paral·lelament a aquests difusors dels coneixements teòrics, i com a conseqüència de la transferència de la llei a la societat civil, apareixen també els especialistes en dret (*shari'a*), que es divideixen en el vessant teòric (muftí) i l'aplicació jurídica (*'adul* i *cadi*).

Històricament, el treball interpretatiu i codificador estava en mans dels doctors (ulemes) que s'havien llicenciat a les grans escoles islàmiques, com al Azhar, a el Caire, al-Qarawiyin, Fes o la Zituna, a Tunísia, o en institucions més recents, com les universitats islàmiques pakistaneses o turques. En aquests centres, el saber islàmic i els agents socials que en són dipositaris adopten una forma summament institucionalitzada i, en el conjunt, conformen un cos d'especialistes que sol actuar a títol professional, i sobretot en el marc de l'islam «oficial», és a dir, que es manifesten dins d'una relació de legitimació recíproca amb el poder.

Les funcions especialitzades donen lloc a una primera font de poder, associada al coneixement. Actualment, aquest poder es veu sacsejat per diferents factors, entre ells la difusió de l'escolarització, que fa que la manera com s'ha transmès tradicionalment el coneixement, a partir de l'aprenentatge personal, quasi iniciàtic, estigui amenaçada per la difusió de l'escriptura i per la seva accessibilitat. De tot això es desprèn també que els antics centres, escenaris necessaris per a la regulació del coneixement, han quedat superats. Tant més perquè, fins i tot des del punt de vista de la difusió oral, l'ús intensiu de les cintes d'àudio i de vídeo permet multiplicar els canals de difusió. Bruno Étienne ha posat de manifest la relació que existeix avui dia entre les tècniques audiovisuals i l'islam contemporani, una relació idèntica a la correspondència entre la impremta i la reforma luterana.

Tant des del punt de vista de l'accés al coneixement com des del punt de vista de la difusió, els poders que descansen en la tradició de les escriptures clàssiques han assistit a l'aparició, fa més d'un segle, de líders antagonistes.

En definitiva, tant des del punt de vista de l'accés al coneixement com des del punt de vista de la difusió, els poders que descansen en la tradició de les escriptures clàssiques ha assistit a l'aparició, fa més d'un segle (tot i que durant les darreres dècades s'ha produït una acceleració ostensible), de líders antagonistes, com al-Afghani, Hassan al-Banna o Sayyed Qutb. Molts líders contemporanis pertanyen a aquestes noves capes intel·lectuals.[7] Gràcies a la seva capacitat de coneixement i d'interpretació, aconsegueixen de la societat un enorme poder, reuneixen al seu voltant nombrosos adeptes i n'orienten l'acció.

En el context de la immigració, atesa l'absència de quadres religiosos clàssics, o com a conseqüència de la importació caòtica d'uns altres, hi ha prou espai per a nous acaparadors de saber, especialment de «sabers per a aquí», que responguin als problemes de la gent que viu en societats que no són de cultura musulmana i que, tot i així, segueixen els postulats de les lleis musulmanes. Això és especialment vàlid en el cas dels joves, que dominen l'escena social de l'islam en aquells països on la immigració musulmana és més antiga.

No és gaire habitual que aquests acaparadors de saber hagin cursat estudis de formació islàmica, com veurem més endavant quan provem de fer-ne una tipologia concreta, per més que les coses hagin canviat d'ençà fa 15 anys i que cada vegada hi hagi més líders formats en programes d'estudis islàmics en l'escena europea.

Sovint, els sociòlegs i els politòlegs han parlat de «líders proclamats a si mateixos». Em fa l'efecte que és una expressió exacta a mitges. Ho és si parlem d'una ruptura (i per tant d'una autoproclamació) en relació amb una institució. Però aquesta institució és inexistent, i a més els creients han donat legitimitat a aquests líders, els han «proclamat».

Ara mateix hi ha al damunt de la taula diferents temes que contribueixen a donar legitimitat als discursos que intenten ser coherents, i n'identificaré els següents.

D'entrada, hi ha aquelles persones que poden articular un discurs islàmic sobre les qüestions, o millor encara, sobre les incerteses de la retòrica occidental. Des d'aquest punt de vista, un dels grans maldecaps a què s'enfronta el discurs contemporani són els mals que ataquen de les societats occidentals, ja siguin les ruptures familiars, la sida, el tabaquisme, l'alcoholisme o la contaminació. L'islam s'hi pot enfrontar tot aprofitant uns arguments que neixen del seu propi patrimoni. Altres líders s'ocupen dels mals del poble musulmà, i en especial dels que afecten el jovent. L'islam esdevé un instrument de protesta, com ho va ser l'islam mateix que van abraçar els negres dels estats Units.

Dins d'aquesta interpretació del món concret a què es veuen abocats a viure els musulmans, el discurs sobre la dona, i més generalment sobre la sexualitat, és un dels aspectes més presents i que encara no han estat resolts. Perquè, a més de les afirmacions teòriques que es desprenen de la tradició musulmana, que han tornat a sorgir, per exemple, en el cas del vel, hi ha les pràctiques concretes de les dones i de les noies, les dels progenitors, unes practiques que contradiuen algunes premisses discursives musulmanes. En efecte: al costat de les noies que segueixen els preceptes de l'islam pel que fa al vestuari i altres conductes, n'hi ha d'altres que opten pels models occidentals, sense que se'ls puguin aplicar les conseqüències lògiques que es desprendrien del discurs musulmà. Al voltant de la qüestió de l'estatut de la dona hi ha una autèntica crisi de significat, una lluita de sentits en què, a més, no queda clara on és la línia que separa ambdós contrincants.

Aquest és el gran repte de l'islam europeu i de l'islam en general: portar la interpretació dels textos fundadors més enllà de les interpretacions que en van fer els savis clàssics.

En segon lloc, cada vegada és més freqüent sentir discursos que parlen del compromís social dels musulmans, una mena de «doctrina social». Els musulmans s'han adonat que no poden limitar-se a pensar cenyint-se als seus paràmetres religiosos i morals, sinó que han de participar en la vida social, en l'acció social. És per això que ha augmentat el seu sentit de la justícia, un dels grans temes socials de l'islam. En el terreny internacional també s'ha fet una crida a la població musulmana, amb l'objectiu de convertir-se en el portaveu del Tercer Món.

En tercer lloc, la legitimitat prové de l'enorme desenvolupament del discurs que pretén inculcar unes conductes determinades i donar lloc a una praxis correcta. Aquest discurs, que va acompanyat d'un seguit d'accions l'objectiu de les quals es implantar uns mecanismes de control social, bé pot tenir una connotació moral forta, de manera que els nous líders esdevenen moralistes que miren de dictar la conducta del bon musulmà, bé pot estar determinat per la urgència de la situació. Tot així, també pot haver-hi una referència utòpica a la societat musulmana d'origen o al fet que és l'únic horitzó possible per a aquests líders amb una formació escassa. A la vista de l'augment de les formes de delinqüència o de l'atur passiu, els nous dirigents exalten la fermesa i una nova ètica del treball, però també proven d'inculcar normes de conducta social, d'ensenyar a viure en societat, de cohabitar, de ser honestos en les relacions comercials... En definitiva, contribueixen a donar forma a una urbanitat musulmana que de vegades adopta els trets d'una urbanitat «petitburgesa».

En ocasions, aquests caps, tot seguint l'exemple dels líders de la primera generació, es fixen com a objectiu crear una praxi ortodoxa ritual que giri a l'entorn de la mesquita. A causa d'aquest fet, no solament ha augmentat el nombre de mesquites, sinó també el nombre de visites. Els homes, ja siguin grans o joves adults, adeqüen la seva conducta a les normes de l'islam, i proven d'inculcar aquest respecte a les generacions que els segueixen.

En quart lloc, el discurs dels nous líders queda legitimat en explicitar les regles que permeten interpretar-lo. Aquest és el gran repte de l'islam europeu i de l'islam en general: portar la interpretació dels textos fundadors més enllà de les interpretacions que en van fer els savis clàssics.

La legitimitat d'aquests líders també passa per la seva capacitat de transmissió, com ara l'oratòria, que perpetua el model clàssic dels predicadors musulmans. Aquestes prèdiques arriben als fidels a través de les cintes d'àudio i de vídeo, que sovint les reprodueixen els militants per iniciativa pròpia, però també amb els escrits. És per això que s'ha multiplicat la xifra de revistes, de llibres editats a Europa o de textos escrits i difosos a través de la xarxa. Internet és, cada dia que passa, una eina més important, no tan sols a l'hora de fer córrer bases de dades de formació, sinó també per penjar-hi ensenyaments o consells jurídics. N'és un exemple la multiplicació de pàgines en què els «savis» donen consells morals.

TENDÈNCIES PRESENTS O TENDÈNCIES EN ELS DISCURSOS ISLÀMICS CONTEMPORANIS

La producció de sentit provoca l'enfrontament de cinc grans corrents sorgits de cinc maneres diferents de situar-se en relació amb la tradició islàmica i la modernitat.[8]

El primer corrent, que podem denominar tradicionalista escolàstic, vol mantenir la referència estricta a les escoles jurídiques clàssiques de l'islam. Entre els moviments que conformen aquest grup, podem trobar els deobandi, els barelwi, els tabligh, els talibans i alguns corrents místics, com els tidjani.

El segon corrent, que podem qualificar de fonamentalistes (salafi) literalistes, té els seus orígens més enllà de les escoles jurídiques, en la tradició dels salafistes, i va a cercar els textos fundadors, tot interpretant-los de manera literal. Hi trobem una variant en alguns moviments radicals, com Hizb al Tahrir. Alguns agents formats en el context wahabita formen part d'aquesta escola intel·lectual.

El tercer corrent, fonamentalista (salafi) reformista, propugna el retorn als fonaments, tal com els dicta la tradició salafista però, a diferència dels corrents anteriors, amb una actitud que no exclou la reinterpretació. En aquest corrent podem ubicar-hi els Germans Musulmans i altres líders europeus aïllats.

A partir del seu marc d'actuació, Olivier Roy (2002) fa servir una altra classificació en relació amb aquests dos corrents «fonamentalistes»: parla d'islamonacionalisme i de postislamisme o neofonamentalisme, en funció de si els seus actes s'emmarquen dins d'una lògica nacional o global.

Roy traça aquesta divisió a partir dels paràmetres d'horitzó i d'estratègia de l'acció política dels moviments, amb independència dels fonaments del pensament religiós. En aquest sentit, resulta sorprenent l'aparició, durant els anys noranta, de grups i d'agents l'horitzó d'acció dels quals no era només l'Estat (Egipte, Tunísia, Pakistan...), com passava amb els moviments musulmans dels anys setanta o vuitanta, sinó tot el món musulmà.

El quart corrent, neoreformista (o reformista liberal), prova d'establir una nova via d'interpretació, allunyada de qualsevol tradició, que inclou dins de la seva interpretació les que havien fet les diferents tradicions, tot fent servir la metodologia de les ciències històriques i interpretatives d'inspiració occidental. N'és un exemple Tariq Ramadan.

El cinquè corrent, el postmodernista, elabora de manera espontània una visió de l'islam pensat com islam en ell mateix, viscut com a fet espiritual i individual, amb una forta dimensió psicològica.

b. L'acció

Un segon eix de poder neix de la capacitat d'actuació de l'islam, tant en la difusió com en la implantació. Ens estem referint a la perpetuació, en el moment actual, dels models d'acció que van néixer de la història fundadora de l'islam. Gràcies a la legitimitat que emana de l'acció, l'islam allibera un reguitzell d'energies. L'acció és legítima perquè és «acció islàmica», res més. Per bé que, als ulls d'un estranger (als ulls dels occidentals, acostumats a una legitimitat de l'acció legislada i regulada), sembli una realitat desordenada, els musulmans la veuen com la realització de l'ordre islàmic per excel·lència, un ordre que comença a construir una comunitat des del moment en què neix.

En el context europeu, aquesta capacitat de fer es manifesta, d'entrada, en la capacitat de treballar de les organitzacions per a la implantació de l'islam. Tanmateix, aquest poder també arriba als líders que s'erigeixen en intermediaris, en interlocutors dels poders públics, d'una banda, i dels mitjans de comunicació, de l'altra. En el cas dels poders públics, aquesta tasca recau en els líders amb un bon coneixement de les llengües locals (sobretot en el primer estadi del moviment migratori), de les institucions locals, del paisatge polític, i amb una bona implantació a les xarxes locals, a través dels sindicats, dels partits polítics o de les associacions. En el cas dels mitjans de comunicació, el lideratge resta a les mans dels agents que posseeixen determinats coneixements, però també una capacitat discursiva i retòrica que els mitjans de comunicació consideren interessant.

c. El carisma

Un altre fonament del poder neix d'un procés de personalització al voltant de la figura d'un mestre que marca un camí particular (*tasawwuf*, el sufisme en les llengües occidentals) de comprensió i d'adhesió a l'islam, que dóna molta importància a la via mística i desemboca en unes formes d'organització peculiars (els *tariqa* o confraries). El poder del mestre de la comfraria i dels seus delegats és molt personal i es basa en la força benèfica (*baraka*) que desprèn la seva persona i les pràctiques que ensenya.

> El poder establert en els països musulmans ha intentat, recentment, reintegrar i renovar la seva legitimitat religiosa per fer front als contrapoders que han emergit i que són en fase de consolidació.

Més enllà de la personalitat sufí, és evident que el carisma personal té un paper molt important precisament per la necessitat d'influència per tal de consolidar l'autoritat. Entre les qualitats carismàtiques més importants, el do de la paraula sembla fonamental. La retòrica oratòria es perfecciona, i s'inspira en l'art clàssic, que passa de l'àrab, i d'altres llengües d'origen, als idiomes europeus.

Ens trobem davant de tot un torrent de retòrica islàmica, d'un procés de circulació de la paraula fascinant, seductor, segur del poder que li dóna saber que és el vehicle de la veu original.

d. La delegació externa

S'ha dit que l'islam és molt permeable a la influència externa quant a la legitimació del poder. Aquesta articulació en el terreny social i en el del poder és un dels motius que explica la crisi dels liderats intel·lectuals tradicionals, que s'han vist afectats per la desestructuració de les formes tradicionals de legitimació del poder, i que culmina en la creació de contracamps politicoreligiosos.

Els estats volen crear instàncies que representin els musulmans, tot instaurant així un poder basat en l'assimilació per part de l'Estat de la gestió de les qüestions religioses, sense deixar de banda l'estatut simbòlic que el reconeixement de l'Estat donaria al culte.

A més, el poder establert en els països musulmans ha intentat, recentment, reintegrar i renovar la seva legitimitat religiosa per fer front als contrapoders que han emergit i que són en fase de consolidació.[9] Simultàniament, en els estats contemporanis, ha aparegut una nova font de poder vinculada a unes noves funcions religioses, que neixen de la voluntat dels estats i de l'aparell burocràtic per gestionar o controlar els afers islàmics del territori a partir d'uns mitjans administratius nous. D'aquesta manera, l'islam va veure com naixia un poder creat i delegat per les formes contemporànies de l'Estat, amb el pas, com ha demostrat M. Tozy (1990), d'una solidaritat de cos, personalitzada, entre persones que posseïen el coneixement a una solidaritat objectivada per les regles i per la pertinència a una forma d'administració pública. Aquesta lògica no és del tot nova, ja que la tradició imperial islàmica, i més concretament l'otomana, ja estava habituada a les formes del poder delegat. La novetat, però, rau en les modalitats, és a dir, en el caire funcionarial i administratiu del poder. Tot i així, la força que es deriva del poder dels estats-nació contemporanis i de la seva capacitat per orientar la població, així com l'estesa de les seves relacions internacionals, en el cas de l'islam trasplantat, n'és una altra característica.

Tot i així, l'acció dels estats haurà de fer front a l'element de sospita i de crisi de legitimitat que l'afecta d'una manera inversament proporcional al seu poder. I estarà subjecte a les fluctuacions de poder, o potser en sortirà reforçat com a resposta a les formes contemporànies de contestació religiosa del poder. El cas de l'Estat turc n'és un exemple,[10] ja que el personal religiós, imams o mestres, ha estat assimilat al cos de funcionaris pràcticament en la seva totalitat i es troba sota les ordres de la Direcció d'Afers Religiosos (*Diyanet isleri reisgli*), un aparell de l'Estat que depèn del primer ministre. Com a conseqüència d'aquest marcat caire polític, fruit del desig de Mustafa Kemal per controlar personalment el futur de l'islam, la Diyanet està sotmesa a les tendències politicoreligioses del poder. Durant els anys setanta, per exemple, participava de les postures de la versió turca de l'islamisme radical. Quan es va produir el cop d'Estat del general Evren, l'any 1980, es va alinear una ortodòxia kemalista. Durant els anys noranta, va passar a abraçar les tendències governamentals actuals, un islamisme nacional que caracteritza l'ús ambivalent que encara avui fa el poder de l'islam.

En el context europeu, hi ha dues grans fonts de delegació: una prové dels estats d'origen (imams, mestres assimilats al cos de funcionaris de les instàncies respectives, turques, marroquines o saudites); l'altra, dels estats europeus que fa anys que miren de trobar uns interlocutors representatius del món musulmà. Aquest fet és una petició dels musulmans, que desitgen equiparar el seu culte a la resta de cultes, i beneficiar-se dels avantatges que això comporta. Tot i així, els estats europeus també estan interessats a tenir un interlocutor perquè confien que, d'aquesta manera, podran contenir els corrents més perillosos de l'islam.

Per tant, els estats volen crear instàncies que representin els musulmans, tot instaurant així una jerarquia, un poder basat en l'assimilació per part de l'Estat de la gestió de les qüestions religioses, sense deixar de banda l'estatut simbòlic que el reconeixement de l'Estat donaria al culte. Les persones que ostenten aquest poder no són sempre les que han estat legitimades per l'islam seguint el procediment clàssic, sinó que sovint trobem, en aquests cercles, individus capaços d'oferir-se com a intermediaris entre la comunitat musulmana i l'Estat.

Sigui com sigui, ha nascut una nova jerarquia, relacionada amb la intervenció i la legitimació que han donat els estats europeus cada vegada que reconeixen com a legítimes aquestes instàncies.

Arreu d'Europa es planteja la qüestió de la «representació de l'islam», per dos motius: d'una banda, per la petició dels musulmans (a través de tots els seus líders) d'accedir als beneficis que brinda el sistema del «*welfare* religiós» que històricament han implantat els estats europeus en la seva relació amb els cultes. La situació varia d'un país a l'altre, i va d'una implicació mínima de l'Estat fins a fer-se càrrec d'una manera considerable d'un o d'un altre. En el cas dels musulmans, a més, aquesta instància hauria d'aspirar a regular els problemes interns de la comunitat: les hores del culte, la certificació *halal*...

Per respondre a aquestes demandes, però, els estats han de tenir un interlocutor més o menys estable, més o menys accessible a través de procediments administratius. I això no resulta senzill en el cas dels musulmans si tenim en compte les consideracions expressades anteriorment en matèria de liderat o d'organització.

D'altra banda, els estats també necessiten una instància representativa dels musulmans, i esperen que aquesta instància pugui contribuir a canalitzar les dinàmiques internes de l'islam i a separar, i fins i tot desemmascarar, els representants d'un islam radical.

Com a norma general, aquestes instàncies han sorgit en aquells estats que s'han ocupat de la qüestió i que han fet passos per imposar-la, regular-la i controlar-la directament o indirecta. Els estats esdevenen així gestors del culte musulmà o, com a mínim, els custodis del futur de les autoritats.

Per l'impacte que la tasca de predicador de l'imam té sobre els fidels, ens trobem davant d'un punt en què l'enfrontament entre líders nous i antics i poders i contrapoders és especialment cru.

El reconeixement del culte, amb els avantatges que comporta, té com a mínim tres conseqüències: en primer lloc, dóna peu a una jerarquia, i per tant a un poder, a partir de la definició d'una instància constituïda en relació amb la gestió dels estats europeus. Els individus que ostenten aquest poder no han de ser necessàriament les mateixes persones que han estat legitimades per l'islam, sinó que sovint trobem en aquestes instàncies agents capaços d'erigir-se en intermediaris entre la comunitat musulmana i l'Estat.

En segon lloc, la constitució d'aquestes instàncies fa que apareguin tota mena d'interessos vinculats a l'apropiació dels recursos: finançament de les mesquites, dels imams, dels professors de religió... Aquests interessos, i les «vocacions» que s'hi associen, poden superar les fronteres nacionals. Aquest és el cas dels llicenciats al Marroc, Algèria o Egipte que, després de passar per un cicle universitari europeu, es postulen per ensenyar religió, treballar en mesquites...

En tercer lloc, hi ha la politització de la qüestió musulmana: els agents polítics s'impliquen més i més en la gestió religiosa a mesura que els musulmans, per llei natural o per segona o tercera generació, esdevenen electors. A la inversa, els musulmans juguen les seves cartes polítiques per aconseguir avantatges.

e. Altres fons de legitimitat

L'organització del culte també és una font de legitimitat. Teòricament, és un poder menor ja que, en el si de l'islam, no hi ha un poder que neixi de la manipulació de l'element sagrat durant el ritus. D'entrada, l'organització d'una mesquita en el terreny pràctic suposa un poder de gestió que recau, per consens, en una persona elegida d'una assemblea d'homes. A més, a causa del principi d'igualtat, el culte no té cap jerarquia d'ordre sagrat, sinó únicament funcions i rols que poden passar a ser professionals. El del guia (imam) de la pregària pot recaure, en absència d'un professional, en qualsevol creient púber i amb uns coneixements fonamentals de les pregàries i dels gestos del ritual o en la persona de més edat del grup. En la pràctica, aquesta funció és en mans d'un personal especialitzat, la formació del qual pot variar, sobretot en el context de l'islam europeu. Tot i així, aquesta figura no compleix només amb el paper de guia, sinó que, a escala local, du a terme més funcions. Pot ser predicador, especialment durant les pregàries del divendres (*jutba*), i ocupar-se de l'ensenyament de l'Alcorà als nens, assumint així el paper de mestre tradicional (*taleb*, *fqih*) de l'escola alcorànica. La tasca de predicador, més concretament en els moments forts de la manifestació pública de la comunitat, es troba a la frontera del poder religiós, del poder del coneixement i del poder en sentit estricte. És per això que, per l'impacte que té sobre els fidels, ens trobem davant d'un punt especialment delicat, en què l'enfrontament entre líders nous i antics i poders i contrapoders és especialment cru.
Al marge de l'islam apareixen totes les formes de poder, molt esteses entre el poble, que neixen de la manipulació d'un element sagrat indefinit. Aquestes formes, però, no estan del tot aïllades de la resta, i més concretament de diferents variants del sufisme i d'alguns líders religiosos locals, que barregen el seu poder com a imams i *fqih* amb el poder que es deriva de les pràctiques marabútiques.
En major o menor mesura, qualsevol líder musulmà està en contacte amb aquestes formes de legitimitat, uns models que tenen per objectiu acostar la seva autoritat al model del profeta.

3. FIGURES DE LÍDERS

La conquesta del lideratge i del poder és una de les grans qüestions actuals de l'islam en general i de l'islam trasplantat en particular, en el si del qual s'accentuen i es defineixen les tendències presents en els espais musulmans. En els primers moments de la immigració, el liderat recau en els líders «rebuts» i en els líders «sorgits naturalment» de les poblacions immigrades. El moviment migratori suposa, en efecte, el desplaçament d'una franja de la població, que es veu relativament separada dels líders intel·lectuals.[11] D'aquesta manera, en el si de l'islam trasplantat van sorgir líders nomenats pels estats o per instàncies musulmanes. Més tard van aparèixer altres líders, però no pas en el nom de la seva autoritat en el terreny de l'islam, sinó en nom d'altres legitimitats, com ara l'autoritat i el prestigi de la seva família o la seva capacitat per ser un pont amb el context.

La conquesta del lideratge i del poder és una de les grans qüestions actuals de l'islam en general i de l'islam trasplantat en particular, en el si del qual s'accentuen i es defineixen les tendències presents en els espais musulmans.

Com en el cas observat per Thomas i Znaniecki, la fragmentació d'aquests lideratges va deixar pas a un treball molt lent de recomposició, més encara atès que l'escàs nivell de formació dels líders i l'abast de la seva acció, fortament limitada pel que fa a la realitat local o familiar, no afavoria una estructuració que s'ajustés a l'espai social i polític dels estats-nació i de les societats europees.

Des del punt de vista d'una sociologia dels processos d'aparició, podem observar, en el cas de l'escenari europeu contemporani, diferents perfils de líders.

a. Líders externs

Són líders que no provenen de l'interior de les poblacions europees, sinó que han arribat, per diferents vies, de països musulmans.

TRANSFERITS

Podríem denominar així els actors religiosos que fan la funció d'imams o de *fqih*, i que han estat directament «importats» per als musulmans immigrats. Sovint, són líders amb una formació més o menys àmplia en temes islàmics i que traslladen a Europa els models culturals dels països musulmans. Poden ser líders aïllats, coneguts gràcies a xarxes d'immigrants o de líders d'organitzacions islàmiques específiques.

ASSIMILATS AL FUNCIONARIAT

Una altra categoria de líders pertanyen al seu Estat d'origen o a òrgans musulmans internacionals, que són l'extensió d'un o altre cos a Europa. Solen ser líders amb un perfil d'autoritat burocràtica, i la seva força es deriva de l'estructura a la qual estan sotmesos, legitimada en algun cas pels estats europeus (Lliga del Món Musulmà, Direcció d'Afers Religiosos de Turquia).

ESTUDIANTS INCORPORATS AL MÓN PROFESSIONAL

Alguns líders provenen de l'esfera dels antics alumnes que han seguit uns estudis universitaris a Europa i que han acabat practicant alguna activitat islàmica, tant com a activitat principal o com a activitat de militància i a banda de la seva activitat professional. La seva formació islàmica es va produir d'una manera autodidacta, ja que sovint s'han iniciat, de manera més o menys completa, en disciplines com l'economia o la sociologia, l'agronomia o la informàtica...

REFUGIATS POLÍTICS

Un altre tipus de líder son les persones amb una formació més o menys intensa en qüestions islàmiques en els països musulmans i que han trobat asil polític a Europa. En alguns casos, les causes de l'emigració eren religioses o professionals: la competència islàmica pot trobar una bona sortida professional en el marc europeu. Aquests líders solen tenir un grau de compromís elevat i la seva mobilitat internacional és important; n'hi ha fins i tot que viuen a cavall de diferents espais europeus, o entre el continent i el seu país d'origen.

NOVES MIGRACIONS

La continuació de les migracions i l'obertura a nous països (com ara els de l'Àsia Central) fa que apareguin nous immigrants i nous perfils religiosos, i també nous líders.

ELS GENDRES

Un altre cas és el dels líders que van arribar a Europa arran del matrimoni, a partir dels anys vuitanta. D'ençà d'aleshores, i com que les fronteres van romandre tancades, la migració per causa de matrimoni ha estat una de les principals formes de migració. Entre aquests casos, hi ha persones que van entrar en contacte amb les dinàmiques religioses als països d'origen, durant els anys vuitanta, i que han portat els seus coneixements i aptituds religioses a Europa després del matrimoni.

b. Líders intraeuropeus

En el continent europeu apareixen diferents figures de líders

ELS PIONERS

Des de la primera onada d'implantació de l'islam a Europa, hem vist com apareixien líders sorgits dels moviments migratoris, immigrants més grans (sovint jubilats o gent incapacitada laboralment) amb una formació alcorànica més o menys important durant la seva joventut i que assumien les tasques d'organització i el paper d'imams a les primeres sales de pregària.

NOUS LÍDERS

Joves, nois i noies, fills dels moviments migratoris. Per bé que, a finals dels anys vuitanta, no era del tot clar quin lloc ocuparien, la seva presència a l'escena pública ha agafat força posteriorment. Tant és així que s'albira un conflicte generacional en el si de l'islam entre els pioners i altres fundadors que ocupen posicions de poder (sobretot en l'àmbit local) i les joves generacions, que volen dirigir l'islam europeu.

Es caracteritzen per una formació intel·lectual més sòlida. Aquests nous líders inverteixen en centres nous per raons d'oportunitat i també estratègiques. L'oportunitat neix del fet que les mesquites, com a mínim ara, ja estan ocupades. Els motius estratègics obeeixen al fet que duen a terme una tasca nova que no té només elements rituals i unes determinades formes canòniques d'ensenyament i prèdica, sinó que passa per una acció de «formació» (que beu dels models occidentals) i que es du a terme en sessions, escoles d'estiu, llibres, revistes, produccions de cintes d'àudio i de vídeo, campaments per joves... Aquesta estratègia es basa, a més, en una voluntat explícita de sortir de l'espai dels barris «d'immigrants» i de trencar amb el tancament localista.

AUTORITATS ADMINISTRATIVES

Són actors l'aparició i la legitimitat dels quals neix de la creació, sota l'empara dels estats europeus, d'entitats destinades a gestionar les qüestions relacionades amb el culte. En ocasions, els estats creen aquesta autoritat del no-res, i les persones designades al capdavant no tenen cap manera de fer que es reconegui la seva autoritat; de vegades, l'Estat recolza i reforça una legitimitat que es basa en altres elements, com el saber o la capacitat d'organització.

ELS CONVERSOS

Un altre cas són els europeus que es converteixen a l'islam. Al costat dels noms coneguts, moltes persones, homes i dones, sovint joves, es converteixen per qüestions d'acció. En realitat, aquests nous adeptes a l'islam no accedeixen a tots els càrrecs de poder: en molts casos, la conversió es produeix per raons espirituals i místiques, que no els orienten cap a aquestes formes d'acció. Uns altres, però, demostren un liderat que pot ser intel·lectual, organitzatiu i polític, i que els condueix, gràcies a aquest doble paper, a tenir un rol important en la seva implantació en les poblacions musulmanes i en les reflexions al voltant de les relacions entre l'islam i l'espai públic.

c. Els nous alfabetitzats, entre l'interior i l'exterior

D'ençà dels anys setanta, diferents països i organitzacions musulmanes, i sobretot l'Aràbia saudita, han posat en marxa una política de formació de quadres per a la qual han creat diferents beques. La formació té lloc bé a les universitats clàssiques (Zituna, al Azhar, al Qarawin), bé a les universitats saudites de Jeddah o Medina. Els nous quadres (joves de segona generació i conversos), que surten d'aquestes universitats i que són d'origen europeu, comencen ara a finalitzar els estudis. Ens trobem davant de noves figures professionals de l'islam, militants d'un projecte d'acció religiosa d'abast universal, i que proclamen un discurs islàmic rigorós, que hem qualificat anteriorment de fonamentalisme rigorista.

Deixant de banda les iniciatives a títol particular, els musulmans europeus no semblen encara preparats per dissenyar programes importants de formació.

4. CONCLUSIÓ A PROPÒSIT D'ALGUNS REPTES

La qüestió de l'autoritat en l'islam europeu és un procés en fase de constitució, i seguirà sent un problema durant alguns anys més. Les contradiccions entre les exigències dels estats europeus i les dinàmiques internes de la comunitat musulmana segueixen ben vigents.

Pel que fa als líders, els problemes que se'ls plantegen són els següents: en primer lloc, l'aparició d'un liderat intraeuropeu, que cal formar d'una manera adequada. Per bé que l'emergència d'aquests líders és un fet indiscutible, el principal problema és l'adquisició d'una bona formació i saber com orientar aquesta formació. Deixant de banda les iniciatives a títol particular, els musulmans europeus no semblen encara prou preparats per dissenyar programes importants en aquest sentit. Especialment perquè la multiplicitat de llengües europees els obligaria a haver d'organitzar institucions nacionals i a delimitar les grans zones lingüístiques europees (francès, anglès, alemany, espanyol, italià...). A més, les universitats dels estats europeus encara no han entès què pot aportar aquesta formació.

El segon problema és el de la competència entre els corrents intel·lectuals, que ja hem esmentat anteriorment. Hem assistit a l'aparició, d'una banda, del debat entre els líders més o menys propers a un reformisme capaç de plantejar-se el paper de l'islam en el món modern, i a la controvèrsia entre aquests líders reformistes i els nous professionals sorgits de les tradicions rigoristes i literalistes per orientar el poble. Encara queden coses a dir, sobretot per part dels líders que han sortit recentment a l'escena de l'islam europeu (i també de l'islam mundial).

Un tercer aspecte també incert és l'atractiu que senten per Europa els líders exògens. Solen arribar com a refugiats polítics, com a conseqüència d'un matrimoni o atrets pels avantatges que veuen a Europa. L'acció d'aquests líders, la visió i el punt de vista dels quals ve determinada per la seva experiència en els seus respectius països musulmans, pot interferir amb les dinàmiques intraeuropees, més encara si considerem que aquests líders estan animats per una poderosa motivació religiosa.

És força evident que, en el context mundial, l'actitud del món no musulmà pot fer que els líders musulmans se situïn a cavall de l'opinió del món musulmà i de l'occidental (Dassetto, 2003). Això pot desembocar en diferències entre els líders. Més que mai, la conjuntura posa a prova la capacitat dels líders per interpretar les noves postures dels musulmans a l'Occident europeu.

Bibliografia

DASSETTO, FELICE (2003), *Les rencontres complexes: occidents et mondes musulmans*, Brussel·les-Louvain-la-Neuve, Académia-Bruylant (pendent de publicació).

ÉTIENNE, BRUNO (1981), «Magie et thérapie à Casablanca», a CRESM, *Le Maghreb musulman en 1979,* París, ed. CNRS, pp. 263-284.

GOUDLNER, ALVIN W. (1965), *Studies in leaderships. Leaderships and democratic action*, Nova York, Russel and Russel.

KEPEL, GILLES (1984), *Le prophète et le pharaon. Les mouvements islamiques dans l'Egypte contemporain*, París, La Découverte, 248p. (versió en castellà, *Faraón y profeta*, Barcelona, Muchnik, 1988).

KEPEL, GILLES I YANN RICHARD (eds.) (1990), *Intellectuels et militants de l'islam contemporain*, París, Seuil.

LAOUST, HENRI (1965), *Les schismes dans l'islam*, París, Payot 1983 (2a ed.), 500 p.

MARTINIELLO, MARCO (1992), *Leadership et pouvoir dans les communautés d'origine immigrée: l'exemple d'une communauté ethnique en Belgique*, París, L'Harmattan, 317p.

RAMADAN, TARIQ (2003), *Les musulmans d'occident et l'avenir de l'islam*, Arles, Actes sud.

ROY, OLIVIER (2002), *L'islam mondialisé*, París, Seuil (versió en castellà, *El islam mundializado*, Barcelona, Bellaterra, 2000).

TOZY, MOHAMED (1990), «Le prince, le clerc et l'État: la restructuration du champ religieux au Maroc», a G. Kepel i Y. Richard (eds.), pp. 71-102.

WAARDENBURG, JACQUES (1978), «Official and popular islam», a *Social Compass*, 3-4: 315-342.

WEBER, MAX (1921), *Économie et société*, París, Plon (versió en castellà: *Economía y sociedad*, Buenos Aires, Fondo de Cultura Económica, 1964).

Notes

1. En l'abundant literatura relacionada amb el liderat, vegeu A. W. Gouldner (ed.), 1965; sobre la immigració, vegeu M. Martiniello, 1992.
2. La sociologia anglosaxona ha treballat amb aquests paràmetres de recerca. La sociologia continental, s'ha mostrat més reticent a explorar aquest àmbit. Cal destacar el mèrit de l'obra de M. Martiniello, que ha abordat aquesta qüestió d'una manera explícita.

3. W. I. Thomas i F. Znaniecki, The Polish Peasant in Europe and America, Nova York, Octagon Press, 1974 (l'edició original data de 1918-1920).
4. Les lògiques que desenvolupem en aquest apartat complementen les enunciades per J. Waardenburg (1978), que fa una distinció entre l'islam oficial o normatiu i l'islam popular. També complementen la tipologia de B. Étienne (1981), que es va inspirar en la relectura que va fer Bourdieu dels conceptes weberians de mag, sacerdot i profeta.
5. Com ja va demostrar M. Weber (1921), ens trobem davant de l'extensió ètica i exemplar del profetisme.
6. Per a una introducció a les diferents escoles, vegeu, entre d'altres, H. Laoust (1965).
7. Com els que ha estudiat Gilles Kepel (1984) o els que figuren en totes les contribucions que s'han fet a l'obra dirigida per Gilles Kepel i Yann Richard (1990).
8. Aquesta tipologia fa servir i modifica la de T. Ramadan (2003: 49ss).
9. Així, l'Estat turc va abandonar fa uns anys la seva afirmació estricta de laïcisme i ha esdevingut membre de la Conferència Islàmica Mundial, mentre que en el terreny interior, s'ha multiplicat la construcció de mesquites. Els poders van recuperar les referències islàmiques. En el cas del Marroc, vegeu l'article clar de Mohamed Tozy (1990).
10. Tanmateix, podríem esmentar els funcionaris de la Lliga del Món Musulmà, d'obediència saudita.
11. En el cas europeu, hi ha l'excepció dels immigrats originaris de la península hindú a la Gran Bretanya i, més recentment, dels immigrats de diferents orígens en el cas italià. En ambdós casos, aquest moviment ha arrossegat també les elits intel·lectuals.

RECONEIXEMENT I FORMACIÓ DELS QUADRES RELIGIOSOS MUSULMANS: EL CAS DE FRANÇA

Franck Frégosi. Société, Droit et Religion en Europe, URS-CNRS. Universitat Robert Schuman (Estrasburg, França).

1. INTRODUCCIÓ GENERAL

La consulta sobre el culte musulmà (*al-istisxara*) que es va iniciar pel novembre del 1999 tot seguint una iniciativa del ministre francès de l'Interior, Jean-Pierre Chevènement, va tancar una primera etapa el gener de 2000 amb la signatura d'un document de vuit articles titulat «Principis i fonaments jurídics que regeixen les relacions entre els poders públics i el culte musulmà» per part de totes les parts musulmanes que hi van participar (federacions i organitzacions nacionals, mesquites regionals, personalitats qualificades). Hauria d'haver estat una etapa decisiva en el procés d'estructuració del culte musulmà, una pràctica caòtica i desordenada fins aquell moment.

La següent etapa va concloure el juliol de 2001 amb la ratificació, després de moltes discussions i negociacions, d'un acord marc que estipulava les modalitats que havien de presidir la creació, mitjançant un procés electoral, d'un òrgan central representatiu del culte musulmà, denominat Consell Francès del Culte Musulmà.

Després del canvi de la majoria parlamentària el setembre de 2002, i arran de la pressió dels membres del Consell Consultiu hostils al caire que havien adoptat les eleccions de juny de 2002 (l'Institut Musulmà de la Mesquita de París i el muftí de Marsella, Soheib Bencheikh), el nou ministre de l'Interior, Nicolas Sarkozy, va decretar una moratòria en el procés de consulta. El 20 de desembre de 2002 ha marcat el final d'una altra etapa, després de la reunió a vuit bandes que es va celebrar prop de Nainville-les-Roches i que va fixar finalment per un període de dos anys la composició del consell de la futura instància central que ha de representar el culte musulmà a França, tot mantenint el principi de les eleccions combinades amb un principi de cooptació. Aquest acord establia que les mesquites tindrien la potestat de designar, entre el 6 i el 13 d'abril de 2003, els delegats regionals i els delegats nacionals que havien de formar part de l'Assemblea General del Consell.

La qüestió de la formació i la designació del personal religiós musulmà s'ha anat imposant progressivament com un dels grans interrogants del futur de l'islam no solament a França, sinó arreu del territori europeu.

En aquest context institucional específic s'emmarca aquesta ponència, que s'ocupa de la qüestió de la formació i de la designació del personal religiós musulmà en un marc laic i no musulmà.

La qüestió de la formació i la designació del personal religiós musulmà no havia provocat gaire rebombori fins no fa gaire a França, deixant de banda els cercles universitaris i els investigadors. Tot i així, s'ha anat imposant progressivament com un dels grans interrogants del futur de l'islam no solament a França, sinó

arreu del territori europeu. Aquest canvi és fruit de circumstàncies nacionals i internacionals.
La curiositat que desperta ara el futur del culte musulmà a partir dels seus quadres és el reflex, d'entrada, de l'interès dels poders públics a escala nacional (que volen dotar l'islam d'una representació central del culte unificat) per treballar a favor de l'afirmació d'un islam que tingui un personal clarament identificable i que hagi rebut una formació adequada a la seva missió i a les necessitats dels grups musulmans de base. Però tampoc no podem oblidar el paper de les autoritats locals (i dels consells territorials), amoïnats des de sempre per saber qui són els seus interlocutors.

No tan sols l'islam està fortament arrelat a França, sinó que ja és tota una realitat nacional.

Aquest fet ens porta a una reclamació real, tot i que més recent, dels grups musulmans pel que fa als imams i altres quadres religiosos qualificats, que han d'estar en consonància amb el medi en què se suposa que han d'intervenir, especialment amb els joves i amb la societat en la qual treballen.
Totes aquestes preguntes relacionades amb el futur del personal religiós musulmà a França no són res més que la conseqüència d'haver pres consciència que no tan sols l'islam està fortament arrelat a França, sinó que ja és tota una realitat nacional.
Aquest raonament també té, en la conjuntura internacional, una legitimació suplementària.
És evident que aquesta qüestió ha tornat a reaparèixer d'una manera brusca després de l'11 de setembre de 2001, i com a conseqüència dels intents de reconstruir el camí recorregut per alguns joves musulmans implicats, cadascun a la seva manera, en xarxes actives o de suport de grups islamistes radicals.
En l'horitzó s'intuïa la figura emblemàtica de l'imam radical que, en les seves pregàries enceses, feia una crida als joves musulmans per enrolar-se en la *jihad*, tot i que un estudi encarregat pel Ministeri de l'Interior demostrava que el to d'aquestes crides a les mesquites de França s'ocupava, més aviat, de temes rituals o dogmàtics clàssics, bo i transmetent així una visió de l'islam pietista i ritualista, sovint frustrada, però poc permeable a la temàtica radical.[1]
El debat social al voltant de la formació d'un personal religiós a França sempre ha quedat en un segon terme per la voluntat d'evitar qualsevol intent d'instrumentalització política radical de l'islam, i per tant s'ocupa únicament de qüestions de seguretat.
Aquesta contribució girarà al voltant de tres grans eixos:
- dibuixar un estat de la qüestió sobre la situació actual de la població islàmica de França pel que fa als canals d'expressió i de difusió de l'autoritat religiosa (agents religiosos);
- recordar les diferents iniciatives de la comunitat per posar en marxa plans de formació dels quadres religiosos i quins han estat els seus límits (escoles secundàries nacionals de formació dels quadres religiosos);
- definir amb precisió els marges d'intervenció possible de l'Estat pel que fa a la formació dels quadres religiosos en un entorn laic (dimensió prospectiva).

2. AGENTS I MANERES DE DECLINACIÓ DE L'AUTORITAT RELIGIOSA MUSULMANA A FRANÇA

Si bé podem parlar de l'existència d'un personal religiós a França, la seva situació no és comparable a la dels professionals de la religió en les societats musulmanes. El caràcter específic de la seva situació, sovint precària (protecció social, remuneració, formació...) ens remet, d'una banda, a les dificultats permanents que semblen tenir els grups religiosos islàmics per aconseguir estructurar de manera duradora l'organització pràctica del seu culte, sense poder beneficiar-se automàticament dels mecanismes públics de l'administració, i també a l'absència d'institucions que garanteixin la formació del personal i que permetin la seva inserció en un entorn històricament i cultural no musulmà.[2]
En l'espai europeu occidental, i sobretot pel que fa a la majoria dels estats de la Unió Europea, encara avui

no existeixen institucions més o menys centralitzades i susceptibles de regular de manera interna l'autoritat religiosa musulmana. Les úniques excepcions són Àustria, on, a banda del muftí, hi ha dos consells (Shurarat, Obersterat) que ostenten oficialment la representació del culte i s'ocupen de vetllar per la formació i el control dels professors de religió i dels predicadors, i Grècia, on oficien, a la Tràcia Occidental, dos muftís nomenats per l'Estat grec i dos ministres més nomenats pels fidels.[3]

El camp de la religió islàmica a França és un espai a bastament diversificat on intervenen, d'una manera més o menys competitiva, un seguit d'operadors religiosos que afirmen representar l'islam.

La situació sembla, doncs, una disseminació de les fonts i dels canals d'expressió de l'autoritat religiosa més que no pas un escenari marcat per la competència. Això no exclou, però, les aspiracions hegemòniques de determinats grups de musulmans que es consideren agents fonamentals, els únics que poden encarnar l'autoritat religiosa musulmana oficial en un mateix espai territorial. N'és un exemple l'actitud recurrent, a França, de l'Institut Musulmà de la Mesquita de París, que aspira a ser reconegut com l'únic interlocutor institucional dels poders públics en qüestions de culte musulmà i poder esdevenir, així, la instància central que representa els interessos dels musulmans a escala nacional.

2.1. TIPOLOGIA DELS OPERADORS RELIGIOSOS MUSULMANS EN LA IMMIGRACIÓ

El camp de la religió islàmica a França, com a la resta d'Europa, és un espai bastament diversificat en qué intervenen, d'una manera més o menys competitiva, un seguit d'operadors religiosos que afirmen representar l'islam. Em sembla possible distingir, com a mínim, cinc tipus d'operadors islàmics diferents,[4] que són els següents: els agents del culte, la direcció espiritual de l'islam sufí, els assessors religiosos temporals, els operadors magicorituals i els conferenciants itinerants. Cadascun s'ocupa d'una parcel·la de l'autoritat religiosa, tot mobilitzant diferents recursos materials, simbòlics, polítics o relacionats amb l'Alcorà.

A. ELS AGENTS DEL CULTE (IMAMS, PREDICADORS)

Per norma general, l'imam es limita a presidir i anunciar els gestos rituals que els fidels han de dur a terme. «En cap moment no fa una funció sagrada o una funció de mediació sacerdotal. L'imamat no és un sacerdoci», explica encertadament Michel Reeber. «L'imam no intercedeix, ni prega en nom dels fidels».[5] Sovint són persones que tenen una altra activitat professional, bé assalariats d'una associació, o fins i tot funcionaris religiosos remunerats per un Estat estranger. Aquest personal especialitzat de les activitats religioses (diàries o setmanals) s'ocupa, principalment, de mantenir l'estructura material i social del culte. El lloc privilegiat i prioritari en què exerceix la seva autoritat és el lloc de culte, la mesquita, la sala de pregària.

B. ELS ASSESSORS RELIGIOSOS TEMPORALS (ULEMES D'ANOMENADA)

Aquests assessors solen ser ulemes procedents del món arabomusulmà que, d'una manera més o menys regular, viatgen a França, convidats per grups ja existents, federacions o centres islàmics, per aconsellar jurídicament, moderar discussions religioses i fins i tot per participar en trobades en què també intervenen científics i especialistes no musulmans i que aborden qüestions tan diverses com les malalties de transmissió sexual, la bioètica, el sistema bancari islàmic, la religió i el laïcisme o l'aparició d'un islam europeu. Els seminaris organitzats pel Centre Socio-cultural de la mesquita Addawa, de París, al carrer de Tànger del XIXè districte, per iniciativa de Larbi Kechat, l'inquiet rector del centre, en són una bona prova. Alguns ulemes de l'Orient Mitjà, com el xeic i muftí de la República Síria Mohamed Saïd Ramadan Al Buti, participen juntament amb especialistes i acadèmics europeus que treballen en el terreny de l'islam. Les trobades de Bourget, organitzades per la Unió d'Organitzacions Islàmiques de França (UOIF) en són un altre exemple. En aquestes reunions, el bo i millor dels ulemes conservadors (el xeic egipci exiliat a Qatar Muhammad Al Ghazali, que va morir l'any 1996, o el libanès Faysal Mawlawi), diferents personalitats intel·lectuals i líders islamistes del món àrab són a l'abast dels musulmans de base i dels investigadors europeus.

A França, els imams no són els únics personatges que volen educar o exhortar islàmicament les poblacions musulmanes, sobretot les més joves.

C. LES DIFERENTS TENDÈNCIES DE LA DIRECCIÓ ESPIRITUAL DE L'ISLAM SUFÍ

En aquest apartat trobem representada una determinada elit espiritual, l'esfera d'autoritat de la qual es limita als grups electius i emotius d'aquest corrent. Aquest tipus d'operador islàmic és el reflex de les diferents expressions de la direcció espiritual (*mashyakha*) de l'islam sufí.[6] Actualment, tant a escala europea com francesa, s'estan afirmant en el si dels cercles de l'islam sufí diferents *xuyukhs, moqqadems*, d'origen europeu convertits a l'islam que assumeixen la responsabilitat de les activitats de grups espirituals més o menys tancats que es reuneixen en *zaouïas*, vinculades a un dels molts ordes d'iniciació musulmans. Alhora que altres operadors es decanten clarament per una estratègia ofensiva de comunicació, a través de seminaris i de conferències públiques, que reflecteix una forta implantació en la societat, els operadors de l'islam sufí no són, vocacionalment, gaire amics de practicar l'exteriorització. Això es deu, d'una banda, al caràcter fermament iniciàtic i, per tant, elitista, del seu corrent, que es presenta com un «camí estret» de perfeccionament espiritual i d'ascesi individual, no gaire compatible amb la comunicació amb el gran públic, i, d'altra banda, al caràcter del sufisme, posat en dubte per alguns exponents del literalisme islàmic dins de la comunitat musulmana en general.[7]

D. ELS OPERADORS MAGICORITUALISTES MARABÚTICS

Aquests operadors magicoritualistes de la família dels marabuts, o *fiqh* , solen treballar al voltant d'alguns centres de pregària als quals assisteixen majoritàriament musulmans de l'Àfrica subsahariana, o poblacions magrebines. La seva autoritat religiosa rau en el domini de tècniques d'endevinació i màgiques, com el lliurament d'amulets de protecció, l'eliminació del mal d'ull, l'obtenció de l'èxit en els exàmens o el retorn de l'amor.

E. L'APARICIÓ DE NOUS TIPUS DE CLERGUES SECULARS

Aquesta mena d'operadors islàmics estan representats a França, fonamentalment, pels conferenciants itinerants, com Tariq Ramadan, Hassan Iquioussen o Fethi Yakan. El seu àmbit d'acció sol ser el medi associatiu musulmà jove, i se situen més o menys al marge de les mesquites i de les grans federacions islàmiques nacionals. L'autoritat religiosa que sembla investir-los descansa principalment en el caràcter exemplar de la seva trajectòria, en una expressió individual del compromís i de la militància islàmica, i no pas en el domini real d'un saber clàssic. A tot això, cal afegir que, fins ara, aquests conferenciants han tendit a emmarcar-se ideològicament en la sensibilitat intel·lectual dels Germans Musulmans.

En els seus seminaris, als quals assisteixen les joves generacions musulmanes (tant nois com noies), s'esforcen per demostrar com es pot viure plenament l'islam a les societats no musulmanes i secularitzades, i com poden conjugar els musulmans la seva participació en l'islam amb un compromís entre ciutadà i societat eficaç, donant importància, per exemple, a la dimensió de justícia social de l'islam.[8]

El personal religiós que participa en els diferents espais de la religió musulmana a França no pertany a un únic esquema tipus, sinó que respon a realitats diferents, tant en el terreny religiós, local o nacional, en què les ofertes de mediació són freqüents i la competitivitat és habitual entre els diferents agents religiosos, individuals o de l'Estat. A França, els imams no són els únics personatges que volen educar o exhortar islàmicament les poblacions musulmanes, sobretot les més joves. Han de competir amb altres agents islàmics, com per exemple els hàbils conferenciants que gaudeixen d'un cert prestigi entre les joves generacions de musulmans.

De fet, sembla que en el paisatge religiós francès actual conviuen tres dinàmiques en qüestió de lideratge religiós:

- els experiments d'estructuració més o menys artificials en l'àmbit de l'autoritat religiosa musulmana, que adopten la forma d'intents de racionalització progressiva dels quadres religiosos musulmans nacionals, amb el corol·lari de la importància que es dóna a la figura de l'imam (procés de clericalització de l'islam);
- l'aparició progressiva de nous tipus de clergues, l'autoritat dels quals no és el fruit, fonamentalment, d'un saber literari clàssic, sinó d'una experiència militant individual en nom de la fe i de la reivindicació d'un compromís ciutadà en nom de l'islam;
- la multiplicació, paral·lelament a aquestes dues dinàmiques, de diversos intents individuals o col·lectius per donar respostes legals (en relació amb la llei islàmica) a les preguntes dels fidels pel que fa a la pràctica de l'islam en societats no musulmanes i secularitzades.

2.2. Intents de clericalització de l'islam

El rector de l'Institut Musulmà de la Mesquita de París, Dalil Boubakeur, va crear, entre 1994 i 1995, tota una jerarquia musulmana per tal d'afirmar una autoritat que havia estat posada en dubte.

Així, en la Carta del Culte Musulmà (1995) que va enviar oficialment a les autoritats, va preparar un organigrama concret que establia els diferents nivells de competència i de responsabilitat entre tots els quadres religiosos en funció de la seva obediència (ètnica, política i religiosa). És així com es fa el procés de nomenament dels cinc muftís regionals que representen el rector i la funció principal dels quals sol ser l'assessoria jurídica autoritzada (***fatawat***) i la coordinació de les accions dels imams de base que treballen en una mateixa regió. Aquest intent tenia dos objectius: en primer lloc, presentar d'una manera més admissible pel Ministeri de l'Interior les aspiracions hegemòniques de l'Institut Musulmà de la Mesquita de París com a representant de l'islam a França; d'altra banda, esdevenir l'interlocutor oficial del Ministeri tot creant una il·lusió de control per encasellament de la majoria de mesquites del territori i demostrant-hi una presència real.

La iniciativa del rector Boubakeur no va tenir una acollida gaire bona, com ho demostren uns quants exemples: des del «muftí sense mesquita» de Marsella, Soheib Bencheikh, fins al de Lió, Abdelhamid Chirane, la mesquita del qual va acabar negociant una relativa autonomia que li va servir per aconseguir, després de la mesquita de París i del centre islàmic d'Evry, el reconeixement del Ministeri per a la designació de ministres (en el passat, només comptava amb l'aprovació de la mesquita de París).

> Per bé que l'imam, en un context no musulmà, té unes funcions fonamentalment religioses, el seu paper social supera la direcció de les pregàries quotidianes i setmanals.

La iniciativa del rector Boubakeur de crear un clergat dòcil havia de provocar que sorgissin, a França, més moviments similars per part d'altres federacions islàmiques. La Federació Nacional dels Musulmans de França (FNMF), vinculada als interessos marroquins, va crear una Coordinadora Nacional d'Imams i Guies Religiosos (CNIGR) l'any 1997, i l'efímer Alt Consell dels Musulmans de França (HCMF) va posar en marxa, el maig d'aquell mateix any, el Consell Nacional dels Imams (CNI), que va fer fortuna després d'emetre, el 7 de maig de 1996, una fàtua que condemnava, en nom de l'islam, el segrest dels monjos de la Trapa a Tibhéhirine, a Algèria. L'adhesió a aquest consell estava subordinada a determinades condicions relacionades amb coneixements en matèria de saber religiós i jurídic islàmics i amb criteris de moral pública i d'una bona integració en la societat francesa (domini de la llengua, coneixement de la societat francesa, respecte envers les autoritats).

Una cosa similar passa amb la Direcció d'Afers Religiosos de Turquia (Diyanet), que depèn de les autoritats d'Ankara, el discurs oficial de les quals en relació amb els governs europeus consisteix a fingir que és l'única organització que pot representar l'islam turc entre la immigració a Europa, i que disposa d'un planter d'imams consulars assalariats que es traslladen a les comunitats turques i que s'ocupen de definir les activitats religioses i de vetllar per la defensa del laïcisme i de la identitat nacional turca.

Aquesta situació de gran pluralisme ens remet a la diversitat mateixa de les poblacions musulmanes presents a Europa, diversitat dels respectius itineraris històrics, culturals i de formes de socialització religiosa. Tots aquests aspectes no són res més que el reflex de la realitat d'un marc religiós amb contrastos en funció dels grups, sense oblidar la influència dels quadres nacionals dels països d'origen i la incidència encara determinant del context polític d'origen pel que fa a les vivències religioses quotidianes d'aquests musulmans.

2.3. L'imam, entre culte i mediació social

Per bé que l'imam, en un context no musulmà, té unes funcions fonamentalment religioses, el seu paper social supera la direcció de les pregàries quotidianes i setmanals. Amb una població que va perdent pes socialment, ha de convertir-se de tant en tant en educador o fins i tot en mediador intercultural, interlocutor de les autoritats d'un mateix lloc.

El caire específic de la seva situació ens trasllada a les dificultats permanents que sembla patir el col·lectiu religiós islàmic a l'hora d'estructurar d'una manera duradora l'organització pràctica del culte (que fa que no puguin aspirar directament a aconseguir el suport públic de l'administració), així com a l'absència d'institucions comunitàries que garanteixin la formació d'aquest personal, seguint l'exemple de les facultats de Teologia catòliques i dels instituts protestants de teologia o del seminari rabínic de París, i que els permetin inserir-se en un entorn històricament i cultural no musulmà.

La meitat dels 3 o 4 milions de musulmans que viuen a França són de nacionalitat francesa, mentre que només el 4% dels imams censats al país ho són.

Dels 1.000 imams censats a França, el percentatge de francesos és del 4%; els marroquins suposen el 40%, els algerians, el 25%, els turcs, el 13%, els tunisians, el 5%, i els procedents de l'Àfrica negra o de l'Orient Mitjà, el 13%. La meitat dels 3 o 4 milions de musulmans que viuen a França són de nacionalitat francesa.[9] El nostre text no aspira, de moment, a fer valer una mena de «preferència nacional» desplaçada, ni vol desacreditar tots els imams estrangers que oficien a França, alguns dels quals treballen molt pels seus fidels i viuen en una situació precària econòmicament i social, sinó insistir en el fet que l'enquadrament religiós dels musulmans de França, com passa a la resta d'Europa, té una dimensió tan gran per al futur dels musulmans a les societats europees que no convé que aquest aspecte de l'organització pràctica del culte rebi un tractament insuficient en determinats estats estrangers[10] o quedi a mercè de qualsevol grup que fa servir l'islam com un instrument per afermar el seu poder al preu d'unes interpretacions dubtoses.

A tot això, cal afegir que el control del món religiós islàmic a França continua sent un terreny en què diferents estats del món musulmà, rivals locals, s'han embrancat en una lluita aferrissada. En aquest context, les solucions generalment admeses, i que passen per combinar l'aportació de capital estranger amb la importació d'imams procedents dels estats d'origen, han deixat de ser eficaces.

Deixant de banda el problema de la representació excessivament feble de l'element nacional en el cos dels imams de França, es planteja una altra pregunta més important: l'absència a escala nacional d'un pla d'estudis i de les institucions idònies per formar el personal religiós i, en un sentit més ampli, els quadres religiosos musulmans (inclosos els teòlegs) al servei dels musulmans de França, en comptes de les escoles habituals de formació i d'importació permanents o temporals (per exemple, durant el mes del ramadà) d'imams, controlades pels estats d'origen a través dels contingents de mestres adscrits al programa Llengua i Cultura d'Origen (LCO), i que no sempre aporten totes les garanties a l'hora de tenir en compte l'entorn nacional, la independència ideològica i la formació intel·lectual, amb independència del fet que aquest dispositiu ja no sembla correspondre's amb l'afirmació d'un islam que es consideri més francès, espanyol, belga o fins i tot europeu, i que veu com a menys prioritari el problema de la relació amb els països d'origen.

Tot i així, podem distingir cinc tipus d'imams: l'imam immigrat, l'imam importat, l'imam format a Europa, l'imam jurisconsult i l'imam de fet.

- L'imam immigrat (que correspon a l'imam obrer en la tipologia de Mohamed Chaabaoui[11]) té un saber bàsic (coneixement dels cinc pilars de l'islam, memorització parcial d'un nombre variable de versos alcorànics i de *hadiths*...). Sovint dóna una visió tradicional de l'islam, fortament marcada culturalment pels seus orígens etniconacionals (dificultats per traçar la frontera entre religió i costum). Aquest saber rudimentari, superior tot i així a la mitjana de coneixements dels seus correligionaris, li permet erigir-se, simbòlicament, en imam sense que aquesta càrrega religiosa sigui la seva activitat principal.

- L'imam importat, assalariat d'un Estat estranger, fusió de les categories de l'imam temporer i de l'imam de pas segons la classificació de Chaabaoui. Són funcionaris de culte estrangers, enviats per a un període limitat als països on hi ha immigrants, bé perquè ho han demanat directament les agrupacions de fidels, bé a través de dispositius com el programa de Llengües i Cultura d'Origen (LCO), per fer-se càrrec de les necessitats religioses de la població i per treballar sota les ordres de les autoritats consulars. Els serveis turcs de l'administració del Diyanet són la iniciativa més concreta en aquest sentit. La direcció central del Diyanet a Ankara, arran d'una petició d'un grup de fidels que s'han constituït en associació, envia, després d'estudiar el cas i per un període de quatre anys (no renovables per a un mateix imam), un imam que ha seguit els programes oficials de formació de quadres religiosos (que ha estudiat el primer i el segon cicle a les escoles *imams-hatips* i que posteriorment ha passat per la facultat de Teologia o *hilahyat*). Aquest imam contractat per l'Estat de Turquia queda directament sota les ordres del responsable territorial d'afers religiosos i socials del consolat. El funcionari duu a terme periòdicament diferents inspeccions per comprovar que l'imam respecta estrictament les consignes ideològiques de l'administració, és a dir, el respecte de la legalitat envers les autoritats turques, el respecte del laïcisme de l'Estat turc (primacia de l'ordre estatal) i la concepció nacionalista de la identitat turca.

Si fos necessari regular el nomenament de personal musulmà, no ens trobem davant d'un fet impossible de legislar.

— Darrerament, ha aparegut a Europa un nou tipus d'actor religiós, representat pels imams joves formats a Europa, alguns dels quals són ciutadans de la Unió Europea. Aquests imams solen tenir una formació universitària en ciències islàmiques, que han cursat en el departament d'estudis islàmics d'una facultat d'algun país musulmà, o fins i tot en una universitat islàmica d'anomenada (al-Azhar, al-Qarawiyin, Zituna...), i un diploma, sovint en islamologia, obtingut en una universitat europea, o en alguns casos, després d'haver cursat el pla d'estudis d'un institut musulmà privat local sota l'empara d'una federació islàmica, com per exemple l'Institut Europeu de Ciències Humanes (IECH), de Saint-Léger-du-Fougeret, a França, o la Universitat Islàmica de Rotterdam, als Països Baixos.

— Una altra categoria està composta pels imams jurisconsults, que han aconseguit el reconeixement de les comunitats de base i del ministeri religiós, tant a escala regional com nacional, per exercir una activitat determinada en el terreny de la *fiqh* (jurisprudència islàmica) i són requerits per assessorar (*fatawat*) la gent en relació amb problemes inèdits que preocupen els musulmans. Normalment, els imams no es limiten a una tasca d'assessoria religiosa, sinó que també es dediquen a reflexionar i teoritzar en termes canònics sobre si l'estada dels musulmans en una societat no musulmana i secularitzada es pot considerar lícita. A França, Tariq Oubru, imam de la mesquita de Bordeus i president de l'Associació d'Imams de França, exemplifica aquesta figura d'autoritat religiosa i jurídica en l'islam quotidià.

— La darrera categoria està formada pels imams que podríem qualificar com a imams de fet o autoproclamats, l'autoritat religiosa dels quals emana més de la divisió, d'unes solidaritats quasi tribals i de les relacions de força que no pas d'una competència demostrada en matèria religiosa.

A títol comparatiu, la qüestió del nomenament d'un cos de ministres del culte també s'ha plantejat a Bèlgica, Espanya i Itàlia, i ha derivat, tant per part de l'Estat com dels grups musulmans, en un principi d'acord sobre l'estructuració dels personal religiós musulmà apte per exercir en els llocs de culte musulmans.

L'exemple més aconseguit des del punt de vista formal és el cas belga, on una llei promulgada el 3 de gener de 1981 referent al tractament públic dels ministres de culte (un principi constitucional!) estipulava clarament el tractament anual dels ministres del culte musulmà a partir de tres graus o classes d'imams (imam-director del Centre islàmic, imam de primer ordre, imam), tot seguint la classificació que impera a la resta de cultes reconeguts.[12]

A Espanya, els acords de 1992 entre l'Estat espanyol i la Comissió Islàmica d'Espanya fan referència als imams i als dirigents religiosos islàmics que estan sotmesos, entre d'altres, a les disposicions generals que regeixen el servei nacional, tot i que tenen la possibilitat de dur a terme tasques més adequades i més compatibles amb la seva funció religiosa.[13] Tot això posa de manifest que, si fos necessari regular el nomenament de personal musulmà, no ens trobem davant d'un fet impossible de legislar.

3. RETORN A DETERMINADES INICIATIVES COMUNITÀRIES

Fa més de deu anys que els responsables de la comunitat musulmana es van començar a plantejar la qüestió dels quadres religiosos de l'islam a França. Fins aquí, cal reconèixer que les direccions de les gran federacions musulmanes de França semblaven més amoïnades per aconseguir dels poders públics una demostració tangible de representativitat (consulta regular per part dels poders públics, visita dels ministres als centres islàmics, habilitació de les persones que s'han d'ocupar de l'esquarterament ritual...) que no pas per formar quadres religiosos.

> Una part de les organitzacions musulmanes va començar a treballar, durant els anys noranta, en la formació de personal religiós musulmà que hauria de treballar amb la població musulmana de França.

Tot això demostra, un cop més, que tothom semblava trobar-se a gust (amb l'aval de les autoritats) amb l'existència de grups tradicionals que importaven els quadres religiosos dels seus països d'origen i amb la presència d'imams formats en els països de destí a partir d'un mètode més o menys tradicional, sense oblidar les persones que s'havien arrogat el títol d'imams.

Paral·lelament als diferents intents, més o menys guiats i efímers, d'estructuració duradora del culte musulmà a França (CORIF, Carta del Culte Musulmà), una part de les organitzacions musulmanes va començar a treballar, durant els anys noranta, en aquest aspecte relacionat i alhora essencial de l'organització pràctica del culte: la formació de personal religiós musulmà que hauria de treballar amb la població musulmana de França.

El fet que s'hagin posat a treballar en aquest sentit també es deu, sobretot, a les intervencions regulars de gent de la universitat, com Mohamed Arkoun, Bruno Étienne o Ali Merad, que van insistir en la urgència de crear, a França, un institut o un cicle nacional d'ensenyament centralitzat sobre l'islam i la teologia musulmana, i van proposar Estrasburg com a escenari privilegiat d'implantació, atesa la proximitat de les facultats de teologia catòlica i musulmana.

Entre el gener de 1992 i el juliol de 1993 van néixer tres instituts privats amb el propòsit de formar imams i quadres musulmans, tant en l'aspecte religiós com en l'associatiu, l'objectiu prioritari dels quals eren els musulmans francesos.

Seguint l'ordre cronològic, van aparèixer:

— L'Acadèmia Europea d'Estudis Islàmics, que més tard va adoptar el nom d'Institut Europeu de Ciències Humanes (IESH), amb seu a Saint-Léger de Fougeret, al bell mig de Morvan. Aquesta institució va néixer com a associació l'any 1990, i va obrir les portes oficialment com a institut el gener de 1992.

— L'Institut de Teologia de l'Institut Musulmà de la Mesquita de París, inaugurat l'octubre de 1994, i que disposa d'una secció de formació d'imams. Inaugurat enmig d'una gran cerimònia, a la qual van assistir el ministre de l'Interior, Charles Pasqua, i el ministre de Cultura, Jacques Toubon, aquest institut havia de respondre a les necessitats dels quadres religiosos i havia de «fornir els millors quadres, adaptats a la situació i a la vida dels musulmans a França».[14]

— La Universitat Islàmica de França (UIP), que va obrir les portes l'octubre de 1993 a Mantes-la-Jolie, abans d'esdevenir l'Institut d'Estudis Islàmics de París (IEIP), ubicat provisionalment als locals de la seu parisenca de la Lliga Islàmica Mundial (LIM), al districte XVè.

D'aquestes tres institucions, només dues segueixen actualment en funcionament, i tenen una xifra variable d'estudiants musulmans dels dos sexes, que no sempre han acabat els estudis secundaris o una formació equivalent. També fan cursos per correspondència a estudiants que viuen a França i a l'estranger, com passa amb l'Institut de la Nièvre.

Cadascun d'aquests instituts, amb una vocació més o menys teòrica pel que fa a la formació d'imams susceptibles d'orientar religiosament els musulmans que viuen a França, no ha tingut un èxit homogeni a l'hora de fer realitat aquest objectiu ni des del punt de vista de la creació de subseus de formació, ni des de la formació que s'imparteix, ni quant a l'assistència d'estudiants o les sortides professionals en el si de la comunitat.

3.1. L'Institut Superior de Teologia de la Mesquita de París

El conjunt de la formació, artificiosament batejada com a càtedra de Teologia, durava entre quatre i set anys, i la seva missió era «orientar les vocacions religioses envers la funció d'imamat i de personal religiós musulmà», a partir d'una pedagogia idèntica a l'emprada en el món musulmà per formar religiosos i especialistes en dret musulmà, per bé que es va adaptar, com va precisar el rector Dalil Boubakeur, a «l'estil de vida francès».[15]

El gruix de les matèries, sota la doble tutela, moral i religiosa, del Gran Muftí i del vicerector de la mesquita de París, un funcionari nomenat per Algèria però directament sota les ordres del rector, s'impartia a la seu de l'institut, en un local de 600m^2 especialment rehabilitats. Els cursos incloïen lliçons setmanals, durant el primer curs, d'aprenentatge de l'Alcorà (7 hores i mitja), exegesi i ciències anomenades alcoràniques (3 hores), ciències del *hadith* (1 hora i mitja), dogmàtica (1 hora i mitja), fonts i fonaments de la jurisprudència islàmica *usul al-fiqh* (1 hora i mitja), llengua i literatura àrabs (6 hores), jurisprudència islàmica (6 hores) i història islàmica (1 hora i mitja).[16]

Tot i aquest projecte, que aspirava a fer realitat la doble vocació de l'Institut Musulmà de la Mesquita de París, esdevenir un lloc d'estudi i d'esplendor islàmic i un centre de trobada dels musulmans de França, l'institut no va aconseguir penetrar en la comunitat islàmica. La xifra real d'estudiants mai no va superar la desena de persones (oficialment, i els cinc estudiants oficiosament), que no van trigar a entrar en conflicte amb la direcció de la mesquita.[17]
Alhora que es produïa el procés de consulta dels musulmans a França, la Mesquita de París va iniciar de nou, l'1 d'octubre de 2002, un programa d'estudis per formar imams.
En aquesta ocasió, proposaven una formació dividida en dos anys, l'objectiu de la qual era formar imams i dones predicadores a partir d'uns estudis i d'uns programes «inspirats [de nou] en els programes aplicats a universitats de ciències islàmiques com al Azhar, l'Emir Abdelqader, al Qarawiyin».[18] Aquest mòdul de formació no preveia cap curs en què es parlés de la societat francesa. Aquest despertar sobtat forma part del tarannà constant d'aquesta institució, que vol presentar-se davant dels poders públics com l'única entitat que pot garantir un islam modern i republicà i, per tant, susceptible de representar l'islam francès. El rector de la mesquita acaba de ser proposat per al càrrec de president del Consell Francès del Culte Musulmà, per un període provisional de dos anys.

3.2. L'Institut Europeu de Ciències Humanes i l'Institut d'Estudis Islàmics de París

Aquests dos instituts participaven d'una doble lògica, d'arabització i de reislamització, i eren més aviat institucions en què s'impartien cicles d'ensenyament religiós que no pas instituts de formació d'imams i de quadres religiosos musulmans (per tant, es tracta d'entitats que tenen en compte d'una manera molt parcial la societat que les envolta i es limiten, en aquest cas, al coneixement d'un únic pluralisme en el territori francès: el religiós). En llegir els programes d'estudis, i després d'haver-nos entrevistat amb els responsables, amb professors i estudiants, sembla que els estudis oferts s'emmarcaven en projectes amb una finalitat més o menys teològica, més que no pas plural. L'Institut de la Nièvre (IESH), que insisteix en la dimensió normativa de la jurisprudència islàmica (*fiqh*), no oculta una orientació teològica decididament reformista i «salafista», en la línia de Rashid Ridha, Al Mawdudi i Hassan al Banna. L'institut de París (IEIP) ha tractat, d'ençà de la seva creació, de no donar la mateixa importància a totes les escoles de pensament, així com de mantenir un equilibri entre la dimensió normativa i jurídica i els aspectes espirituals, presents ambdós en l'islam. Després d'un període d'incertesa, que va fer pensar que s'havia orquestrat un pla per fer desaparèixer l'Institut d'Estudis Islàmics de París, el centre continua funcionant i imparteix, majoritàriament en francès, uns cursos que giren al voltant del coneixement general de l'islam (estudis de ciències islàmiques, d'espiritualitat i de civilització musulmana) i del coneixement de l'entorn nacional i europeu.[19]

Es tracta d'entitats que tenen en compte d'una manera molt parcial la societat que les envolta i es limiten, en aquest cas, al coneixement d'un únic pluralisme en el territori francès: el religiós.

En aquests moments, el director és Hichem El Arafa, llicenciat en ciències islàmiques per la Universitat de Riad. L'Institut de la Nièvre té un annex parisenc.
Sembla que altres institucions musulmanes han començat a treballar en aquesta qüestió. Per exemple, Diyanet té previst crear, a l'est de França i seguint el model de l'Institut de la Nièvre, un seminari destinat a la formació dels seus quadres religiosos.

3.3. Balanç contrastat d'aquestes experiències

Després d'aquesta anàlisi, sorgeixen determinades observacions que posen de manifest, respectivament, les aportacions i els límits de les dues institucions de caire nacional que s'ocupen de la formació dels quadres religiosos musulmans que treballaran amb les comunitats musulmanes de base.

Les reserves que plantegen aquestes dues institucions són, fonamentalment, les següents:

- La distribució dels estudiants en els diferents cursos proposats pels dos instituts posa de manifest l'existència d'un abisme entre les intencions inicials, formar quadres musulmans que puguin assumir les necessitats i les expectatives de les comunitats de base, principalment des del punt de vista religiós, i els estudiants, la principal finalitat dels quals és informar-se sobre l'islam o, en el millor dels casos, aprofundir en el coneixement de la religió d'origen o triada sense haver de participar en el futur en la direcció de les comunitats locals. Només una minoria d'aquests estudiants estan disposats a fer el pas i posar al servei dels seus correligionaris els coneixements teòrics i pràctics que han adquirit als instituts, i adoptar plenament el paper de personal religiós d'orientació.

Els pocs estudiants que surten d'aquests instituts no tenen cap garantia, ara com ara, de poder trobar una feina remunerada que estigui en consonància amb les competències adquirides.

L'escassa ànsia, força perceptible empíricament, per formar part d'un procés de formació de quadres religiosos, i l'inici real del procés, es redueix a una simple falta d'adequació entre la demanda de quadres religiosos real i una oferta que no s'adapta a la realitat.

Els pocs estudiants que surten d'aquests instituts no tenen cap garantia, ara com ara, de poder trobar una feina remunerada que estigui en consonància amb les competències adquirides. Aquest problema posa al damunt de la taula, de nou, la qüestió de l'estatus social i econòmic dels futurs quadres religiosos musulmans francesos, que ens torna a la pregunta inicial sobre com es pot fer per, sense afavorir l'autonomia financera plena i total del culte musulmà, vetllar perquè els musulmans de França puguin disposar d'uns fons propis per tal de finançar parcialment les despeses derivades de l'exercici públic d'aquest culte i, per tant, per cobrir la remuneració del personal religiós musulmà.

- Hi ha encara al damunt de la taula diferents qüestions relacionades amb l'estat actual dels ensenyaments que s'imparteixen en aquests dos instituts i que, en conjunt, no deixen prou espai per a cursos o disciplines «no islàmiques» o per a matèries relacionades amb la societat que els envolta. De la mateixa manera, encara s'ha de trobar un punt d'equilibri entre l'estudi i el domini de la llengua àrab com a primera llengua islàmica (la de l'Alcorà!) i el recurs efectiu al francès com a llengua d'ensenyament i llengua de comunicació entre les musulmans de França.

Mentre no hi hagi cap més alternativa, ja sigui en un marc públic d'exercici d'un ensenyament universitari que combini estudis teològics musulmans i anàlisis islamològiques a partir de les conclusions a què han arribat les ciències socials, o una estructura privada equivalent a la de l'institut catòlic, i que compti amb les subvencions de l'Estat, no podem obviar el gran mèrit que suposa l'existència de l'Institut Europeu de Ciències Humanes i l'Institut d'Estudis Islàmics de París i el fet que omplen un buit institucional l'únic efecte del qual és debilitar encara més la situació actual dels musulmans a França. No obstant això, si volen complir amb els seus deures religiosos, s'han de sotmetre als estats musulmans, on l'arbitrarietat política i l'ensenyament islàmic controlat pel govern són la mateixa cosa,[20] o posar-se en mans de persones que s'han concedit el títol de predicadors i que solen adoptar una actitud de censura inflexible, tot manifestant alhora un desconeixement total de les vivències quotidianes dels fidels als quals han de tutelar i de l'extraordinària capacitat de la religió musulmana per adaptar-se a qualsevol circumstància i època.

4. ELS MARGES D'INTERVENCIÓ DE L'ESTAT

Ens endinsem aquí en la part més hipotètica de la meva intervenció, i també en la més paradoxal, una paradoxa que neix de l'abisme observat entre les declaracions habituals dels responsables públics, que es mostren partidaris de crear un programa de formació nacional amb participació financera de l'Estat, i l'absència sorprenent d'un indici de resposta institucional clara.

La proposta de la creació progressiva en el si de la Universitat Marc Bloch d'Estrasburg d'un programa de teologia musulmana, és una possible resposta que cal tenir en compte.

El ministre de l'Interior, Nicolas Sarkozy, va insinuar a la publicació mensual *La Médina* (octubre de 2002, núm. 16) la creació d'un institut semblant a l'Institut Catòlic, que rebria un ajut econòmic públic i que podria garantir parcialment la formació intel·lectual, teològica, tot deixant a les mans d'un seminari la part pràctica, tècnica i pastoral.

Preguntat sobre la qüestió de la participació financera de l'Estat en la formació dels imams (a través d'un institut privat) durant una taula rodona que va organitzar el mes de maig de 2003, l'Institut d'Estudis de l'islam i de les Societats del Món Musulmà (IISMM), l'assessor en matèria islàmica del Ministeri de l'Interior va declarar que no seria del tot oportú que els poders públics hi participessin econòmicament, perquè corrien els risc de crear un precedent al qual s'acollirien la resta de cultes que volguessin rebre el suport de l'Estat per a les activitats de formació dels quadres religiosos.

No hem d'oblidar que el govern anterior, per la seva banda, s'havia limitat, en el marc de la Consulta, a crear un grup mixt de treball (format per l'administració i per les organitzacions musulmanes) amb la denominació «ministres del culte». Aquest grup, que va demanar el meu parer, havia d'emetre un seguit de recomanacions en matèria de formació, des de la formació complementària dels imams en actiu fins a la generalització de les associacions amb les universitats islàmiques, tot passant per la creació d'un institut de teologia musulmana o d'un institut d'ensenyament superior similar a l'Institut Catòlic.

Encara avui continua sense existir una comissió interministerial al respecte.

Tot i així, no podem passar per alt l'anunci de la creació d'una comissió sobre la formació universitària en ciències islàmiques, en el marc del grup de consulta dels musulmans a França, la presidència de la qual ha estat confiada a un membre de la comunitat universitària d'Estrasburg que també participava en les tasques de la Consulta, Eric Géoffroy.

Convé distingir, en aquest punt, dos problemes diferents, en funció de si ens ocupem de la perspectiva del desenvolupament de personal religiós musulmà nacional o si recordem el destí dels imams estrangers que fan aquesta feina en l'actualitat.

- El desenvolupament de solucions nacionals alternatives als canals clàssics d'importació de quadres religiosos, que desperten les reticències tant dels musulmans com dels poders públics.
- Buscar una solució per al destí dels imams que fan aquesta tasca i que, a més, treballen en territori francès.

4.1. Solucions nacionals alternatives a les lògiques d'importació

- L'opció dels programes de teologia musulmana/ institut privat de formació d'imams.

L'aparició fa poc més de dos anys de l'informe del professor Étienne Trocmé,[21] que proposava entre altres coses la creació progressiva en el si de la Universitat Marc Bloch d'Estrasburg d'un programa de teologia musulmana, és una possible resposta que cal tenir en compte.

L'informe es mostrava especialment partidari d'aconseguir que, en un primer moment, el Ministeri d'Educació Nacional i d'Ensenyament Superior concedís l'habilitació a la universitat perquè pogués impartir un DEUG de Teologia musulmana. Posteriorment, l'habilitació s'ampliaria a una llicenciatura i a un màster, tot seguint el model que ja s'ha implantat en els estudis de Teologia catòlica i protestant. La Universitat Marc Bloch és l'única universitat francesa que pot concedir títols estatals de Teologia catòlica i protestant.

Durant una segona etapa, aquest programa de teologia musulmana podria passar a formar part, en funció de la xifra d'efectius estudiantils, d'un institut autònom dins de la universitat, que es regiria per l'article 33 de la llei sobre ensenyament superior, com passa amb les facultats de Teologia catòlica i protestant d'Estrasburg.

Tècnicament, per dur a terme aquesta operació només cal una ordre ministerial que autoritzi la creació d'una opció de teologia musulmana i l'aparició d'un mínim de tres places de professor especialment assignades a aquest programa d'ensenyament teològic. La resta de professors que ja formen part del cos universitari podrien intervenir en aquesta nova carrera en funció de les seves competències respectives.

Actualment, s'ha presentat un nou informe detallat del projecte en què figuren els diferents estudis proposats, el volum horari adaptat i una llista de professors. El document ha estat sotmès a examen i discussió per part de l'UFR de llengües.

Si el projecte tirés endavant, quedarien enrere totes les disputes de saló sobre la impossibilitat de viure i pensar a Occident d'acord amb l'islam. Aquest espai universitari públic, únic a Europa, serviria per posar la primera pedra intel·lectual i teològica d'un islam a França i a escala europea. En l'operació podrien intervenir també, a través de l'aportació puntual de professorat i d'investigadors afiliats, els centres històrics de difusió del pensament islàmic, com les universitats d'al-Azhar, Zituna i al Qarawiyin, i els departaments de Teologia de les universitats d'Ankara i d'Istanbul.

Tot i així, els grups musulmans locals interessats han de decidir si volen crear un institut privat de formació d'imams i d'altres quadres religiosos que garantiria de manera complementària la part tècnica, la formació professional dels futurs quadres religiosos.

Si la formació que s'imparteix en el marc del curs proposat per la universitat s'adreça a tothom que vulgui perfeccionar els seus coneixements culturals i teològics sobre l'islam, sense que la confessió religiosa sigui un impediment, la formació professional d'aptitud per a l'orientació religiosa s'adreça específicament als musulmans, homes i dones, que volen participar d'una manera més activa, després o alhora que segueixen una formació universitària en teologia, en la realització dels objectius religiosos de les seves respectives comunitats.

Aquest espai universitari públic únic a Europa serviria per posar la primera pedra intel·lectual i teològica d'un islam a França i a escala europea.

Aquest projecte s'enfronta a l'oposició d'una part de l'estament universitari laic, que ja havia mostrat la seva hostilitat envers les dues facultats de Teologia, i d'alguns professors de les dues facultats de Teologia, totalment contraris a qualsevol mena de consideració acadèmica, inclosa la científica, de l'islam, ja que n'hi ha que opinen fins i tot que una facultat d'aquestes característiques comportaria un problema d'ordre públic.

A escala nacional, alguns ministeris mantenen les seves reticències per por que la creació d'aquesta facultat els obligui a plantejar el reconeixement públic (de dret) del culte musulmà, equiparant-lo als cultes catòlic, protestant i jueu.

- L'opció del desenvolupament d'uns estudis superiors musulmans provats

En aquest cas, sortirien beneficiades les iniciatives comunitàries que volen dotar els grups musulmans francesos d'unes estructures educatives més o menys equivalents a les de les facultats anomenades lliures (i sovint catòliques), en virtut de la llei de 1875 (llei Laboulaye sobre la llibertat de l'ensenyament superior), i que gaudeixen d'ajuts públics voluntaris sota la forma de subvencions del Ministeri d'Ensenyament Superior, com passa amb les facultats catòliques de París, Lilla, Lió i Angers. De moment, el Ministeri d'Educació Nacional s'ha limitat a demanar a un membre francès de la comunitat universitària[22] la redacció d'un informe que ha de servir per avaluar les modalitats i les formes de suport que podria adoptar la universitat francesa per a la formació d'imams a França.

A Rotterdam (Països Baixos), existeix una universitat islàmica privada, la vocació de la qual és precisament la formació de quadres religiosos musulmans (vegeu el text de Nico Landman en aquest volum).

Recentment, s'han obert dos centres escolars (un institut[23] i una escola) que volen, després d'un període transitori de cinc anys, convertir-se en centres confessionals concertats.

- Concessió de finançament públic als centres islàmics existents

Com ja hem esmentat abans, aquesta qüestió ha provocat l'enfrontament entre els polítics que consideren que la participació financera de l'Estat seria una manera de limitar l'entrada de capital procedent del món musulmà i els consellers tècnics massa prudents, reticents a subvencionar la doctrina islàmica amb diners procedents de tots els continents.

4.2. La gestió dels imams en actiu i dels fluxos procedents dels països d'origen

- Creació de programes de formació complementaris adreçats als imams estrangers en actiu.

Aquests programes ja es preveien en el projecte inicial d'un convers, Didier Bourg, que pretenia posar en marxa un curs de perfeccionament adreçat als imams estrangers en actiu a França per tal de familiaritzar-los amb els usos i les particularitats jurídiques, culturals i polítiques de la societat francesa.

Diferents associacions musulmanes han estudiat la possibilitat de matricular els seus imams assalariats i els llicenciats a les universitats islàmiques en diferents universitats franceses perquè cursessin uns estudis que els conduïssin a l'obtenció d'un títol d'abast nacional. Paral·lelament a tot això, diverses associacions musulmanes, en coordinació, han proposat als seus imams sessions en què intervenien tota mena d'especialistes, amb l'objectiu d'iniciar-los en diversos aspectes de la vida en les societats europees.

Cal afegir que, amb independència de tot això, actualment es produeix un nombre important d'intercanvis entre, per exemple, imams i clergues d'altres confessions (pastors protestants, sacerdots catòlics...), en què cadascú parla de la seva missió.

- Desenvolupament de programes conjuntament amb les universitats islàmiques

El seu objectiu és aconseguir convenis amb universitats de prestigi que es dediquen a la formació dels quadres religiosos que després treballen amb la immigració musulmana a Europa. Aquests acords podrien consistir a organitzar universitats d'estiu, durant les quals els candidats a marxar a treballar a l'estranger haurien de fer, en un període de temps limitat, un seguit de cursos que els familiaritzarien amb la societat que els acollirà. Arran de la unió de dues ciutats universitàries, Estrasburg i Fes, es van plantejar iniciatives com aquesta.

Heus aquí les reflexions que il·lustren fidelment, segons el meu parer, la situació actual pel que fa al reconeixement i a la formació dels quadres religiosos musulmans a França. Considerem que en aquesta situació intervenen aspectes, tant de les comunitats musulmanes com aliens a elles, que fan necessària l'actuació dels poders públics i els obliguen a definir el seu compromís envers el culte musulmà.

Notes

1. Cf. *L'Expres* del 13/12/01. Dossier «Ce qui se dit dans les mosquées», pp. 100-110.
2. Vegeu, en aquest sentit, Fregosi, F. (ed.), *La formation des cadres religieux musulmans en France. Approches socio-juridiques*, París, L'Harmattan, 1998.
3. Akgönül, S., *Une communauté, deux États: la minorité turco-musulmane de Thrace occidentale*, Istambul, ISIS, treballs de CERATO, núm. 5, 1999, p. 297.
4. La distinció dels diferents tipus d'expressió de l'autoritat religiosa i la divisió dels diferents operadors islàmics que operen en el si del món religiós islàmic a França no exclou l'absència de connexions entre ells, i fins i tot que una mateixa persona pugui acumular diferents formes d'autoritat religiosa.

5. Reeber, M., «La fonction d'imam dans la Risala d'Ibn Abi Zayd Al-Qayrawani», a *Revue de Droit Canonique* (RDC), 1997, volum 47/2, pp. 329-338.

6. Sobre la noció de direcció espiritual a l'islam sufí, vegeu l'article d'Eric Géoffroy, «La direction spirituelle en islam: status et fonctions du cheikh soufi», a Fregosi, F. (ed.), *La formation des cadres religieux musulmans en France. Approches socio-juridiques,* París, L'Harmattan, col. Musulmans d'Europe, 1998, pp. 67-79.

7. No obstant això, cal relativitzar aquesta opinió en la mesura en què alguns grups sufís han començat a adaptar-se a l'entorn contemporani, bé modernitzant per exemple el seu discurs, bé proposant una versió modernitzada (menys elitista) del sufisme tot seguint l'exemple de les iniciatives que reconeixen l'autoritat del xeic Khaled Bentounès, cap de la confraria Alawiya, bé acceptant organitzar conferències de presentació i de divulgació del camí iniciàtic de l'islam adreçades al públic musulmà.

8. Vegeu el nostre article «Les contours discursifs d'une religiosité citoyenne: laïcité et identité islamique chez Tariq Ramadan », a Dassetto, F. (ed.), *Paroles d'islam. Individus, sociétés et discous dans l'islam européen contemporain*, París, Maisonneuve & Larose/ESF, 2000, pp. 205-221. Vegeu també les obres de Tariq Ramadan, *Les musulmans dans la laïcité. Responsabilités et droits des musulmans dans les sociétés occidentales*, Lió, Tawhid, 1994, i *Les musulmans d'Occident et l'avenir de l'islam,* París, Sindbad, Actes Sud, 2003.

9. Vegeu, Couvreur, G., *Musulmans de France. Diversité, mutations et perspectives de l'islam français*, París, Éditions de l'Atelier, 1998, p. 9.

10. Els estats d'origen (Algèria, Marroc, Turquia...), tot enviant imams reconeguts, disposen així d'un mecanisme més per controlar els seus ciutadans expatriats, a través del control de l'expressió religiosa. Aquest control és més fort encara atès que la majoria d'estats han de fer front a un seguit de manifestacions en contra del seu govern que es basen en l'islam.

11. Chaabaoui, M., «Role et status de l'imam en France», a *Migrations Société,* CIEMI, maig-agost 1994, núm. 33-34, p. 62.

12. Panafit, L., *Quand le droit écrit l'islam. L'intégration juridique de l'islam en Belgique,* Brussel·les, Bruylant, 1999, 545 p.

13. Vegeu Moreras, J., *Musulmanes en Barcelona. Espacios y dinámicas comunitarias,* Barcelona, CIDOB edicions, 1999, pp. 135-156.

14. Vegeu l'al·locució de Dalil Boubakeur, rector de la mesquita de París, amb motiu de la inauguració de l'Institut de Teologia, el 4 d'octubre de 1993.

15. Vegeu Boubakeur, D., «Institut de formation des imams de l'Institut Musulman de la Mosquée de Paris », nota de premsa, 29 de setembre de 1993.

16. Per a més detalls, vegeu el fullet de presentació de la càtedra de Teologia de l'Institut Musulmà de la Mesquita de París, primer any, 1993-1994, 71 p.

17. Vegeu la petició dels alumnes-imams de l'Institut Musulmà de la Mesquita de París, publicada a *Islam*, 1 d'octubre de 1996, núm. 6, p. 9.

18. Vegeu l'Institut de Formació d'Imams, apartat Organització, pàgina web oficial de la mesquita de París: *www.mosquee-deparis.com/Fimams/Organisation1.html*

19. Vegeu «L'institut d'études islamiques de Paris. Entretien avec Hichem El Arafa» a *La Médina*, 10 d'octubre de 2001, pp. 38-39.

20. Vegeu Ennaïfer, H'mida, «Universités islamiques maghrébines : le modernisme en question», a Fregosi, F. (ed.), *La formation des cadres religieux musulmans en France. Approches sociojuridiques*, París, L'Harmattan, 1998.

21. Vegeu l'informe al professor Albert Hamm a propòsit del desenvolupament de les ciències de les religions a la Universitat de Ciències Humanes d'Estrasburg, en el marc del proper contracte d'establiment, de novembre del 1996.

22. Daniel Rivet, director de l'Institut d'Estudis de l'Islam i de les Societats del Món Musulmà, un centre de recerca parisenc especialitzat en les societats musulmanes i vinculat a l'Escola d'Alts Estudis de Ciències Socials (EHESS). Vegeu *Libération,* 3 i 4 de maig de 2003, pp. 14-15.

23. L'escola musulmana Averroes, de Lilla, que pot acollir fins a trenta persones, ha vist com les autoritats acadèmiques li han denegat un cop més l'autorització d'inici de l'activitat per qüestions legals relacionades amb la seguretat. Vegeu *Libération*, 30 de maig de 2003.

LA FORMACIÓ I EL RECONEIXEMENT DE LES AUTORITATS RELIGIOSES MUSULMANES A GRAN BRETANYA

Philip Lewis. University of Bradford (Regne Unit).

INTRODUCCIÓ

Les comunitats musulmanes de Gran Bretanya, amb tota la seva diversitat ètnica i religiosa, comprenen en l'actualitat uns dos milions de persones, el setanta per cent de les quals tenen el seu origen al sud d'Àsia, amb una àmplia majoria de pakistanesos, que configuren el perfil públic dels musulmans de Gran Bretanya; el setanta per cent d'aquests immigrants provenen d'Azad Kashmir, una de les zones menys desenvolupades del Pakistan.

Algerians, egipcis i saudites –d'entre els quals es reclutaren els «afganesos àrabs» que lluitaren a l'Afganistan i que formen la columna vertebral d'Al-Qaeda–, mai no han estat significativament nombrosos a Gran Bretanya. La major part dels àrabs de Londres, o bé entren dins de la categoria de viatgers internacionals d'anada i tornada –a Londres se l'ha anomenada la «Beirut del Tàmesi» pels periodistes–, o bé són estudiants de bona família que han escollit l'exili polític amb els seus compromisos fermament arrelats en els seus països d'origen, com per exemple el tunisià Rashid al-Ghannushi o el palestí Azzam Tamimi.

Les comunitats musulmanes gaudeixen d'una taxa per a la incorporació a la vida pública i civil. L'any 2001 hi havia més de dos-cents regidors municipals musulmans (cent seixanta-un de laboristes, vint-i-set de demòcrata-liberals i vint-i-dos de conservadors). El 1997 resultà elegit al Parlament el primer membre musulmà, i el 2001 se n'escollí un altre. El govern va nomenar, a més, tres pars musulmans procedents de les comunitats pakistanesa, bengalí i índia.

A Gran Bretanya, la societat civil inclou la religió cívica, exemple de la qual són les capellanies subvencionades pel govern al Parlament, les forces armades i aquells llocs on hi ha persones necessitades, com ara a les presons i els hospitals. El personal i els espais de l'Església d'Anglaterra –una Església establerta des d'un punt de vista institucional– segueixen fent-se servir per als ritus nacionals i locals en cerimònies i funerals. La programació pública televisiva continua incloent-hi la religió. Les escoles estatals han d'incloure l'ensenyament religiós, i els contribuents financen els estudiants per estudiar teologia no confessional a nivell universitari, de manera que la disciplina no queda restringida a cap facultat de cap església concreta i es veu obligada a mantenir-se en diàleg amb la vida acadèmica i tota la seva diversitat.

> Les comunitats musulmanes gaudeixen d'una taxa per a la incorporació a la vida pública i civil.

Com que la vida pública deixa un espai institucional per a la religió, aquest espai ha estat eixamplat per tal d'acollir-hi l'islam. La cerimònia anual al Cenotafi per recordar els qui moriren a la guerra inclou ara fidels de totes les creences. Tot nou pla d'estudis de formació religiosa impartit a les escoles –concertades en l'àmbit de l'administració local– ha de reflectir el fet de la diversitat i no pot ja limitar-se a ensenyar el cristianisme. Molts departaments universitaris de Teologia inclouen estudis religiosos, i poden seguir-se estudis islàmics a un grau de postgraduació en almenys setze universitats, que compten amb un nombre creixent de personal acadèmic que imparteix la disciplina dels musulmans.

A Gran Bretanya són els musulmans els qui han creat una xarxa de grups d'estudiants ben organitzats, els quals, subsegüentment, han forjat un sector social i civil islàmic.

Durant els últims cinc anys, el govern laborista ha pres tota una sèrie de mesures relacionades amb els interessos dels musulmans: l'any 1998, després d'una lluita de deu anys, obtingueren el dret a subsidi estatal per a un parell d'escoles, un privilegi fins aleshores reservat a cristians i jueus; el setembre de 1999, el departament de Presons nomenà el primer conseller musulmà; en el cens d'Anglaterra del 2001 s'inclogué una pregunta sobre la filiació religiosa –per primera vegada des del 1851–, després de persistents pressions per part dels musulmans. El Ministeri de l'Interior inicià també una investigació per tal de determinar l'abast de la discriminació religiosa, una qüestió que ha amoïnat molts musulmans des de la publicació el 1997 de l'informe Runnymede Trust, *Islamophobia: a challenge for us all* («Islamofòbia: un repte per a tothom»).
La institucionalització de l'islam s'ha fet també força de pressa. Durant la dècada dels anys vuitanta es van guanyar ja batalles clau al voltant dels permisos per a establir mesquites, l'adequació de normes religioses i culturals a les escoles (inclosa la provisió de menjar *halal* en els àpats escolars), l'habilitació d'espais funeraris al cementiris, l'obertura de centres comunitaris per a tots dos sexes, el dret a portar vestimentes islàmiques, etc. En una ciutat com Bradford, els musulmans poden realitzar la crida a la pregària des de les seves mesquites en tres de les cinc pregàries diàries. «Cap a la meitat de la dècada dels anys noranta [a Gran Bretanya], hi havia almenys vuit-centes trenta-nou mesquites i més de nou-centes cinquanta organitzacions musulmanes, des de grups d'autoajuda locals fins a organitzacions coordinadores d'abast nacional.»[1] D'aquestes últimes, la més significativa és The Muslim Council of Britain (MCB), fundada l'any 1997. L'MCB té les seves arrels en les protestes islàmiques contra el llibre *Versicles satànics*, que apuntava la urgent necessitat d'una organització nacional efectiva que fes pressió sobre el govern i es relacionés amb la corporació jurídica i l'administració.
Certament, a Gran Bretanya són els musulmans els qui han creat una xarxa de grups d'estudiants ben organitzats, els quals, subsegüentment, han forjat un sector social i civil islàmic: associacions de doctors, advocats i mestres islàmics; una comissió islàmica de drets humans, i l'organització fundada el 2001 amb l'agut nom de «Just», en anglès FAIR (Forum Against Islamophobia and Racism). L'MCB és indicatiu d'una manera nova, més sofisticada, d'associacionisme entre les seccions de musulmans disposats a aprendre de l'experiència d'altres comunitats religioses. L'MCB escollí per a la seva convenció inaugural i la corresponent literatura il·lustrada l'eslògan *Seeking the Common Good* («A la recerca del bé comú»), i es va fer ressò deliberadament d'un influent document publicat un any abans pels bisbes catòlics d'Anglaterra i Gal·les. La debilitat principal d'un moviment d'aquestes característiques és que se'l mira com a elitista, gaudeix de poc suport de la gent del carrer en els principals nuclis d'assentament musulmà, actua al marge de les xarxes tradicionals musulmanes i aquells que segueixen les tradicions d'orientació més sufí el menyspreen titllant-lo de wahabita/salafista. L'excel·lent centre de recerca i de publicacions de Leicester, The Islamic Foundation, establert el 1973, forma part d'aquesta tradició islàmica de tendència cada cop més moderada.

Estudi dels *madaris* (seminaris islàmics) al Regne Unit, any 2002

Núm.ordre	Data	Nom	Lloc	Sexe	Nombre estud.	Filiació	Notes
1	1975	Darul Uloom al-Arabiya al-Islamiya	Holcombe, prop de Bury	masc.	410	Deobandi Saharanpuri	Madrassa d'almenys 5 altres seminaris del Regne Unit
2	1981	Institute of Islamic	Education Dewsbury	masc.	300	Deobandi Tablighi	Principal centre tabligh a Europa
3	1987	Jamia-tul Imam Muhammad Zakaria	Kidderminster, després a Bradford (1993)	fem.	488	Deobandi Saharanpuri	Afiliat a Bury
4	1987	The Muslim College	Londres	masc. i fem.	50	Azhari	Institut Dr. Zaki Badawi
5	1990	Jamia al-Huda	Nottingham	fem.	166	Deobandi	
6	1991	Islamic Education Institute	Crowborough, East Sussex	masc.	50	Deobandi	
7	1991	Darul Uloom, Londres	Chistlehurst	masc.	131	Deobandi	
8	1993	Madinatul Uloom Al-Islamiya	Kidderminster	masc.	202	Deobandi Saharanpuri	Afiliat a Bury
9	1994	Darul Uloom School	Leicester	masc.	87	Deobandi	
10	1995	Al-Jamiyah al-Islamiyah Darul Uloom	Bolton	masc.	165	Deobandi	
11	1995	Al-Karam School	Retford, prop de Nottingham	masc.	123	Barelwi	
12	1995	Jamea al-Kauthar	Lancaster	fem.	222	Deobandi Saharanpuri	Afiliat a Bury
13	1996	Hijaz College	Nuneaton	masc.	90	Barelwi	
14	1997	Jamiatul ilm wal-Huda	Blackburn	masc.	246	Deobandi Saharanpuri	Afiliat a Bury
15	1997	Jame'ah Riyadul Uloom	Leicester	masc.	60	Deobandi	
16	1997		Leicester	masc.	60	Deobandi	
17	1997	Sultan Bahu Trust	Birmingham	masc.	32	Barelwi	
18	1998	Jamia Madinat ul-Uloom	Plaistow, Londres	masc.	90	Deobandi	
19	1998 [?]		Sheffield	masc.		Deobandi	
20	1999	Dar al Uloom	Oxford	masc. fem.	20	Nadwi	
21	1999	European Institute for Human Sciences	Llanbydder, Gal·les	masc.	60	Ikhwani	Associat amb EIHS de França (1992)
22	2001		Blackburn	fem.	150	Deobandi Saharnpuri	

L'establiment de seminaris islàmics a Gran Bretanya

Un dels fenòmens més destacats en la qüestió present durant la dècada dels anys noranta va ser el naixement de seminaris islàmics (madaris / *dar al uloom*). Segons que es pot apreciar en el quadre de la pàgina anterior, al Regne Unit hi ha en l'actualitat almenys vint-i-dos seminaris. Durant els anys setanta se n'instaurà un; als anys vuitanta, tres; als anys noranta, disset, i un després del canvi de segle.[2] Tots ells són sunnites. Però fins i tot aquest nombre està subestimat, ja que molts dels que es mencionen aquí figuren tant en el Directori Musulmà (The Muslim Directory, 2001-2002) com en el registre d'Escoles Musulmanes Independents d'Anglaterra: hi hauria de constar tot seminari islàmic que oferís educació formal a nois fins a setze anys. Tanmateix, els centres que només imparteixen estudis de seminari a estudiants més grans de setze anys no tenen obligació d'inscriure-s'hi. Si s'hi inclogués aquesta darrera categoria, pel que jo conec hi ha almenys quatre mesquites més al nord d'Anglaterra que formen petits grups d'ulemes, tres de deobandi i un de barelwi.

Si analitzem els vint-i-dos seminaris, veurem que es divideixen en setze seminaris deobandi, tres de barelwi, un d'azhari, un de nadwi i un d'ikhwani (Muslim Brotherhood, o «Germans Musulmans»). Centraré els meus comentaris sobretot en la primera d'aquestes categories, que reflecteix força bé la predominança a Gran Bretanya de musulmans amb arrels al sud d'Àsia, tot i fer també esment al Muslim College (azhari), pel significatiu paper públic que ha representat el seu fundador, el xeic Dr. Zaki Badawi, afí a la tradició barelwi. El Muslim Brotherhood Centre de Gal·les fa servir l'àrab com a mitjà de formació, raó per la qual s'adreça a un sector diferent de població a Gran Bretanya i l'Europa continental. Actualment té males relacions amb el seu patrocinador, la Universitat de Lampeter, per la qual cosa el seu futur és incert. El director del centre nadwi d'Oxford reconeix que es tracta més aviat d'un seminari islàmic virtual sense una seu permanent. La seva clientela la formen estudiants a temps complet d'Oxford, el seixanta per cent dels quals són dones, que dediquen les hores de lleure a l'estudi.

Si descomptem les dones, trobem que estudien en aquests seminaris més de dos mil joves. Mentre que un gran nombre dels qui hi assisteixen es dediquen fonamentalment a memoritzar l'Alcorà –*hifz*– més que no pas a seguir el curs complet per a ulema, podem estimar que cada any en surten més de dos-cents, el noranta per cent dels quals procedeixen dels seminaris deobandi. Això ens permet d'extreure dues conclusions: és improbable que la gran majoria aquests joves imams deobandi trobin feina en una mesquita, ja que en l'actualitat hi ha un excés de joves en relació amb els llocs disponibles; en segon lloc, fins on es pot preveure, continuarà havent-hi una manca d'imams formats en llengua anglesa a les mesquites barelwi (és improbable que la divisió sectària entre deobandi i barelwi al sud d'Àsia faci que gaires mesquites barelwi contractin deobandis).[3]

> Si descomptem les dones, trobem que estudien en seminaris islàmics al Regne Unit més de dos mil joves.

Les madrasses i institucions associades de Gran Bretanya encarnen tres alternatives per a la societat en conjunt:

a. Aïllament: aquest ha estat històricament el segell dels tradicionalistes deobandis.

b. Compromís: els barelwis tradicionalistes, la Facultat Musulmana del Xeic Badawi de Londres (Sheikh Badawi's Muslim College) i la Fundació Islàmica de Leicester (Islamic Foundation).

c. Resistència: dissidents de tota mena, inclosos xeics inclassificables com ara l'egipci Abu Hamza al-Masri de la mesquita de Finsbury, fundador del grup radical Defensors de la Shari'a (Supporters of Shariah, SoS), i el sirià Omar Bakri, fundador d'Els Emigrants (al-Muhajirun), moviment escindit del Partit de l'Alliberament (Hizb at-Tahrir).

Totes aquestes institucions tenen vincles amb el món musulmà (*umma*): la madrassa tradicionalista envia imams a al-Azhar del Caire i a la Universitat de Medina d'Aràbia Saudita, o a la madrassa de Pakistan. Els membres del tercer grup haurien rebut instrucció entre els *mujahidin* àrabs que combateren els soviètics o entre grups escindits de la Germans Musulmans.

El més interessant és la pauta de relacions que s'estableix entre els seminaris tradicionals i les facultats d'ensenyament superior o universitats de Gran Bretanya. D'acord amb els propòsits d'aquest article, em centraré en els seminaris deobandi. No n'és una causa menor el fet que en aquest àmbit vegem els començaments d'un canvi de perspectiva, des de l'aïllacionisme cap al compromís amb la societat en general.

Caràcter i programa d'estudis dels seminaris deobandi: continuïtats i canvis

El fet de centrar la nostra atenció en la xarxa deobandi per tal d'exemplificar el caràcter i el programa d'estudis dels seminaris tradicionals es justifica àmpliament per l'èxit amb què han sabut trasplantar els seminaris segons el model de l'Índia. I és que es tracta d'un moviment transnacional: a la seva pàgina d'Internet en anglès (www.inter-islam.org) es poden trobar vincles que enllacen amb materials en francès, alemany, italià, portuguès i castellà.

El moviment ha pres el seu nom de Deoband, una petita ciutat situada a poc més de cent cinquanta quilòmetres al nord de Delhi, on es fundà la primera madrassa l'any 1867. Després del fracàs de l'alçament, aquesta tradició donà més importància a popularitzar la llei i les decisions legals islàmics (fàtua) com a baluard contra les influències no islàmiques. El seu programa d'estudis exclogué deliberadament matèries angleses i occidentals. Una de les seves principals figures, Ashraf Ali Thanawi (mort el 1943), repetia que «apreciar i acceptar els costums dels infidels» era un greu pecat.[4] El moviment cercava, en definitiva, de mantenir les distàncies amb els no musulmans en els aspectes social, cultural i intel·lectual. Ha generat també una tradició de predicadors (la Comunitat de la Predicació o Tablighi Jamaat), que adopta una estratègia apolítica i mira de recuperar musulmans desorientats.[5]

El primer seminari de tradició deobandi a Gran Bretanya s'establí el 1975 a Holcombe, un poble anodí prop de Bury, al nord d'Anglaterra: el seu fundador, un erudit indi de Gujarat anomenat Maulana Yusuf Motala, rebia per part d'un dels meus informadors el sobrenom afectuós de «Papa» dels deobandis a Gran Bretanya. Aquest seminari esdevingué model de molts altres a Gran Bretanya. El segon, establert a Dewsbury el 1982, és ara per ara el quarter general de Tablighi Jamaat a Europa.

El moviment deobandi cercava, en definitiva, de mantenir les distàncies amb els no musulmans en els aspectes social, cultural i intel·lectual.

Fins a una època ben recent, els estudiants que assistien a aquests seminaris es relacionaven en un entorn social relativament tancat. La seva ubicació sovint era lluny dels centres de població, o als suburbis; no hi havia una interacció estructurada amb la resta de la societat, i tampoc no s'afavorien les trobades informals; la televisió i la ràdio no eren permeses. Fins al moment present la llengua d'ensenyament ha continuat sent l'urdu, i el matí està ocupat per l'estudi islàmic. Per tal de seguir les normatives de la legislació anglesa, s'impartia un mínim d'anglès a les tardes per a alumnes de dotze a setze anys. Sol passar que els alumnes que acaben el programa sencer d'estudis es troben amb mancances d'anglès i d'aptituds interpersonals per relacionar-se amb la resta de la societat. L'estructura dels estudis indica que els alumnes viuen en dos móns sense connexió des d'un punt de vist intel·lectual, lingüístic i cultural.[6]

El programa d'estudis impartit en aquests seminaris s'anomena *dars-i-nizam*, i fou desenvolupat durant el segle XVIII per la famosa dinastia d'erudits de Lucknow coneguda com els Farangi Mahall. Un historiador del moviment descriu els erudits Farangi Mahall com «els grans consolidadors en territori indi de la tradició racionalista d'erudits originària de l'Iran».[7] El seu pla d'estudis, amb la major importància donada a la lògica i la filosofia juntament amb els temes tradicionals de l'Alcorà, el *hadith* i el *fiqh* (jurisprudència islàmica), s'adeia amb les elits que esdevindrien advocats, jutges i administradors de l'imperi Mughal.

L'estudi de llibres avançats de lògica, filosofia i dialèctica aguditzava les capacitats racionals i [...] donava accés al govern a homes amb una ment i un judici més ben formats. [...] L'èmfasi en el desenvolupament de les aptituds de raonament significa donar més importància a la comprensió que no pas a l'aprenentatge memorístic. [...] Podria contribuir [...] a generar una oposició envers la religió dogmàtica i extremista... [i] possibilitar la veritable comprensió i la interacció amb d'altres tradicions [...] com ara la xia o la hindú.[8]

El programa d'estudis ofert per Farangi Mahall era dilatat i innovador: una de les seves grans llumeneres del segle XIX, Maulana Abd al-Hayy, encarnà com ningú en els seus ensenyaments l'inusual sentit històric molt desenvolupat. Intentava contextualitzar els textos clàssics, sobretot les grans obres del *fiqh* estudiades als seminaris.

Em preocupava profundament que la manca d'aquest sentit [històric] entre els seus contemporanis signifiqués que aquests se servissin de tots els elements de la tradició islàmica [...] d'una manera encarcarada i inflexible que els fes uns guies menys adients per a la conducta islàmica en els temps presents. «Com a conseqüència d'aquesta situació –declarà en alguna ocasió de manera esquerpa–, els nostres ulemes han esdevinguts els genets d'un animal cec», i han caigut en un pou sec.[9]

Tanmateix, amb l'aparició de la tradició deobandi al sud d'Àsia en el segle XIX, aquesta tradició caracteritzada per l'estudi de les ciències racionals i la contextualització dels textos clàssics islàmics, patí una forta erosió a favor d'un èmfasi renovat en les ciències revelades de l'Alcorà, el *hadith* i el *fiqh*. Hi ha diverses raons que explicarien aquest procés: la influència d'un altre gran erudit indi, Shah Wali Allah de Delhi (mort el 1762).[10] Els centres que rebien tant el patronatge com la demanda d'educació Farangi Mahall desaparegueren en gran part amb la caiguda de l'imperi Mughal, moment a partir del qual fou l'educació occidental la que permeté ocupar càrrecs a l'Índia Britànica. El deobandi va ser creat per tal de sobreviure al marge del poder polític i poder trobar fonts de finançament fora de les elits occidentalitzades.

Fóra un error considerar la tradició deobandi impermeable al canvi.

El programa d'estudis dels seminaris britànics ofereix un curs *dars-i-nizami* molt atenuat, tot i que es manté l'ensenyament en llengua urdu. Els cinc primers anys inclouen l'estudi de llengua i literatura àrabs, condició prèvia per a qualsevol estudi seriós dels textos islàmics fonamentals. S'imparteix un estudi mínim de la vida del profeta i els seus companys, així com un repàs elemental de la història de les primeres èpoques de l'islam. A més de les col·leccions canòniques *hadith*, que representen la culminació dels estudis, s'inclou també una selecció de textos medievals extrets del pla d'estudis històric del *dars-i-nizami*: un breu comentari alcorànic de Suyuti (mort el 1505), *Tafsir al-Jalalayn*; un breu text sobre els articles de creença de Nasafí (mort el 1143), i un text *fiqh hanafí* –*Hidaya*–, escrit per Marghinani (mort el 1196). Els mètodes d'ensenyament són també tradicionals: l'objectiu és d'iniciar l'estudiant en el saber acumulat d'una tradició religiosa, personalitzada en la vida i l'ensenyament d'un mestre respectat. L'ensenyament és de via única: hi ha l'oportunitat de fer preguntes per tal d'aclarir conceptes, més que no pas per posar en dubte els continguts d'uns textos venerables. L'objectiu és dominar una sèrie de llibres fonamentals, més que no pas tractar temes d'una manera sistemàtica i crítica. El domini d'aquests textos fonamentals faculta l'estudiant per ensenyar-los als altres.

Fóra un error considerar la tradició deobandi impermeable al canvi. De fet, els últims anys hi ha hagut algunes modificacions significatives pel que fa a l'accentuació d'un aspecte o d'un altre. S'ha permès la ràdio –iperò no la música!–, i també alguns diaris i setmanaris, tret dels *tabloides*. Molts estudiants segueixen després els estudis d'àrab i islam a al-Azhar al Caire, a la Universitat de Medina o a Karachi. Al començament dels anys noranta, a alguns dels estudiants més capacitats se'ls encoratjà perquè estudiessin en universitats britàniques per tal d'obtenir millor qualificació, inicialment en disciplines islàmiques –dos alumnes tenen ara un doctorat en Filosofia de la Universitat de Manchester i del School of Oriental and African Studies de la Universitat de Londres respectivament–, inclosos tant els estudis àrabs com el dret. L'any 1998 veié el primer escamot de cinc estudiants de Bury acceptats com a estudiants d'un curs de llicenciatura en Estudis Teològics Aplicats, ofert pel Westhill College d'Ensenyament Superior de Birmingham. Aquest curs els donà la titulació necessària per tal d'impartir educació religiosa a les escoles. Aquest programa innovador centrat en l'islam l'imparteixen principalment erudits musulmans, dos dels quals foren ells mateixos alumnes a Bury. Això ha preparat el camí per a una nova experiència el 2000, en què uns trenta graduats de Bury començaren diverses llicenciatures en una universitat local on imparteix la seva docència un altre dels seus alumnes.

Bury ha començat també a obrir-se una mica al món. El nou conseller musulmà de presons fou convidat per tal que impartís una xerrada sobre les capellanies a les presons. A alguns alumnes d'educació religiosa de l'escola se'ls permet de fer-hi visites. A partir de l'11 de Setembre s'ha detectat que als musulmans se'ls observa amb recel. Per tal d'apaivagar les pors i els malentesos, el director convidà un bisbe local, membre del Parlament, i d'altres persones per parlar amb els alumnes l'aniversari de l'11-S. Això manifesta tant una confiança creixent en la institució com la consciència que molts alumnes no acabaran esdevenint imams a les mesquites i que, per tant, necessitaran altres especialitzacions per guanyar-se la vida. L'atenció mínima que fins ara s'ha donat al pla d'estudis anglès també està canviant. Una facultat local proporciona la infraestructura i el personal per a l'ensenyament de ciències i tecnologia de la informació, en particular per al tractament de diverses matèries d'examen: sobretot de GCSE (ensenyament secundari: General Certificate of Secondary Education), però també, en matèries d'àrab, urdu i història islàmica, en els nivells superiors de l'ensenyament secundari (AS, Advanced Supplementary Level; i A, Advanced Level). Aquests alumnes poden també començar a exercir com a mestres en el prolífer sector privat de les escoles musulmanes (unes vuitanta). Resulta evident que el director de Bury, el xeic Yusuf Motala, ha donat el seu suport actiu i les seves benediccions a aquestes iniciatives que haurien de fer possible que molts dels seus alumnes s'integrin a la resta de la societat amb més confiança.

Canvis en el paper social dels imams i els ulemes?

L'any 1989 vaig parlar amb el primer imam deobandi de Bury adscrit a una mesquita de Bradford. Definí les funcions d'un imam com segueix: dirigir les cinc pregàries diàries; ensenyar els nens a l'escola suplementària; pronunciar l'al·locució dels divendres, la *jutba* (en àrab), amb el subsegüent sermó en urdu; presidir els ritus de pas –en el naixement, xiuxiuejar-li al nen a cau d'orella la crida a la pregària, *azan*; donar solemnitat al contracte matrimonial, *nikah*, i arranjar els morts per al funeral; preparar amulets –*tawiz*– per a les persones temoroses del mal d'ull; oferir consell, dins de les seves competències, sobre l'aplicació dels ensenyaments i la llei islàmics d'acord amb una sèrie de temes a ell confiats.

L'atenció mínima que fins ara s'ha donat al pla d'estudis anglès també està canviant.

És evident que els seus feligresos no esperen que l'imam tingui cap mena de paper en particular dins de la resta de la comunitat. És més, sovint els *ulemes* pateixen la inseguretat contractual i els sous baixos.

De tota manera, es pot percebre una impaciència creixent amb aquesta concepció tan limitada del paper dels imams. En són exemplars aquests comentaris extrets de dos articles recents apareguts a *Q News* –una revista mensual musulmana en anglès–, que cal situar en el context del preocupant augment de la criminalitat entre alguns sectors de la joventut musulmana:

«Les experiències educatives, amb un ensenyament basat en l'aprenentatge memorístic sense cap mena de comprensió, els ha avorrit i allunyat inevitablement no solament de la madrassa, sinó també de la religió mateixa... [És peremptori de] parlar obertament dels problemes de la criminalitat i el tràfic de drogues [...], de nomenar imams de parla anglesa com una prioritat, i d'activar tants programes en anglès com sigui possible que tractin de temes candents per als joves musulmans d'avui dia. Els imams haurien de rebre un bon sou, i ells haurien d'encarregar-se de realitzar tasques pastorals amb el jovent fora de les mesquites. És un crim que hi hagi tants joves graduats als seminaris britànics que hagin pogut trobar feina com a imams».[11]

Que el seu imam pugui tenir una representació més genèrica que abasti tots els presoners resta encara més enllà de l'horitzó de la imaginació de la major part dels membres de la congregació.

En realitat, els ulemes formats a Gran Bretanya comencen ja a respondre a aquests nou reptes. Alguns d'ells organitzen acadèmies islàmiques independents al marge de les restriccions de les associacions de les mesquites, més conservadores; d'altres treballen, ja sigui a temps complet o parcial, com a capellans en presons i hospitals; i alguns altres fan de mestres d'escola, però al mateix temps segueixen ensenyant a les mesquites en el seu temps de lleure, tot aplicant els mètodes d'ensenyament apresos a les escoles de l'Estat. Uns altres, encara, exerceixen nous papers en la comunitat. Voldria exemplificar aquests nous papers parlant de les activitats de quatre joves imams deobandi: un d'ells fa funcions de capellà de presons a temps parcial; un altre ha activat un pròsper ministeri d'audicions de casset; el tercer té formació de muftí i ha posat en marxa una publicació islàmica com a vehicle per a l'ensenyament, i finalment, un «imam associat» que, pel seu compte, ha assumit tota una sèrie de papers socials en la comunitat, tant en l'àmbit local com en el nacional.

Khalil, originari de Gujarat, fou un dels primers imams assignats a una capellania de presons l'any 1996. Pressuposà en un principi que les seves funcions serien simplement una extensió de la seva tasca a la mesquita: pregar i ensenyar. Sortit recentment de Bury, tenia poques aptituds socials amb què poder ajudar. Havia de dominar l'art d'aprendre a escriure les complexes cartes que havien de fer arribar els interns als funcionaris que atorguen la llibertat condicional i als comitès de revisió de les causes; havia d'organitzar festivals religiosos a la presó; desenvolupar aptituds de gestió per tal de poder treballar en el si d'una institució amb una gran complexitat jeràrquica; aprendre a conèixer i crear un ambient de confiança per relacionar-se amb els col·legues cristians; dur a terme una tasca pastoral entre els reclusos musulmans desorientats i intercedir davant d'uns pares la primera resposta dels quals era de rentar-se les mans pel que feia a uns fills que havien portat la vergonya a tota la família, en el sentit més ampli; començar a muntar una xarxa de suport en el si de la comunitat musulmana per als qui sortien en llibertat. Com a capellà tenia també un paper d'abast general i, per tant, una responsabilitat més gran davant de la resta de presoners. En un primer moment, el seu paper com a capellà de presons fou considerat amb incredulitat en el si de la seva pròpia comunitat, que al principi semblava que no donava crèdit al nombre creixent de musulmans presos.[12] Fins i tot quan reconegueren el fet de la gran quantitat de presos musulmans, se sentiren confusos davant la necessitat d'un imam per a ells. I que pugui tenir una representació més genèrica que abasti tots els presoners resta encara més enllà de l'horitzó de la imaginació de la major part dels membres de la congregació.

Tot allò que ha après com a capellà ho aplica també a Batley, en què és secretari general d'un institut de mestres de l'islam. El seu primer informe bianual, 2000-02, deixa clares les noves tasques socials que els imams comencen a acomplir en aquesta ciutat. Hi ha informes de grups amb responsabilitats educatives religioses a les mesquites; un grup de capellans que informa de la seva tasca a les presons i els hospitals; col·laboracions amb escoles i facultats locals; *dawah* [invitació a l'islam] i departament de publicacions; conferències i programes per a la joventut; una xarxa de serveis comunitaris que treballa amb la policia, membres del Parlament i autoritats; conferències sobre l'islam impartides en una gran varietat de punts de trobada, incloent-hi un Consell Interreligiós i un grup de suport per al tractament de les addiccions a les drogues i a l'alcohol.

Allò que té d'innovador i d'engrescador aquest informe és la seva franquesa i autocrítica. S'hi insta els ulemes a «seguir endavant per tal de dirigir, motivar, crear idees, iniciar nous projectes i assumir responsabilitats». Només després estaran en una posició des de la qual «proveir de guia a les masses». La seva perspectiva innovadora ha topat amb «moltes crítiques per part d'alguns sectors», però la rèplica és que «tota idea nova suposa una amenaça». A la secció de *deeni taleem*, educació islàmica, l'informe assenyala que «l'estudiant, després de passar a l'escola bona part de la jornada, arriba a la madrassa esgotat, tant mentalment com físicament. Si [el mestre] imparteix aleshores la seva lliçó sense cap mena de preparació, planificació o sense fer servir mètodes adients, com s'ho farà així per captar la imaginació, l'atenció i el cor dels estudiants?».

Amb la finalitat de cobrir aquestes necessitats, miren ara cap a Sud-àfrica, que compta amb «un dels sistemes de madrasses més avançats i refinats del món. Els llibres de text estan escrits en anglès, es fan regularment tallers per al desenvolupament dels mestres, els examinadors realitzen visites regulars a les madrasses i s'han uniformitzat els impresos per als exàmens». L'informe admet que ens trobem «uns pocs anys llum per darrere», tot i que el seu exemple es manté com a model practicable per a la reforma dels mètodes, els continguts i l'organització de l'ensenyament a les mesquites.

Els ulemes formats a Gran Bretanya són molt més conscients de la necessitat de connectar amb els joves musulmans britànics assenyats del carrer.

Un problema important exposat amb claredat en l'informe és el de les limitades expectatives que l'educació islàmica inspira als pares. «La seva idea d'educació islàmica no va més enllà de la capacitat per llegir l'Alcorà [...], amb el pretext de febles excuses com ara la càrrega de feina escolar en augment, o l'assistència a casaments» els priven de l'educació bàsica:

> «En conseqüència, quan els alumnes arriben a l'adolescència, quan són en una posició que els permetria d'apreciar els bells ensenyaments de l'islam, quan necessiten que els guiïn a través del difícil període d'aquests anys, se'ls treu de les madrasses. Aquesta gran injustícia crearà una crisi d'identitat, un musulmà rebel i ignorant».

Com a capellà de presons, Khalil és prou conscient també del progressiu allunyament dels joves musulmans de la mesquita. A Batley, on serveix com a imam a temps parcial, ha començat a organitzar trobades per a aquests joves musulmans descontents en un centre comunitari, un espai neutral fora de la mesquita.

Els ulemes formats a Gran Bretanya són molt més conscients de la necessitat de connectar amb els joves musulmans britànics assenyats del carrer. Dos becaris de Bradford ofereixen dos conjunts de respostes que se solapen: un muftí, Saiful Islam, que serveix en una comunitat d'àmplia majoria de musulmans de Bangla Desh, i Maulana Ahmed Ali, que ho fa en una circumscripció pakistanesa, tot i que la seva feina estableix vincles allà on l'ètnia ha generat divisions. Tots dos han establert acadèmies islàmiques independents, el personal rector i religiós de les quals està constituït en la seva major part per ulemes formats a Gran Bretanya procedents de Bury i dels seus seminaris associats. Tots dos segueixen mantenint bones relacions amb les mesquites locals, i el muftí imparteix algunes de les seves classes en una mesquita local.

En les seves publicacions, Saiful Islam deixa clar que ja no n'hi prou amb la simple repetició del que diuen l'Alcorà i la sunna quant als problemes de les persones.

L'objectiu d'aquestes acadèmies independents és defugir les consideracions negatives que els joves musulmans associen a les mesquites. Totes dues desenvolupen una sèrie d'activitats per als joves musulmans encaminades a mantenir el seu interès al llarg de l'adolescència (el principal problema detectat per Khalil). Ahmed imparteix classes extra els caps de setmana sobre tecnologia de la informació i matemàtiques, i ha format un grup per fer els deures escolars. La llengua de relació és en tots els casos l'anglès. Ell i els seus col·legues pretenen complementar i consolidar l'educació oficial.[13]

Els estius, Ahmed s'enduu els més joves d'acampada, des d'on organitza sortides d'un dia a parcs temàtics dels voltants. En col·laboració amb assistents socials per a la joventut, organitzen partits de futbol els caps de setmana i competicions a l'estiu. Acompanyen grups de nois i joves d'entre quinze i trenta anys al campament anual *tarbiyyah* organitzat per Bury des del 1998, on escolten xerrades en anglès que es prolonguen durant tres dies, en directe i sota tendes de campanya. Ahmed és prou clar quan afirma que la seva acadèmia islàmica cal entendre-la com a un «centre social» que genera tot un ampli espectre d'activitats no associades normalment a una mesquita.

Allà on rau la força d'Ahmed és en el seu carisma com a orador, gràcies al qual ha desenvolupat un veritable ministeri via cintes de casset. Té més de cinquanta títols, i en ven més de quaranta mil per any. No eludeix pas els temes controvertits. Una de les seves cintes de casset més popular es titula: *Drugs, The Mother of All Evils* («Drogues, la mare de tots els mals»). Ja es veu per què és popular. És capaç de parlar el llenguatge del carrer, i les seves cintes estan farcides amb expressions locals extretes de la cultura de la droga. El missatge, però, és força tradicional. Canvia, o si no t'esperen les flames de l'infern. És un mestre de manuals, no pas un científic social.

Si les cintes de casset són el principal mitjà de comunicació de què se serveix Ahmed per tal d'arribar a una audiència més àmplia, el muftí Saiful Islam s'estima més el format popular de les revistes i els pamflets. Igual que Ahmed, al principi també anà de dret a fer-se càrrec de les tasques d'imam en una mesquita local, després de completar la seva formació d'ulema a Bury. Però mentre que Ahmed se n'anà al Caire per tal de completar la seva formació a al-Azhar, Saiful Islam s'integrà en el primer grup que havia de completar un nou curs *ifta* començat a Bury l'any 1995 per a la formació de muftís *hanafi*. Igual que Ahmed, aviat s'adonà del limitat impacte de la mesquita tradicional en la joventut musulmana, que es veia arrossegada cap a pautes de conducta cada cop més antisocials i immorals. És per aquesta raó que també ell establí una acadèmia islàmica independent.

Saiful Islam, a més dels models habituals d'ensenyament, imparteix una sessió setmanal d'exposició de l'Alcorà, seguida d'una altra de preguntes i respostes. En les seves publicacions deixa clar que ja no n'hi prou amb la simple repetició del que diuen l'Alcorà i la sunna quant als problemes de les persones. En un pamflet titulat: *Alcohol, The Root of All Evil* («L'alcohol, arrel de tot mal»), després de la secció de versicles alcorànics i de *hadith*, assenyala que «aquestes tradicions haurien de ser suficients per a mostrar la corrupció i els mals de l'alcohol. Per desgràcia, en aquesta "època d'avenços" [...] caldria deixar-se influir més per la recerca mèdica i científica». És per això que inclou material relatiu als costos intel·lectuals, físics, psicològics i socials de l'alcohol, extret de tota una varietat de fonts populars, inclòs el *Reader's Digest*!

Mostra una clara preocupació pel que fa a les infiltracions de les pràctiques culturals cristianes. En un llibret titulat *Prophet Jesus* (1999) cita un cert nombre de *hadith* que condemnen la imitació dels *kafir* –«infidels condemnats als focs eterns de l'infern»–, no menys que aquells qui «diuen que Jesús és el Fill de Déu»: «Tota compra o acceptació de regals nadalencs, així com la preparació d'ornaments, l'enviament de postals de Nadal i la compra de llaminadures relacionades amb l'ocasió, queden prohibits. Tot això entra dins de la categoria d'imitar i seguir els *kafir*».

La seva revista bimensual –*Al-Mu'mim*– és una publicació prou acurada. Inclou seccions de *tafsir* (comentaris alcorànics), *hadith*, personalitats religioses i històriques centrals de l'islam, una secció per a dones, poemes, un racó per als nens i una pàgina de preguntes i respostes on el muftí dicta fatues amb relació a tot, des del clonatge fins a l'anticoncepció. No hi ha cap mena de restricció ni pudor a l'hora de plantejar preguntes difícils, com en el cas d'un lector que preguntà si el matrimoni d'un home segueix sent vàlid si ha mantingut relacions amb la germana de la seva dona. El muftí li contestà que el matrimoni segueix sent vàlid, i assenyala com a causa de la freqüència de tan immoral conducta el fet de no mantenir l'estricte costum del *purdah* (vel) entre els parents pròxims de la família.

Hi ha també articles que miren amb timidesa de connectar amb el món de la joventut musulmana, amb títols tan cridaners com: «El futbol: una religió?»; «Vestits de disseny»; «Beneficis i danys d'Internet». En aquest últim es diu el següent:

«Tenir «cites» és una maledicció practicada amb tota llibertat a la xarxa i per e-mail. Recordeu que comunicar-se amb un non-mahram [un home que no és de la família] abans del nikah [matrimoni] és haram: malgrat l'excusa beneita adduïda per alguns joves musulmans d'aprofitar per parlar de l'islam i propagar-lo entre els altres, sobretot entre les dones kafir (infidels)! [Mentre que] és haram veure pel·lícules, documentals, dibuixos animats, notícies i esdeveniments esportius a Internet tant com a la televisió... Veure'n i jugar-hi porta a tal desenfrenament... que els alumnes musulmans parlen a l'escola i fins i tot a la madrassa i intercanvien aquesta mena de jocs tan animats amb la consegüent pèrdua tant del din com dels estudis seculars...» [maig/juny 2001, vol. 2:3]

Juntament amb les tasques tradicionals, Maulana Ibrahim ha obert camí treballant en la societat civil: dirigeix Radio Ramadan, amb una audiencia de desenes de milers de persones que escolten els seus ensenyaments i pregàries.

L'article mira de cridar l'atenció envers alguns dels perills d'Internet, alhora que insta els musulmans a fer-ne ús «d'una manera veritablement constructiva i educativa».

La innovació aportada pel muftí Saiful Islam és d'impartir el programa d'estudis del *dars-i-nizami* a temps parcial a grups d'adults. S'adonà que aquestes persones volien seguir els estudis, però que, com a homes casats, o simplement com a treballadors, no podien passar-se cinc anys estudiant a temps complet. Aquest model de formació religiosa s'ha implantat en altres mesquites deobandi del nord d'Anglaterra.

El nostre últim mestre musulmà, Maulana Ibrahim, originari també de Gujarat, treballa a Leicester. Instal·lat en un principi a Malawi, l'enviaren al Regne Unit per estudiar medicina, però ho canvià per fer-se ulema. La seva formació passa per Bury, Al-Azhar i SOAS (llicenciatura en lletres). Ibrahim ha treballat a temps parcial en diverses mesquites i ha impartit classes en un dels tres seminaris islàmics de la ciutat. Juntament amb aquestes tasques tradicionals, ha obert camí treballant en la societat civil. Dirigeix Radio Ramadan, que, igual que altres emissores del mateix tipus per tot el país, té permís per emetre durant aquest període. Si un imam tradicional té els divendres una congregació d'uns dos-cents feligresos, Radio Ramadan li proporciona una audiència de desenes de milers de persones que escoltaran els seus ensenyaments i pregàries. Hi convida a participar altres imams de les tradicions deobandi i barelwi. També hi convida dones, una cosa que ja és més controvertida. Ha iniciat també un ministeri en tres universitats locals, on dirigeix la *jutba* de tots els divendres en setmanes consecutives.

La conferència anual d'educació islàmica per a la joventut proporciona una indicació d'algunes connexions creatives entre l'erudició clàssica i les inquietuds modernes.

Ibrahim té una preparació fora del que és habitual per parlar i treballar amb els mitjans de comunicació locals, així com per obrir camins a l'hora d'establir relacions interreligioses. La seva autodesignació com a «imam associat» –que li dóna la condició de vincle continuat amb una prestigiosa mesquita local– el manllevà a partir del terme emprat per un sacerdot local! No vol veure's limitat al paper de l'imam tradicional, per la qual cosa ha preferit dedicar-s'hi a temps parcial i no amb dedicació plena. La seva tasca comunitària local li ha valgut un cert grau de reconeixement d'abast nacional. Ha estat nomenat representant de la zona per a l'MCB (Muslim Council of Britain) i consultor de la xara per a aquest mateix organisme. En presideix la mesquita i la comissió comunitària. L'MCB té molt pocs ulemes en actiu entre els seus membres, i Ibrahim és l'únic de la seva generació format en un seminari de Gran Bretanya. Conscient dels sentiments de recel suscitats als mitjans de comunicació per les comunitats musulmanes de Gran Bretanya arran de l'11 de Setembre, espera poder convèncer les mesquites per tal que dediquin un dia de portes obertes un cop a l'any, durant el qual convidin a entrar-hi els no musulmans i els dispensin les degudes mostres d'hospitalitat. Com que les mesquites no tenen res a amagar, això serviria per desfer sospites i malentesos.

Entre l'aïllament i la integració

Tres dels nostres quatre mestres participen en la conferència anual de *tarbiyyah* (educació islàmica)

Youth Tarbiyyah Conference, 2002

Amaal (Accions) del jo interior i exterior Maulana Bahauddin Sayyid	La protecció de la llengua Maulana Rafiq Sufi	La imatge del profeta a Occident Maulana Ashraf Patel
La condició de la dona Maulana Anas Uddin	Educació Maulana Imran Mogra	Com practicar l'islam en els nostres temps Maulana Ibrahim Madani
Consells pedagògics d'un gran mestre Maulana Imran Mogra	Zikrullah: memòria d'Al·là Maulana Ahmad Patas	Iman (Fe) Maulana Ahmad Ali
Globalització i islam Maulana Rashid Musa	Obediència al profeta Maulana Saeed Peerbhai	Musulmans i educació Maulana Mahmood Chandia
La llei antiterrorista de 2000 (Regne Unit) i les nostres responsabilitats com a musulmans Maulana Ibrahim Mogra	La Nur (Llum) d'Al·là i les fosques accions dels kufr M. Abdur Rahman Mangera	Elements de medicina alcorànica Maulana Shabbir Menk
Sira del profeta Maulana Khalil Kazi	L'important paper de la joventut a les mesquites Maulana Shoayb Desai	Fermesa en temps de fitna (sedició) Maulana Riyadhul Haq

per a la joventut (Youth Tarbiyyah Conference), que té lloc a l'estiu, sota les tendes de campanya, en els espaiosos terrenys del seminari deobandi prop de Kidderminster, un atractiu espai rural als Midlands. Aquest esdeveniment representa la principal trobada pública entre els imams deobandi i els joves musulmans britànics. La conferència és una demostració de la imaginació i la influència del director de Bury, el xeic Yusuf Motala, veritable força conductora a l'ombra. És també testimoni de l'impacte de la petita comunitat índia de Gujarat instituïda a Gran Bretanya, així com de les seves connexions internacionals. Amb l'excepció de dos, tota la resta d'ulemes són de Gujarat. Per a la trobada de l'any 2002, dos d'ells viatjaren des dels Estats Units i Zimbabwe. La majoria són els *murids* del xeic.

Aquí, per tant, es troben tots junts el bo i el millor dels joves imams de Bury de formació britànica. Al Quadre 2 apareix la llista completa de temes i de ponents que intervingueren en les disset al·locucions exposades durant els tres dies de la conferència. La llista inclou Maulana Riyadhul Haq, l'imam de la prestigiosa mesquita central de Birmingham, i un altre alumne de Bury que, després d'haver-hi completat la seva formació islàmica, continuaren la seva formació en institucions seculars: dues xerrades sobre educació foren impartides per part d'un ulema que també fa classes en una escola estatal de Birmingham; una altra xerrada sobre «globalització i islam» la donà un ulema llicenciat per la Universitat de Manchester; la xerrada sobre «la llei antiterrorista 2000 al Regne Unit» la impartí Ibrahim Mogra, llicenciat per SOAS; la conferència titulada «La imatge del profeta a Occident» la impartí un ulema doctor en Filosofia per SOAS; la xerrada sobre «Musulmans i educació» la va fer un altre doctor en Filosofia de Manchester.

Si fem una anàlisi d'aquestes xerrades, veiem que ens proporcionen una visió clarificadora de les preocupacions d'aquests joves mestres, i també una indicació d'algunes connexions creatives que caldrà aprofundir entre l'erudició clàssica i les inquietuds modernes: les conferències sobre educació del Maulama Imran Mogra miren de compaginar pensaments del gran Al-Gazzali (mort el 1111) amb idees sorgides del pensament pedagògic contemporani, amb recomanacions envers els llibres de Roald Dahl i J.K. Rowling! A les xerrades es troben també referències a la violència social en el si de la comunitat que necessita d'un redreçament: enmig d'un interessant estudi sobre el significat de termes bàsics islàmics com ara imam, islam i *ahsan*, el Maulana Bahauddin Sayid és capaç de fer una digressió sobre l'alta incidència dels maltractaments a les dones entre les famílies musulmanes del seu veïnat.

Mahmood ataca en definitiva la complaença i les minses aspiracions educatives dins de les comunitats musulmanes.

Sigui com sigui, allò que resulta més sorprenent és la tensió evident en moltes de les al·locucions entre aquells que insten a un compromís ampli amb la societat no musulmana, i aquells que semblen acontentar-se amb mantenir les distàncies espacials, socials i intel·lectuals amb una societat *kufr*, sovint pintada amb colors exageradament cridaners. No cal sorprendre's pel fet que els qui són més oberts, són també sovint –si no sempre– els mateixos que han estudiat en acadèmies seculars i han treballat fora de la mesquita com a mestres o capellans. És en aquests àmbits on han desenvolupat noves aptituds socials i intel·lectuals, com hem vist en el cas de Khalil, el capellà de presons.

La diferència s'aprecia millor si comparem dues xerrades, la del Dr. Mahmood Chandia, en l'actualitat professor d'islamisme a la University of Central Lancashire (UCLAN), i la del Maulana Riyadhul Haq, imam de la mesquita central de Birmingham. La presentació de Mahmood assenyala la necessitat que els musulmans britànics –el 70% dels quals tenen menys de 25 anys– prenguin consciència de la importància de l'educació. Insisteix en el fet que si volen exercir qualsevol mena d'influència en la societat, cal que elevin les seves aspiracions en matèria educativa.

Només així podran recuperar aquells temps de l'Espanya medieval en què visqueren una coexistència creativa juntament amb cristians i jueus, i contribuïren de manera significativa al bagatge dels coneixements en tot un ampli ventall de disciplines. Un cop i un altre repetí que els musulmans integraven, però no assimilaven. El respecte que se'ls inculcava era per esperonar la ploma i no pas l'espasa. Lamentava que, juntament amb altres minories ètniques de Gran Bretanya, n'hi hagués tan pocs que es dediquessin a l'educació i l'ensenyament, només el 4%, en contrast amb el 25% que optava per tecnologia de la informació i entre el 10% i el 12% per medicina, dades que s'estenien a totes les minories ètniques.

Una bona educació es considera com un passaport per poder influir en les professions clau que configuren el caràcter de la societat: professors universitaris, advocats –i sobretot, jutges–, polítics, funcionaris de l'administració i professionals dels mitjans de comunicació. S'instava els musulmans a integrar-se en totes aquestes àrees no solament en nom dels estrets interessos dels musulmans mateixos –«perquè serveix a les nostres necessitats», sinó «en interès de tota la societat en general».

Una visió tan essencialista no dóna opció perquè els musulmans es comprometin de manera crítica amb la resta de la societat.

El següent punt dins de les seves preocupacions és el de les actituds en el si de les comunitats musulmanes. A partir de la seva experiència com a professor universitari, assenyala que hi ha molts estudiants que no completen els seus exàmens de ciències, medicina, dret o periodisme amb l'«excusa» que cal que donem prioritat a la recuperació de cicles de quaranta dies, quatre mesos o un any de duració, component central de les activitats de la Tablighi Jamaat. Mahmood es mostra molt crític amb aquesta mena d'actituds. La important lliçó de l'experiència espanyola ensenya que els musulmans adoptaren una actitud d'equilibri respecte dels ensenyaments secular i religiós, i que miraren de contribuir al bé comú. Assenyala que, com que els estudiants musulmans «no saben què fer amb tota la llibertat de què gaudeixen al campus universitari [els seus] índexs d'abandó [...] són els més alts [de totes les comunitats] i continuen en augment».

Mahmood destaca que les disciplines més populars a la universitat són les ciències polítiques, la filosofia, les ciències econòmiques i el dret, i que els millors estudiants surten de la comunitat jueva. Es fa tot seguit la pregunta retòrica: i què, doncs, els musulmans? «No els interessa pas la política... la filosofia...? No sabem què significa la paraula "economia"...? [Quina necessitat hi ha?] Ja tinc la meva botiga a la cantonada i la meva benzinera? El dret...? Jo ja em dicto les meves pròpies normes...».

Mahmood ataca en definitiva la complaença i les minses aspiracions educatives dins de les comunitats musulmanes. Assenyala que en la societat britànica hi ha una porta oberta per a qui vulgui influir en la seva configuració futura..., però que cal comprometre's a tots els nivells, ja sigui com a directors de col·legi o com a jutges, com a professors universitaris o com a periodistes.

El títol de la xerrada del Maulana Riyadhul Haq, Fermesa en temps de fitna (sedició), suggereix tota un altre ventall d'actituds. No vol saber res de la «propaganda» segons la qual tot ha canviat des de l'11-S. Res no ha canviat en realitat. La persecució dels musulmans [...], l'enemistat, l'hostilitat, l'odi envers la ummah [...], la ridiculització i demonització de l'islam [forma] part d'una batalla constant entre haq i batil, entre veritat i falsedat, que no començà pas l'11-S, sinó que [era] present des del començament [de l'islam].

El Maulana insisteix que tot això ho prometé Al·là, com a prova per al seu poble. I cita un bon nombre de *hadith* que recolzen la idea que vindrà una època en què els homes preferiran ésser a la tomba que no pas vius; que mantenir-se ferm en la seva fe serà com agafar «brases ardents». Els musulmans «admiren bocabadats el poder destructiu dels Estats Units, la seva preponderància econòmica... la seva tecnologia [que els permet] d'espiar a tots els racons del món i [suposadament] bombardejar qualsevol lloc que se'ls passi pel cap [així com també admiren] la seva cultura del MacDonalds, el Big Mac, la moda, la música [...] la seva aparent llibertat i democràcia». Fins i tot han començat «a dubtar de la paraula d'Al·là i de la supremacia de l'islam per sobre de la resta de creences, cultures i maneres de viure». Davant de la «cega passió de revenja» del món occidental després de l'11-S, alguns musulmans han començat a canviar els seus noms i a no voler vestir d'acord amb la sunna, amb la voluntat de confondre's amb la resta de la societat. «No és només por, sinó també dubtes sobre la veritat de les promeses d'Al·là, el que senten quan veuen com els no musulmans cavalquen encamallats sobre el món».

Aquestes lamentacions continuen amb històries punyents de musulmans exemplars que aconseguiren de sobreposar-se al poder suprem de la seva època. El mateix profeta no escapà a aquestes proves de duresa en la batalla de la trinxera, sinó que vencé. Quan profetitzà que la riquesa i la glòria d'Abissínia, Roma i Pèrsia caurien sota l'islam, els incrèduls se'n rigueren. Ell no arribà a veure com s'acomplia, però s'acomplí.

Riyadhul Haq mira de tranquil·litzar els musulmans dient-los que Al·là no ha abandonat la seva *ummah*. Els ha promès que coneixeran la glòria, la llibertat i l'alliberament. De tota manera, «per desmoralitzats, dividits i presos de dubtes» que estiguin els musulmans, Al·là recompensarà la seva fermesa i la seva paciència. Cal, doncs, que els musulmans no desesperin: «La llum d'Al·là no s'extingirà. [...] La veritat i la guia d'Al·là són d'una mena que la seva religió prevaldrà per sobre de tota la resta de religions [fins i tot si] els *mushrikin* [aquells qui associen una criatura amb el Creador] la detesten».

La lacrimògena lectura de la història contemporània arriba a ser gairebé maniquea. La realitat és presentada en termes oposats binaris, i els *kuffar*, sense distinció –cap menció aquí al poble del llibre–, volen humiliar els musulmans. Una visió tan essencialista no dóna opció perquè els musulmans es comprometin de manera crítica amb la resta de la societat. És significatiu que en la seva diatriba no es distingeix integració d'assimilació, distinció que Mahmood Chandia traçava amb cura.

Un dels problemes importants a l'hora d'atreure els joves amb aptituds perquè siguin formats com a ulemes ha estat el dels baixos salaris i la manca de seguretat laboral.

Aquesta mena de retòrica pot ser contraproduent. Aquesta fou la càrrega que arrossegà un influent article del xeic Hamza Yusuf, publicat a *Q-News*, les opinions del qual tingueren un ampli ressò a la premsa nacional. Reflectint des de dintre la tradició sufí sobre les atrocitats comeses l'11-S, extreia la feble conclusió que:

«Els musulmans hem perdut l'oïda per comprendre teològicament els nostres ensenyaments, l'islam ha estat segrestat per un discurs de la ira i una retòrica de la ràbia. Hem permès que els nostres *mimbras* esdevinguin púlpits de l'amenaça des dels quals [els imams] apel·len a la ira [...] per tal d'incitar els musulmans a la rebel·lió, la qual cosa no fa més que deixar-los un sentiment amarg i desdenyós envers la gent, que en la seva major part són completament inconscients de les condicions del món musulmà, o de la opressió exercida per alguns països occidentals sobre el poble musulmà. Hem perdut les maneres perquè hem perdut la nostra teologia. Gairebé no tenim teòlegs en tot el món musulmà» [octubre 2001].

Institucions musulmanes que connecten amb la resta de la societat

El conseller musulmà de presons s'ha dirigit recentment a tres institucions per tal que imparteixin cursos per a capellà: un centre deobandi, la facultat musulmana (Muslim College) del xeic Dr. Zaki Badawi i la Fundació Islàmica de Markfield, prop de Leicester. Les dues darreres institucions han posat ja en marxa dos innovadors cursos per a la formació d'imams.

És fonamental d'estimular aquests imams joves formats a Gran Bretanya si la comunitat vol comptar amb un cos d'especialistes en religió que puguin connectar amb el jovent musulmà britànic.

El xeic Dr. Zaki Badawi, director del Muslim College de Londres, té la particularitat inusual d'haver estudiat a al-Azhar del Caire i a la Universitat de Londres. Ocupa una posició única per tal de crear cursos per a ulemes que puguin ajudar-los a desenvolupar les aptituds crítiques necessàries per tal de connectar amb el món dels titulats universitaris. El Muslim College començà a funcionar el 1987, i els seus primers llicenciats es graduaren el 1990. Imparteix les classes en anglès, i expedeix titulacions de postgrau en acord amb al-Azhar, a més de supervisar els llicenciats en lletres i doctors en filosofia del Birbeck College de la Universitat de Londres. Atreu estudiants d'Europa i de països més llunyans (sobretot de Malàisia). Pel que fa al programa d'estudis habitual –estudis alcorànics, ciències del *hadith*, shari'a, teologia, història de l'islam–, l'imparteix en un context històric crític, a més d'incloure altres assignatures com ara filosofia, religions del món, així com aptituds professionals per a imams, des d'assessorament, fins a administració de mesquites i relacions amb les autoritats civils (policia, serveis sanitaris, educatius i socials). També hi ha lloc per al diàleg interreligiós, el contacte amb líders d'altres creences i el treball en comú amb joves.

La Fundació Islàmica ha obert recentment un Institut d'Educació Superior (setembre de 2000) que ofereix titulacions de postgrau i de llicenciatura en estudis islàmics, acreditades per una universitat britànica. El seu programa de llicenciatura en lletres proposa els mòduls següents: una selecció de les assignatures fonamentals que inclouen pensament i fonts de l'islam, tendències principals del pensament musulmà, dret islàmic, pensament polític musulmà i activisme, història i economia de l'islam; i una selecció d'assignatures opcionals, com ara banca i finances de l'islam, l'islam a Europa, islam, dones i feminisme, islam i pluralisme, vida del profeta Mahoma, administració de mesquites i centres islàmics. Entre el conjunt dels seus estudiants hi ha un degoteig d'ulemes. Aquesta iniciativa, que suposa veure's exposat al pensament crític històric, és en part una resposta a dues preocupacions definides pel Dr. Ataullah Siddiqui, el responsable de la unitat interconfessional:

En la tradició islàmica, un ulema o un muftí han de tenir certs coneixements bàsics i [...] coneixença del costum (*urf*) i la «pràctica» (*adat*) de la gent on viu i treballa. [Ara bé], a Europa no tinc notícia de cap madrassa que estigui per la feina d'instruir els ulemes ni tan sols en els conceptes i les idees més bàsics de les tradicions jueva i cristiana. [...] És més, hi ha la necessitat peremptòria d'introduir les tendències intel·lectuals i culturals de la societat occidental en el programari dels seminaris musulmans.

Els musulmans, en una societat pluralista com és, en particular, la del context de la nostra època, necessiten sotmetre a nou examen la seva percepció de la gent que els envolta. La tendència a considerar tots els no musulmans com a «antagonistes» per essència de l'islam i dels musulmans, i en perpètua conspiració contra ells, cal replantejar-se-la.[14]

Resulta fàcil d'entendre per què totes dues institucions ofereixen un entorn de concòrdia per impartir cursos conjunts amb capellans cristians i musulmans. La Fundació Islàmica ha engegat ja un curs anual per a capellans musulmans, amb començament al febrer de 2003. Hi col·labora el reverend Dr. Andrew Wingate, conseller interconfessional per a la diòcesi anglicana de Leicester, i distingit teòleg i educador cristià especialitzat en qüestions interreligioses. La comissió assessora inclou tres capellans cristians dels sectors hospitalari, de presons i universitari, tres membres de la Fundació Islàmica i diversos membres de la resta de la comunitat musulmana, inclosa la Dra. Fatima Amer, educadora de la mesquita de Regent Park de Londres. Hi ha l'esperança que aquest curs, un cop establert, gaudeixi d'acreditació universitària externa.

Propostes per tal d'enfortir la posició i les aptituds dels imams

CAP AL SALARI MÍNIM I LA SEGURETAT LABORAL?

Un dels problemes importants a l'hora d'atreure els joves amb aptituds perquè siguin formats com a ulemes ha estat el dels baixos salaris i la manca de seguretat laboral. El Departament de Comerç i Indústria ha llançat una proposta que podria redreçar la qüestió. El juliol de l'any 2002, aquest departament publicà un «Document per a la discussió de l'estatut del treballador en relació amb els drets estatutaris de l'ocupació», en què s'estudiaven els punts de vista de les comunitats religioses per tal de fer una proposta que inclogués categories exemptes com ara la de «ministre de Religió». El Muslim College, la principal organització xiïta –la Fundació Al-Khoei– i el FAIR (Forum Against Islamophobia and Racism), en un comunicat conjunt del desembre de 2002, respongueren amb entusiasme a aquest suggeriment.[15] La situació actual, segons destacaven, no era gens satisfactòria:

Com que els salaris dels imams els sol pagar la comunitat, no és estrany que percebin uns ingressos per sota del salari mínim, ja que estan obligats a seguir totes les exigències d'aquesta mateixa comunitat, amb molt poques limitacions, si n'hi ha alguna. Això pot tenir com a efecte minvar la importància del paper de l'imam com a guia o com a protector dels més dèbils (com ara les dones).

Només la dependència econòmica de les comunitats a les quals serveixen els imams explica els baixos salaris, les condicions de treball precàries i poc definides i l'acomiadament injust, que sense la protecció de les lleis de l'ocupació és sovint arbitrari i promogut moltes vegades pels interessos partidistes d'algun grup en el si de la mesquita. I fins i tot quan les causes de l'acomiadament estan justificades, els processos d'acomiadament tenen lloc a porta tancada, sense transparència en les responsabilitats. [...] L'extensió de l'estatut dels treballadors als imams té, per tant, un enorme valor simbòlic, a més de pràctic [...], en normalitzar la situació dels imams amb la de la resta de personal al servei del bé públic...

> El govern pretén desenvolupar, en col·laboració amb les comunitats musulmanes, un programa d'orientació per a imams provinents de l'estranger per tal que entenguin l'anglès i les normes i els valors del conjunt de la societat.

Assenyalen que «dins del servei de presons [...], un imam gaudeix de drets d'ocupació en ferm mitjançant els acords contractuals. En conseqüència, les condicions laborals d'un imam que presta els seus serveis a la comunitat [en una mesquita] no haurien de ser diferents.» L'efecte més general hauria de ser «d'encoratjar una generació més jove d'imams formada al Regne Unit, més predisposada, per tal que ocupin plaça, des del moment que l'extensió dels drets laborals estatutaris els proporcionarà seguretat i un grau d'independència més gran respecte de les comunitats que els paguen el salari».

És fonamental d'estimular aquests imams joves formats a Gran Bretanya si la comunitat vol comptar amb un cos d'especialistes en religió que puguin connectar amb el jovent musulmà britànic. Fan notar que «els imams arrelats en les tradicions culturals ètniques i que han estat nomenats per tal de preservar la continuïtat de les seves cultures d'origen dins d'un context de *diàspora*, poden trobar moltes dificultats a l'hora de connectar amb la generació més jove, que no sent el mateix fort lligam amb una filiació cultural ètnica».

La inquietud més generalitzada entre els intel·lectuals musulmans és si els seminaris islàmics tenen els recursos intel·lectuals necessaris per connectar amb el món modern.

«I afegeixen aquestes pertinents observacions:
Tot i que hi ha molts exemples en molts llocs de pràctiques encertades i progressistes, les formes tradicionals d'ensenyament i aprenentatge memorístic característiques d'amplis sectors de l'ensenyament suplementari islàmic al Regne Unit segueixen aportant un coneixement i una comprensió molt bàsics i limitats dels valors i l'esperit veritables del saber religiós. D'aquesta manera, sense una comprensió adequada de la seva religió en relació amb les realitats de la vida quotidiana, hi ha un sector desenganyat, desil·lusionat i descontent de la joventut susceptible d'abraçar interpretacions explotadores i radicals de l'islam».

AMPLIACIÓ DEL VENTALL D'OPCIONS DE CARRERES PER ALS ULEMES

Un segon símptoma de progrés durant els últims deu anys ha estat la proliferació d'oportunitats per als imams formats a Gran Bretanya de trobar una ocupació remunerada en els sectors de l'educació, les capellanies i les organitzacions musulmanes. El Consell de Mesquites del Lancashire –i d'altres organitzacions similars– tenen places finançades per les autoritats locals per a funcionaris musulmans. Els ulemes de les aptituds dels quals parla el Dr. Mahmmod Chnadia poden començar a trobar aquí llocs adequats per als seus talents. Aquestes iniciatives són importants, perquè les mesquites que vulguin conservar els seus imams de formació britànica hauran de competir en termes econòmics i de seguretat laboral. L'organització de cursos per als capellans musulmans en col·laboració amb capellans cristians els proporcionarà la necessària comprensió i confiança per treballar amb el clergat cristià, d'acord amb els objectius de cohesió social, tan necessària en algunes ciutats amb comunitats polaritzades.

CURSOS D'ACOLLIDA PER A IMAMS PROVINENTS DE L'ESTRANGER?

Les estadístiques governamentals semblen indicar que durant els últims cinc anys han arribat a Gran Bretanya entre cent cinquanta i dos-cents imams provinents de l'estranger.[16] El govern pretén desenvolupar, en col·laboració amb les comunitats musulmanes, un programa d'orientació per a aquests nouvinguts per tal que entenguin l'anglès i les normes i els valors del conjunt de la societat. La iniciativa compta amb el suport actiu del primer ministre, Tony Blair i s'esperava que s'hagués posat en marxa cap a la tardor de 2003. Aquest curs d'orientació, de retruc, serviria per verificar el seu nivell de competència en les disciplines islàmiques i, en cas de revelar-se deficient, oferir formació en el lloc de destí. Resten per definir tant els continguts com l'emplaçament dels cursos.

Conclusió

Aquest repàs d'iniciatives dins del món de les institucions islàmiques de Gran Bretanya suggereix una imatge de contrastos. Un fet notable, en primer lloc, és l'enorme èxit de la tradició deobandi en trasplantar les seves institucions des del seu lloc d'origen cap a Gran Bretanya. Ha estat també d'una gran importància la predisposició que ha mostrat un nombre creixent dels seus alumnes d'integrar-se d'una manera positiva amb la resta de la societat: estudiar en institucions seculars i provar altres carreres i opcions que limitar-se a ser imams en una mesquita. Molts han fet també per compaginar tots dos móns.
Les iniciatives per tal de formar capellans musulmans per ésser destinats a places diverses a hospitals, presons i centres d'educació superior en el si de les institucions musulmanes com ara la Islamic Foundation

o el Muslim College, tot i que en col·laboració amb capellans cristians, ha estat una altra novetat d'importància. De moment, el nombre d'ulemes amb prou competència, interès o aptituds per relacionar-se amb altres comunitats religioses és minúscul. Aquestes iniciatives, a més de la possibilitat d'oferir un cert grau de seguretat laboral, haurien de servir per ampliar el nombre de joves disposats a continuar endavant amb la seva formació. És evident que el nombre total d'ulemes de formació britànica que han començat a integrar-se en la resta de la societat és encara petit; és més, tal com s'ha posat de manifest en els debats entre els qui he anomenat aïllacionistes i els disposats a participar en la societat britànica, la batalla no està pas guanyada d'una manera decisiva. El que és, però, important, és el fet mateix que hi hagi debat. Un indicador decisiu en el sentit que la lluita es decanta a favor dels «col·laboracionistes» fóra el pas de l'urdu a l'anglès com a llengua d'ensenyament a la madrassa deobandi. És obvi que això no s'ha esdevingut pas, encara, però alguns dels joves ulemes amb qui he parlat mostraren impaciència, i fins i tot exasperació, per la utilització de l'urdu.

El temps dirà si les propostes del govern d'oferir orientació lingüística i cultural als imams importats del sud d'Àsia es materialitzaran i s'erigiran en norma. En tot cas segueix sent una qüestió fonamental, perquè encara és causa contínua de preocupació dintre i fora de la comunitat musulmana. Fa uns deu anys, el distingit imam barelwi M. S. Raza dibuixava un quadre sinistre d'aquests mestres d'importació:

«La major part d'ells [...] palesen una manca total de coneixement de l'islam. Els seus coneixements es limiten a paràmetres sectaris [...], no saben res de la societat que els envolta. Ni saben parlar anglès, ni estan familiaritzats amb l'entorn sociopolític de la cultura britànica dominant. [...] És dogmàtic i no sap raonar».[17]

En alguns aspectes, la situació avui dia és encara pitjor. Com que el corrent sunnita, majoritari a l'islam, és per essència antijeràrquic i descentralitzat, hi ha pocs controls interns per tal de vigilar la proliferació de faccions extremistes. Al ciberespai es poden trobar els millors i el pitjors textos i comentaris musulmans, amb una multiplicitat de pàgines web que els novicis que hi naveguen cal que negociïn seguint el seu millor criteri.[18] La rigorosa anàlisi d'Ahmed Rashid sobre els talibans del Pakistan i l'Afganistan mostra la manera com sorgiren de les madrasses de tradició deobandi de la província fronterera del nord-oest del Pakistan. Escriu:

«No hi ha cap manifest islàmic talibà ni cap anàlisi erudita talibana d'història islàmica o afganesa. La seva participació en el debat islàmic radical en el món és mínima, i el seu sentit de la seva pròpia història és encara més petit. Això ha generat un obscurantisme que no deixa espai per al debat, ni tan sols entre els germans musulmans».[19]

Mentre que en la tradició deobandi han coexistit des de sempre una tendència apolítica amb una altra de política, resulta evident que el finançament saudita –juntament amb el seu puritanisme moral i el seu sectarisme salafista /wahhabi– ha contribuït en gran mesura, al Pakistan, a «un nou gènere de madrasses [deobandi], tan preocupades, si no més, per la *jihad* [guerra santa] com per la instrucció religiosa».[20] Aquesta tradició té els seus apologetes en el si d'algunes de les mesquites deobandi britàniques i probablement explica per què hi pot haver musulmans britànics lluitant a l'Afganistan a les files dels talibans.

La inquietud més generalitzada entre els intel·lectuals musulmans és si els seminaris islàmics tenen els recursos intel·lectuals necessaris per connectar amb el món modern. El que hem vist fins ara són ulemes que desenvolupen un ventall d'aptituds pastorals i interpersonals noves a l'hora de sortir de la mesquita i fer de mestres i de capellans. I també desenvolupen aptituds professionals i de gestió. Però només el temps dirà si estan preparats per a un compromís intel·lectual seriós amb la societat moderna. De moment, la seva producció característica tendeix al pamtlet, les revistes i les cintes de casset. Hi continua havent un dèficit de material de qualitat en anglès produït a Gran Bretanya per a musulmans britànics. Quan els ulemes britànics parlen de repensar la tradició, les seves observacions solen restringir-se als programes d'estudis impartits als nens a les mesquites.

El difunt professor Fazlur Rahman (mort el 1988), d'origen pakistanès i un dels erudits de tendència moderna més creadors del segle passat, es lliurà a la tasca de desenvolupar una hermenèutica centrada en l'Alcorà com a vehicle d'un humanisme islàmic. El professor Rahman sempre es mostrà escèptic respecte de la capacitat dels ulemes tradicionals per connectar amb les disciplines intel·lectuals del món modern. Els considerava representants «d'una forma de conservadorisme medieval ja extingida» i completament «incapaços de concebre tan sols en què consisteix un estudi científic i quins en són els criteris».[21] En una introducció a la seva darrera obra, publicada pòstumament l'any 2000, el seu editor descriu un panorama gairebé desesperançador de la situació amb què s'enfronten els intel·lectuals musulmans d'avui dia, cada vegada més constrets entre «zelotes i dictadures».[22]

Tanmateix, en l'haver caldria fer constar institucions com ara la Islamic Foundation i el Muslim College, veritables ponts entre els ulemes i les disciplines modernes. A més, el fet que els mestres deobandi hagin començat per voluntat pròpia a estudiar l'islam a un nivell de grau i postgrau a les universitats britàniques, s'ha de considerar una de les novetats més importants de totes. Si aquesta tendència continua, la fractura existent en el món musulmà entre els musulmans formats a les universitats modernes i els formats als seminaris islàmics podria començar a tancar-se.

Notes

1. Humayun Ansari, *Muslims in Britain*. Minority Rights Group International. Londres, 2002, pàg. 6.
2. Estic en deute amb el senyor Jonathan Birt, del Wolfson College d'Oxford, per les dades de l'estudi, que he adaptat lleugerament.
3. En una conversa recent amb el secretari general d'unes quinze mesquites a Bradford, em digué que tot i que hi havia un bon nombre d'imams que completaven el seu *hifz* a Gran Bretanya, cap d'ells no havia seguit el programa *dars-i-nizam*. Em digué també que cap no preveia la possibilitat de ser contractat per una mesquita deobandi, tot i que s'hagués format en anglès.
4. M. Saroha, *Heavenly Ornaments: Being an English Translation of Maulana Ashraf Ali Thanawi's Bahishti Zewar*. Lahore, 1981, pàg. 23.
5. La Jama'at Tabligh ha esdevingut un moviment transnacional, que porta a terme una intensa activitat missionera, sobretot en les societats en què els musulmans viuen en minoria. L'obra de referència al respecte és la de Muhammad Khalid Masud (ed.), *Travellers in Faith, Studies of the Tablighi Jama'at as a Transcontinental Islamic Movement for Faith Renewal.* (Brill. Leiden, 2000.)
6. Vegeu P. Lewis, *Islamic Britain, Religion, Politics and Identity among British Muslims*. I. B. Tauris. Londres, 2002, 2a edició.
7. F. Robinson, *The 'Ulama of Farangi Mahall and Islamic Culture in South Asia*. Orient Longman, 2001, pàg. 2.
8. *Ibíd.*, pàg. 53-54.
9. *Ibíd.*, pàg. 121.
10. Vegeu F. Rahman, *Islam & Modernity, Transformation of an Intellectual Tradition* (The University of Chicago, 1982), pp. 40-41.
11. Extret de dos articles de Y. Birt: «Drugs, Criminality and Muslims» i «True and False Masculinity», octubre i novembre de 2000, edicions Q-News (www.q-news.com).
12. Les xifres per a l'any 2002 foren d'uns sis mil musulmans presos, que contrasten amb els poc més de dos mil de l'any 1993. Això representa al voltant del 8% de tots els reclusos, tot i que els musulmans representen només entre el 2% i el 3% de la població de Gran Bretanya.
13. Aquesta mena de tasques complementàries són vitals, donats els alarmants nivells de fracàs escolar entre alguns sectors d'estudiants britànics d'origen pakistanès. A Bradford, per exemple, l'any 1999 obtingueren un cinc o més en els nivells A-C del GCSE (General Certificate of Secondary Education) el 21,8% dels alumnes d'entre 15 i 16 anys. La xifra a la mateixa ciutat comptant totes les comunitats va ser del 34%, i del 46% a tot el país. Si els discriminem per sexe, els resultats sobten més encara, amb el 16,7% per als nois i el 27,8% per a les noies. La situació nacional no és gaire millor.
14. Citat a P. Lewis, «Christian-Muslim Relations in Britain: between the Local and the Global», a A. O. Mahoney i A. Siddiqui (ed.), *Christians and Muslims in the Commonwealth, a Dynamic Role for the Future*, (Altajir World of Islamic Trust, Londres, 2001), pàg. 195.
15. Expresso la meva gratitud al senyor Yusuf al-Khoei per facilitar-me una còpia d'aquest comunicat.
16. Es tracta tan sols de xifres aproximades, ja que el Ministeri de l'Interior comptabilitza el nombre total de «ministres de Religió» per país, en lloc de dividir-los segons dels diferents creences. Són estimacions extretes de xifres del Pakistan i de Bangla Desh, amb un afegit de l'Índia.
17. M. S. Raza, *Islam in Britain: Past, Present and Future*. Leicester, 1991, pp. 32-33.

18. Vegeu Gary Bunt, *Virtually Islamic* (Lampeter, Universitat de Gal·les, 2000).
19. A. Rashid, Taliban: *Islam, Oil and the New Great Game in Central Asia* (I. B. Tauris, Londres, 2000).
20. S. Nasr, «The Rise of Sunni Militancy in Pakistan: the Changing Role of Islamism and the 'Ulama in Society and Politics», a *Modern Asian Studies*, (Cambridge University Press, 2000) 34, 139-180.
21. F. Rahman, *Islam and Modernity*, pp. 115 i 124.
22. Vegeu F. Rahman, «Revival and Reform in Islam», E. Moosa (ed.) *A Study of Islamic Fundamentalism*, Oxford, Oneworld, 2000, pàg. 28

LA FORMACIÓ DEL PERSONAL RELIGIÓS. INTENT SINTÈTIC D'ESBOSSAR LA SITUACIÓ DEL CULTE MUSULMÀ A ALEMANYA

Valérie Amiraux. Centre Universitaire de Recherches Administratives et Politiques de Picardie (CURAPP-CNRS) (França).

En aquest text presentem, a grans trets, els elements estructurals de la formació del personal religiós musulmà a Alemanya.[1] El marc global tracta els aspectes jurídics que regulen la vida pública de les diferents confessions, entre les quals hi ha l'islam. Sembla difícil abordar la qüestió de la formació dels instructors religiosos del l'islam sense ocupar-se, d'entrada, del seu estatut ni sense tenir en compte el marge de maniobra dels musulmans en el context de l'ordenament jurídic alemany. Posteriorment, l'article exposa els diferents circuits que coexisteixen avui a la República Federal i prova de donar una resposta a les necessitats en el terreny de les competències i de l'autoritat, especialment en matèria d'ensenyament religiós.

1. MARC GLOBAL

A la República Federal d'Alemanya viuen, actualment, més de 3 milions de musulmans (3.200.000 habitants), que representen el 3% de la població.[2] Per tant, l'islam és la segona religió d'Alemanya en nombre de creients. L'islam està integrat per diferents grups i nacionalitats: sunites (el 80% dels musulmans que viuen a Alemanya), xiïtes (4%), alauïtes (15%), turcs (2.300.000), bosnis (167.000), iranians (116.000), marroquins (81.000), afganesos (72.000), libanesos (54.000), iraquians (51.000), siris (24.000) i tunisians (24.000).[3] Fins ara, no s'ha apreciat cap voluntat de centralitzar la formació dels responsables de l'educació religiosa. A més, es calcula que hi ha uns 500.000 musulmans alemanys, 470.000 dels quals són d'origen turc.[4]

l'islam és la segona religió d'Alemanya en nombre de creients.

A Alemanya, la llibertat d'associació religiosa s'articula al voltant d'una doble dimensió, individual i col·lectiva, que ha d'integrar in fine l'ordenament jurídic.«L'acte religiós és de caire personal i social (...) Tota comunitat religiosa té una vida pública (...), la llibertat religiosa és la llibertat de pertànyer a una comunitat religiosa».[5] L'article 140 de la Llei Fonamental estipula la relació entre Església i Estat. El principi de separació dictamina la independència recíproca dels dos ens, i articula la neutralitat de l'Estat (l'Estat té prohibit, per mitjà de l'exercici de la seva sobirania, intervenir en el cercle de les activitats de les esglésies i altres comunitats religioses) i l'autonomia religiosa. La neutralitat de l'Estat el converteix en el garant de la igualtat de tots els individus que viuen a la República Federal, amb independència de la seva confessió, i també garanteix la neutralitat dels agents en els procediments administratius. A més, les comunitats religioses reconegudes s'autodeterminen. En matèria religiosa, l'Estat no es limita a una neutralitat de principi, sinó que delega competències. «La falta de competència de l'Estat en matèria religiosa té el reconeixement jurídic més evident en l'afirmació de la independència i de l'autonomia de les confessions religioses. De vegades, aquesta afirmació és present en les Cartes Constitucionals (com és el cas d'Alemanya, en l'article 140, el d'Itàlia, en l'article 8, o el d'Irlanda, en l'article 44); de vegades, es troba a les sentències dels tribunals constitucionals, com passa amb Hongria».[6]

En el terreny constitucional, l'article 4 de la Llei Fonamental (d'ara endavant, GG) garanteix i protegeix la llibertat de culte, de consciència i de religió.[7] A més, segons el dret constitucional alemany, les comunitats religioses (*Religionsgemeinschaften*)[8] tenen la possibilitat de dur a terme les seves activitats dins del marc del dret civil, com a societats registrades (*eingetragene Vereine*), o poden demanar la denominació de corporació de dret públic (*Körperschaft des öffentlichen Rechts*). Tot i així, la garantia i la independència religioses no tenen res a veure amb l'ús o no de les possibilitats jurídiques de reconeixement esmentades.[9] L'estatut de societat registrada (*eingetragene Vereine*) és la forma d'organització més popular entre els musulmans per a les estructures col·lectives que conformen el camp religiós de l'islam a Alemanya.[10] L'11 de setembre també va tenir conseqüències en aquest mode d'organització. Arran d'una iniciativa del ministre de l'Interior de l'època, Otto Schily, dins del marc del *Sicherheitspakete*[11], es va modificar el dret d'associació per tal que les autoritats poguessin exercir un control més estricte de les pràctiques i dels discursos que es feien, sobretot, en el si de les associacions religioses.[12] Per tant, els responsables de les associacions ja no podien invocar la llibertat religiosa (*Religionsfreiheit*) per oposar-se a la clausura de la seva organització. Des d'aquell moment, la relativa llibertat que existia en el control de les activitats amb vocació religiosa de les *eingetragene Vereine*, i que n'explicava en part l'èxit, va deixar de ser notícia.[13] A més, en el terreny de l'autoritat religiosa, la forma jurídica «associació» ha contribuït a impulsar la figura del president o del secretari general al costat de la de l'imam. Aquest fenomen és present a tots els països europeus que han patit immigració d'origen musulmà. Així, l'activitat principal i exclusiva de les associacions religioses islàmiques ja no és demanar que s'equiparin els seus líders a la figura del teòleg. Com que la mesquita és un espai més, un sector d'activitat limitat, el poder de decisió no rau gairebé mai en els imams, que tampoc no són els interlocutors dels poders públics, sinó que aquesta tasca recau normalment en els membres dels consells d'administració i en altres instàncies de les societats registrades.

De moment, cap associació musulmana amb seu a Alemanya pot satisfer totes les condicions que permeten assolir el dret a recaptar un impost religiós i obrir escoles confessionals i llocs de culte de manera totalment lliure.

En el cas alemany, és important estudiar amb atenció l'estatut particular de la corporació de dret públic. Teòricament, és obert a qualsevol confessió, incloses les més recents en el territori federal, sempre que la situació en el moment de la sol·licitud i el nombre de fidels permetin establir una garantia de durada (*Gewähr der Dauer*), que molts *Länder* fixen en trenta anys.[14] Els criteris que fan possible que una associació religiosa adopti el títol de comunitat abans d'esdevenir una corporació s'han exposat amb molta claredat (durada futura de la presència de la comunitat, estabilitat de les estructures al capdavant de l'organització, xifra de fidels, consens entre ells, etc.), però no és tan evident com s'han d'avaluar, una tasca que queda en mans dels funcionaris regionals que s'encarreguen de les qüestions religioses.[15] Fins ara, només les VIKZ poden aspirar a obtenir el reconeixement, atès que satisfan el criteri de durada. Aquest estatut dóna un seguit de competències i de prerrogatives als beneficiaris i a les institucions, que es converteixen en els intermediaris entre els poders públics i els creients. Tot això implica, per part de les associacions que aspiren a obtenir aquest estatut, una determinada capacitat per crear una burocràcia de debò, que treballi amb transparència (un altre dels criteris per aconseguir l'estatut). De moment, cap associació musulmana amb seu a Alemanya pot satisfer totes les condicions.[16] A més del dret a recaptar un impost religiós, necessari perquè els cultes assoleixin una autonomia financera, l'estatut permet que els titulars decideixin el contingut dels cursos de religió, obrin escoles confessionals i llocs de culte de manera totalment lliure o puguin tenir ministres a determinats espais públics, com ara els hospitals, les presons o l'exèrcit. L'impost religiós és un recurs fonamental: si fem cas de les xifres de 1999, suposa més del 80% del pressupost de les Esglésies catòliques i evangèliques d'Alemanya, i una xifra que va del 60% al 70% d'aquesta quantitat serveix per finançar les despeses de personal.

Tot i la manca de reconeixement com a corporació o comunitat a escala federal o regional, en alguns àmbits concrets, com ara la instrucció religiosa, algunes federacions o associacions han aconseguit presentar-se localment com a interlocutors legítims de les institucions competents.

Fa més de trenta-cinc anys que, amb els diferents governs que han passat, i més ara amb la qüestió de l'ensenyament religiós,[17] les principals associacions religioses i federacions musulmanes proven d'aconseguir sense èxit aquest títol de corporació o comunitat religiosa. No hi ha encara cap cas de reconeixement de l'islam com a corporació de dret públic.[18] El motiu adduït pels poders públics s'assembla als arguments que se senten en altres contextos europeus: als musulmans els cal una organització única, centralitzada, amb una tasca i una estructura similar a les de l'Església, que s'encarregui de la seva representació a escala federal. El món de la religió musulmana a Alemanya està integrat per molts actors diferents, en competència els uns amb els altres. Hi ha cinc federacions que sobresurten, tant pel nombre de fidels com per l'abast del teixit associatiu sobre el qual tenen influència: *Islamrat* (dominat pel col·lectiu d'associacions de l'IGMG, Islamische Gemeinschaft Milli Görüs), Zentralrat, Dinayet Isleri Türk Islam Birligi, DITIB (Departament d'afers religiosos sota l'autoritat del govern de Turquia), i Verband der Islamischen Kultuzentren (la tendència considerada mística de Süleymancilar). Totes cinc tenen una implantació local, però també funcionen a escala nacional, i fins i tot europea en alguns casos (DITIB i IGMG). A més d'aquestes organitzacions, amb més o menys autonomia, hi ha les mesquites locals, que també són uns agents importants en aquest terreny.[19] Tot i la manca de reconeixement com a corporació o comunitat a escala federal, regional o en alguns àmbits concrets, com ara la instrucció religiosa, algunes federacions o associacions han aconseguit presentar-se localment com a interlocutors legítims de les institucions competents. Per exemple, la Federació Islàmica de Berlín (Islamische Föderation Berlin) va aconseguir l'estatut de comunitat religiosa (*Religionsgemeinschaft)* el 22 de febrer de 2000, gràcies a la llei escolar del Land. Arran d'aquest reconeixement, pot proposar cursos d'instrucció religiosa a les escoles públiques de la ciutat.[20]

Si bé Alemanya comparteix amb els seus veïns europeus la cronologia i l'experiència dels moviments migratoris de mà d'obra, del tancament de fronteres, de les reunions de famílies i de les peticions de reconeixement i d'«institucionalització» dels musulmans com a interlocutors oficials, el debat públic, o millor dit l'absència de debat públic fins a la primera meitat dels anys 90, va ser una característica única del país germànic.[21] Durant els darrers tres anys, sembla com si els esdeveniments s'hagin anat encadenant fins al punt de tenir un impacte genuí en l'opinió pública sobre la urgència de trobar una resposta a tot un seguit de problemes que plantegen els musulmans, relacionats principalment amb l'ensenyament religiós a les escoles públiques. Hi ha un altre aspecte la presència del qual en els mitjans de comunicació i en el món jurídic és més i més habitual: l'ús del vel, el caràcter públic i conflictiu del qual ha anat creixent sense que els governs regional o federal hagin decidit traçar un pla de treball que reuneixi els diferents interlocutors implicats en la qüestió (tot i que hi ha excepcions, com ara Berlín). S'han multiplicat les iniciatives plantejades per les associacions i per les estructures que representen els musulmans que volen modificar la percepció de l'islam en l'opinió pública i demostrar alhora lleialtat envers el valors constitucionals. D'entre totes, en podem destacar, per exemple, la Carta Islàmica (*Islamische Charta*), redactada i cosignada per diferents associacions pertanyents a Zentralrat (tret dels centres adscrits a Süleymancilar, que se'n van deslligar l'any 2000). Els signataris, majoritàriament organitzacions islàmiques no turques, hi presentaven una llista d'una vintena de punts sobre els dilemes jurídics o polítics que afecten els musulmans que viuen a Alemanya, o que provoquen la inquietud o la por entre els membres de la societat que els acull. Aquesta Carta adopta la forma d'una sèrie de compromisos dels musulmans afiliats a Zentralrat envers les normes de dret de la República Federal. En un dels aspectes més polèmics, la compatibilitat entre la fe musulmana i la lleialtat a la Llei fonamental, la Carta afirma que un musulmà pot canviar de religió d'acord amb les disposicions de la constitució relatives a la llibertat religiosa. El punt vintè del text cita, com a prioritats, la necessitat d'oferir cursos de religió islàmica en alemany i la creació de càtedres que formin els mestres d'aquests cursos i els imams.[22]

2. LA FORMACIÓ DE QUADRES RELIGIOSOS

A diferència de la situació a la resta de països europeus esmentats en aquest volum, la formació dels imams no és un dels grans temes en les discussions públiques sobre l'islam a Alemanya. De fet, ara com ara els interlocutors semblen més amoïnats per la formació del personal que treballa als centres on s'ensenya l'islam (escoles alcoràniques, universitats, associacions islàmiques, escoles públiques) que per la formació de la gent que treballa en el si de les mesquites. Un cop més, el marc jurídic que regula l'educació brinda algunes de les claus per entendre i explicar aquest fenomen. L'article 7 de la GG estipula que l'educació religiosa és una assignatura ordinària a les escoles públiques.[23] ¿On s'han de formar els mestres que han de fer-se càrrec de l'ensenyament de l'islam, no només des d'una perspectiva històrica i filològica (*Islamkunde*), sinó també teològica?

> És força difícil separar la reflexió sobre la formació dels quadres religiosos, imams, educadors i mestres, del debat sobre l'ensenyament de la religió en el sentit més ampli i sobre quin lloc ocupa l'islam a Alemanya en el panorama jurídic.

Alguns líders musulmans consideren que aquestes dues àrees són indissociables. S'ha d'ensenyar als alumnes, musulmans o no musulmans, què és l'islam, se'ls ha de donar instrucció religiosa i s'han d'obrir escoles confessionals, però també cal vetllar per la formació dels imams i dels mestres. Determinats responsables de les associacions opinen, però, que la instrucció religiosa en el si de les escoles públiques és una responsabilitat política,[24] i la de formació del personal religiós que ha de fer la seva tasca en els llocs de culte ha de romandre en mans de les associacions. De nou, la perspectiva de l'atribució d'un estatut de corporació de dret públic esdevé la pedra angular del debat, i una de les opcions que podria resoldre tots aquests problemes, tot concedint l'autonomia a les organitzacions reconegudes.

És força difícil separar la reflexió sobre la formació dels quadres religiosos, imams, educadors i mestres, del debat sobre l'ensenyament de la religió en el sentit més ampli (i més concretament, dels continguts que s'ensenyen i de les eines pedagògiques que es fan servir) i sobre quin lloc ocupa l'islam a Alemanya en el panorama jurídic. Aquesta qüestió, però, també posa de manifest el punt delicat de les relacions amb els països d'origen, i principalment amb Turquia a través dels *Imam hatip lisesi*, escoles de formació d'imams, obertes teòricament a nois i noies (tot i que «*all such schools are de facto single sex*»[25]), i que funcionen com una alternativa al circuit escolar públic, que els permet, també, passar pels exàmens d'admissió a la universitat, com passa amb la resta d'institucions públiques, però on tenen la possibilitat de seguir una instrucció religiosa que els obrirà posteriorment les portes de les facultats de teologia.[26] La dependència envers els països d'origen pel que fa a la circulació d'imams cap a Europa no afecta només Alemanya. Tot i així es produeix, en aquest context concret, un fet peculiar: la intervenció institucionalitzada del DITIB en els moviments de personal religiós. La història és prou coneguda: l'Oficina d'Afers Religiosos (DITIB), present a Alemanya des del 1982, s'ocupa del pagament dels salaris i de la concessió de visats (per un període gairebé mai superior als 4 anys) als imams que es traslladen a aquells països europeus on hi ha un nombre important de ciutadans turcs, i principalment als Països Baixos, Alemanya i Bèlgica.[27] Si proposem fusionar en un mateix moviment les qüestions relacionades amb l'ensenyament de l'islam a l'escola pública i amb la formació dels imams, ho fem perquè aquests dos problemes, per bé que diferents, tenen a veure amb el domini de la llengua nacional (l'ensenyament de l'islam s'ha de fer en alemany, i els imams han de demostrar coneixements de la llengua del país de residència per obtenir un títol alemany), amb el coneixement de la societat (saber com viuen els alumnes que assisteixen a les escoles i que escolten les pregàries), i amb una competència adquirida en el marc d'una formació de tipus universitari, i no suposadament adquirida en el país d'origen. Sigui com sigui, la polèmica qüestió del finançament d'aquesta formació i dels límits de les sortides que ofereix continua provocant moltes reserves.

A diferència d'altres països, on la llengua que es parla en els llocs de culte és, amb més freqüència, la del país de residència, l'alemany és un idioma marginal a les mesquites de la República Federal.

Així doncs, fa prop de vint anys que es va iniciar el debat sobre l'ensenyament de l'islam en alemany a les escoles públiques, i el resultat obtingut a cada regió ha variat considerablement.[28] Per a la República Federal, la llengua és encara la pedra angular en les discussions sobre la formació i la instrucció dels musulmans.[29] A diferència d'altres països, on la llengua que es parla en els llocs de culte és, amb més freqüència, la del país de residència, l'alemany és un idioma marginal a les mesquites de la República Federal, tant en els discursos o les pregàries, com en els diferents suports (llibres, vídeos, CD-rom) que es fan servir.[30] A més, hi ha dos aspectes que dificulten encara avui la implantació d'un sistema viable: el contingut dels programes i la formació dels mestres. Els cursos alcorànics que imparteixen les associacions religioses i les mesquites són, encara avui, el mecanisme principal per ensenyar l'Alcorà a Alemanya, tret d'algunes excepcions, per exemple les regions que han aconseguit, tot i les dificultats, potenciar el diàleg i organitzar la pràctica educativa.[31] El debat sobre l'ensenyament serveix també per plantejar la qüestió de la capacitació dels mestres. Les repercussions de la presència de l'islam a Alemanya, que durant molt de temps s'han considerat una qüestió de política exterior, i més concretament les repercussions que té en l'ensenyament posen al damunt de la taula el problema de la formació i dels plans d'estudis que legitimen la tria d'un determinat professor. En la línia de les discussions que hi ha hagut a França arran de la creació d'instituts de formació d'imams, el govern federal fa anys que es demana com pot formar els mestres dels cursos de religió perquè estiguin a l'alçada de les expectatives locals i regionals. Seguint l'exemple del protestantisme i del catolicisme, la proposta de posar en funcionament un pla d'estudis que inclogui el perfeccionament de l'àrab i de la pedagogia, i destinat als joves professors musulmans, encara no ha desembocat en cap sortida viable. En el cas de Renània del Nord-Westfàlia, els mestres són emigrants llicenciats en el seu país d'origen que han seguit, però, diferents cursos en pedagogia, impartits per l'Institut de Pedagogia de Soest.[32]

Esquemàticament, les propostes relacionades amb la formació del personal religiós a Alemanya es poden dividir en dues categories, que ofereixen un ventall de solucions. La primera agrupa les iniciatives regionals, que sovint adopten la forma de càtedres de teologia/islamologia, dins o no dels plans d'estudis universitaris. La universitat d'Erlangen va contractar, l'any 2003, un teòleg turc per al departament d'islamologia (*Islamwissenschaft*). Normalment, aquestes iniciatives es duen a terme en col·laboració amb islamòlegs, especialistes de l'Orient Mitjà i, de tant en tant, amb la participació de representants d'altres confessions (diàleg interreligiós).[33] D'una manera potser més institucionalitzada en comparació amb què passa a altres parts d'Europa, les autoritats locals, i els projectes que han iniciat, influeixen decisivament en l'organització dels circuits de formació del personal religiós. Les iniciatives regionals que tenen com a objectiu la creació de programes universitaris de teologia islàmica (*islamisch-theologisch Hochschulausbildung*) giren al voltant d'una sèrie d'objectius:

La posada en marxa d'una formació religiosa d'alt nivell i de qualitat forma part, d'entrada, d'un projecte de «nacionalització» dels imams, l'objectiu del qual és invertir la tendència actual d'importació de personal (imams i religiosos) des dels països d'origen o que s'hagi format en un altre país (Egipte, Síria, Turquia). En segon lloc, vol que els fidels tinguin la possibilitat de gaudir d'un tutor que conegui la realitat de la societat alemanya (pràctica de la llengua, coneixement i reconeixement dels principis d'organització social, política i jurídica de la República Federal).

Finalment, aquests programes volen convertir-se en una eina per resoldre l'equació insoluble de la munió de corrents de pensament i de la representació de les minories en el si de la minoria (donar resposta, per exemple, a les peticions dels alauïtes), i introduir la discussió crítica en les modalitats pedagògiques de pensament.

La funció d'aquesta càtedra ha de ser desenvolupar una teologia islàmica que respecti les condicions de les societats occidentals i que respongui a les preguntes que es plantegen els musulmans que viuen en aquestes societats.

Alemanya disposa de càtedres d'islamologia, i hi ha en algunes facultats estudis de ciència de les religions i programes de ciència de l'educació que inclouen un apartat dedicat a la religió (i per tant, també a l'islam). Des d'aquest punt de vista, la creació de càtedres de teologia islàmica forma part d'un nivell superior de competències en matèria de dret islàmic i d'exegesi, relacionat amb les estructures existents. En molts *Länder*, aquestes reflexions han estat plantejades directament pels grups de treball interreligiós, que es van crear coincidint amb els treballs preparatoris per a la posada en marxa dels cursos d'instrucció religiosa a les escoles públiques. El marc triat sembla inspirar-se en les càtedres de teologia de la resta de confessions, i té com a objectiu crear instituts amb càtedres de Teologia Islàmica en el si de les universitats de l'Estat.[34] A Hamburg, les discussions s'han centrat en el projecte de creació d'una càtedra de Teologia Islàmica (i no pas d'Islamologia, *Islamwissenschaft)*. Fa uns anys, el funcionari responsable dels estrangers *(Ausländerbeauftragte)* i un grup de teòlegs es van manifestar a favor de la creació d'una acadèmia de les religions del món. Tot partint d'aquest marc, una comissió de ciències de l'educació, de teologia evangèlica i d'orientalisme (*Komission der Fachbereiche Erizehungswissenschaft, Evangelische Theologie und Orientalistik*) va redactar un llistat de greuges i una relació de les tasques de què s'hauria d'ocupar el futur titular de la càtedra de Teologia Islàmica: la seva creació respon, fonamentalment, a la necessitat de compensar la manca de competència dels islamòlegs en qüestions de teologia. La funció d'aquesta càtedra ha de ser desenvolupar una teologia islàmica que respecti les condicions de les societats occidentals i que respongui a les preguntes que es plantegen els musulmans que viuen en aquestes societats. La càtedra ha d'oferir una formació equivalent al títol de màster[35] i, posteriorment, ha de fer possible la formació de teòlegs de tots dos sexes: «La missió prioritària de la càtedra ha de ser la formació científicament adequada dels teòlegs i de les teòlogues islàmiques (per exemple, dels imams)».[36] A Berlín, és a punt d'acabar un projecte similar. La Humboldt Universität podrà acollir, d'aquí a ben poc, un o dos professors en una càtedra de Teologia Islàmica, que gaudirà del suport econòmic parcial del DITIB.

La segona categoria de propostes congrega les iniciatives de les organitzacions islàmiques, tant associacions com federacions, que no han passat pels circuits institucionals oficials i que volen crear programes de formació interns, i en alguns casos exclusius per als seus membres. Diverses organitzacions han començat programes de formació religiosa. En el cas de les associacions i federacions turques, la idea que hi ha darrere d'aquests programes és reaccionar contra el control que exerceix el DITIB en la selecció dels imams autoritzats per fer la seva tasca a Alemanya. Els exemples que presentem a continuació no són, evidentment, una llista exhaustiva, sinó una selecció de casos representatius d'aquestes iniciatives allunyades de la tutela de les institucions. L'Acadèmia Islàmica (islamische Akademie), inaugurada la primavera del 1998, i el centre de formació de personal religiós gestionat pel VIKZ (Verband der Islamischen Kulturzentren) són organitzacions de vocació essencialment interna. Les Süleymancilar han posat en marxa un programa de formació de *Hoca*, educadors religiosos amb vocació interior.[37] Després de superar els cinc graus que marquen la formació a l'escola alcorànica dels VIKZ,[38] cal fer dos anys més d'escolarització per aconseguir un diploma (*Igazza*), que permet completar els estudis cursant un darrer any a Turquia. En la seva obra, Gerdien Jonker explica que la concentració de cursos i la curta durada del programa es deu a la voluntat de rendibilitzar el temps i mantenir com més baixos millor els costos de tota l'estructura: els continguts que s'expliquen als futurs educadors només versen sobre els punts essencials per dur a terme la seva tasca. La majoria de cursos tenen un contingut fonamentalment lingüístic: el treball amb el text alcorànic és la base per perfeccionar els coneixements de gramàtica àrab. Les noies (cada vegada més nombroses) i els joves (la xifra dels quals ha disminuït en termes proporcionals) que ingressen en aquest circuit de formació passen a formar part, posteriorment, del cos d'educadors i de *hocas* de les mesquites i dels centres associats al VIKZ.

Podem citar més exemples ubicats en altres regions. L'Institut für islamische Bildung, e. V., fundat l'any 1997 a Hamburg, proposa quatre estudis dins d'un departament més gran de ciències islàmiques, i ofereix un diploma de Teologia Islàmica adreçat als mestres. Les classes es fan entre les 16h i les 21h cada dia de la setmana, i cal cursar 10 semestres (5 anys) per obtenir el diploma. A Hessen, Islamische Religionsgemeinschaft Hessen (IRH), creat també l'any 1997 i amb seu a Frankfurt, ha dut a terme una xifra considerable d'iniciatives en el terreny de l'ensenyament, i ha fundat, recentment, un Islamologisches Institut e. V. a Wiesbaden.

La majoria de cursos tenen un contingut fonamentalment lingüístic: el treball amb el text alcorànic és la base per perfeccionar els coneixements de gramàtica àrab.

L'Islamologisches Institut e. V. es presenta com el primer institut que ofereix una formació, en llengua alemanya, en islamologia («Deutschprachige Ausbildung in Islamologie»), en filosofia islàmica i en el diàleg entre religions. L'institut també genera materials pedagògics per a l'ensenyament de l'islam a les escoles públiques. Els programes de l'Institut van adreçats a professors, educadors, treballadors socials, religiosos (d'hospitals o de presons) i a persones «actives en el terreny de l'islam», afirma el fulletó. Amir M. A. Zaidan, el director, va passar 4 anys a l'Institut Europeu de Ciències Socials de Chateau Chinon.[39] Els cursos s'imparteixen els caps de setmana (8 hores de classe cada dia). La formació inclou tres seminaris de 6 mesos cadascun, i el preu de cada semestre és de 320 euros. Els cursos es poden fer a Frankfurt, Berlín o Munic. En el cas de Berlín, se celebren en els locals de l'escola islàmica de la Boppstrasse, molt a prop de la Islamische Föderation Berlin. A més d'aquestes institucions, encara podem esmentar l'islamisches Zentrum, d'Hamburg, que acull des del 1992 conferències i seminaris i publica una revista (*Al Fadschr*). Els seus responsables afirmen que tenen una doble tasca, atès que s'adrecen a diversos grups de públic: pel que fa a la societat alemanya, tenen el deure d'informar i d'instruir; pel que fa als musulmans, han de propagar l'islam a través del coneixement, i han de respondre a preguntes de caire quotidià, que no es refereixen només a les pràctiques, sinó també a decisions més personals.

CONCLUSIÓ

La qüestió de la formació dels imams pertany a diferents àmbits d'actuació. El fet que sigui un tema d'actualitat arreu d'Europa no és res més que el reflex de tota una sèrie de canvis en el terreny de la demografia i de trastorns sociològics que fan que variïn les prioritats dels poders públics i de la població musulmana directament implicada en qüestions de competència i d'autoritat religiosa. La formació dels imams planteja, d'entrada, quina és la seva funció en el context europeu. El seu rol està molt delimitat en el terreny religiós i en l'àmbit de les mesquites, els consells d'administració (*Vorstand*) de les quals controlen la seva designació i els destins que se'ls atorguen, però també el podem comparar amb els d'un mediador social en el cas de les mesquites de barri independents, on una implantació local especialment sensible fa que la seva familiaritat amb el territori i el seu ascendent espiritual sobre els fidels siguin uns recursos coneguts per les autoritats locals i que no dubten a fer servir.

La formació dels imams «al país» respon, en segona instància, a un seguit d'aspectes que podem considerar relacionats amb la seguretat. La política d'indiferència i de desconeixement de les necessitats de la població musulmana ha fet que sorgeixi en el si de les associacions islàmiques una estratègia pragmàtica que aspira a desmarcar-se de les autoritats dels països d'origen (i això és així, sobretot, en el cas de Turquia i els intents de control per part del DITIB dels circuits d'entrada d'imams en territori alemany a través d'una política molt restrictiva de concessió de visats) i a garantir la no intervenció de l'administració alemanya en els afers interns de les associacions. Donar validesa a una formació del personal religiós *made in Germany* ens porta a discutir l'estatut d'aquests ministres del culte (protecció social, remuneració, formació acadèmica), per tal d'acabar amb la imatge pública de l'imam com una persona que no parla una paraula d'alemany, que continua adreçant-se als creients com si aquests no haguessin sortit encara de la terra dels seus avantpassats i que predica el radicalisme i la politització de l'islam.

Donar validesa a una formació del personal religiós *made in Germany* ens porta a discutir l'estatut d'aquests ministres del culte, per tal d'acabar amb la imatge pública de l'imam com una persona que no parla alemany i que predica el radicalisme i la politització de l'islam.

Entre la qüestió del control i la de la defensa dels interessos d'una comunitat de creients, la discussió sobre la formació dels imams té molts punts en comú amb les repercussions que pot tenir concedir l'estatut de corporació de dret públic i amb el reconeixement de l'islam (o d'una federació d'institucions) com a comunitat religiosa. Tot i que la forma canvia, el fons no. Tot i així, sembla que la intensitat del debat no és la mateixa a Alemanya, a França o als Països Baixos. Potser el recurs sistemàtic a especialistes (islamòlegs, especialistes en l'Orient Mitjà o en l'islam a Alemanya) o a responsables de les associacions perquè es manifestin públicament (en els mitjans de comunicació) quan l'actualitat així ho demana ja és un element de resposta que permet explicar aquesta diferència. ¿L'imam és realment un personatge públic amb la missió de representar l'islam si les circumstàncies ho demanen? ¿No és, més aviat, una «figura en l'ombra», confinada en un segon terme, la feina del qual transcorre únicament dins de les fronteres de la mesquita, on només poden accedir els creients i poquíssims investigadors? El desconeixement de la llengua alemanya només explica parcialment la seva absència dels escenaris mediàtics. Com hem provat de fer ràpidament amb aquest text, l'anàlisi dels elements jurídics que regeixen la vida pública de les religions permet ubicar per on passa el debat públic i fer una llista de les prioritats de cadascun dels diferents actors que intervenen en la qüestió de la presència duradora de l'islam a Alemanya. En aquest sentit, la formació dels imams és més una realitat pertinent que un gran problema.

Notes

1. Vull agrair a Gerdien Jonker la lectura atenta que ha fet de la primera versió del text i la valuosa informació que hi ha aportat.
2. La imprecisió estadística és una constant en la situació de l'islam a Alemanya que s'explica, en part, perquè, com que no és una societat de dret públic ni una comunitat religiosa, l'islam consta en els qüestionaris del cens sota l'epígraf «altres» de la part dedicada a les dades confessionals. Les xifres que donem provenen de Felice Dassetto, Brigitte Maréchal i Jorgen Nielsen (eds.), *Convergences musulmanes. Aspects contemporains de l'islam dans l'Europe élargie*, Louvain-la-Neuve, 2001, p. 17.
3. Aquestes xifres per nacionalitat provenen de Faruk Sen i Hayrettin Aydin, *Islam in Deutschland*, Beck, Munic, 2002, p. 15.
4. Aquesta xifra es refereix a la situació a finals de 2000. *Ibíd.*
5. R. Minnerath, «La spécificité de la liberté religieuse par rapport aux autres libertés d'esprit», *Conscience et Liberté*, 1990, núm. 40, p. 17, citat a Geneviève Koubi, «Droit et religions: dérives ou inconséquences de la logique de conciliation», *Revue du droit public et de la science politique en France et à l'étranger*, 3, juny de 1992, pp. 725-748, p. 739.
6. S. Ferrari, «État, religion, islam», a Dassetto, Maréchal, Nielsen, op. cit., pp. 59-76.
7. Hi ha un bon nombre de disposicions constitucionals que protegeixen els individus de qualsevol mena de discriminació religiosa (GG, art. 3.3; art. 33.3; art. 116.2).
8. El dret alemany parla indistintament de comunitats religioses (*Religionsgemeinschaften*) i de societats religioses (*Religionsg esellschaften*). El primer terme és més contemporani, i se'n va sistematitzar l'ús a partir de 1945.
9. En aquest sentit, vegeu els treballs de Hermann Weber i, sobretot, el seu article de síntesi «Muslimische Gemeinschaften als Körperschaften des öffentlichen rechst unter dem Grundgesetz», a Janbernd Oebbecke (ed.), *Muslimische Gemeinschaften im deutschen Recht*, Frankfurt, Peter Lang, 2003, pp. 85-108.
10. Es calcula que hi ha unes 2.200 mesquites declarades en el conjunt del territori federal. La xifra prové de Faruk Sen i Hayrettin Aydin, op. cit., p. 35.
11. El conjunt de mesures que es van promulgar arran de l'11 de Setembre i que estaven relacionades amb els arxius de la seguretat interior. Moltes propostes estaven directament vinculades amb la gent d'origen estranger que vivia a Alemanya, especialment pel que fa a la concessió de visats, fins i tot per estades curtes.
12. *Der Tagesspiegel*, 27 d'octubre de 2001.
13. Cal afegir a tot això que moltes associacions islàmiques disposen de recursos i de competències jurídiques que els per-

meten controlar què es diu i què escriuen sobre elles. Un bon exemple d'aquesta evolució és l'estreta vigilància que practica la Federació Islàmica de Berlín (Islamische Föderation Berlin), que no dubta a portar a judici tothom, ja sigui escriptor, investigador o periodista, que esmenti un presumpte vincle entre aquesta associació i l'IGMH (Islamische Gemeinschaft Milli Görüs) sense aportar cap prova verificada.

14. Sobre les diferents opinions i la jurisprudència relativa a la concessió de l'estatut de corporació, vegeu l'article de Hermann Weber, *op. cit.*

15. La xifra d'afiliats no és unànime, sinó que pot ser negociable en cada cas.

16. Per a una lectura exhaustiva de l'abast del reconeixement com a corporació de dret públic, vegeu G. Jonker, «What is Other about Other Religions? The Islamic Communities in Berlin between Integration and Segregation», *Cultural Dynamics*, vol. 12, núm. 3, novembre de 2000, pp. 311-329.

17. El cas austríac, en què l'Estat va reconèixer l'islam com a comunitat religiosa, formalment l'any 1912, i més concretament l'any 1979, és un punt interessant per a les comparances. Aquest reconeixement ha permès que la Islamische Glaubensgemeinschaft in Österreich, l'únic interlocutor reconegut pels poders públics, tingui una autonomia total en matèria d'ensenyament religiós a les escoles publiques (una realitat des del 1982), en els manuals i en els suports pedagògics que es fan servir, a l'hora de triar el personal docent i de formar-lo. Dels 70.000 alumnes musulmans escolaritzats a Àustria, 40.000 segueixen els cursos de religió islàmica, amb dues sessions setmanals de dues hores.

18. Per a més informació sobre aquest aspecte, vegeu *Islam in Deutschland*, «Der Islam in Deutschland», FET 4/2001. Sobre la decisió de Berlín (VG 27.A 254.01), vegeu J. Rux, «Islamischer Religionsunterricht an deutschen Schulen. Zur Entscheidung des OVG Berlin vom 4.11.98 (7 B 4.98)», *Bildung und Wissenschaft*, febrer de 1999, pp. 32-33.

19. Sobre les posicions contradictòries dels diferents agents i sobre la noció de terreny aplicada a l'islam a Alemanya, vegeu Gerdien Jonker, «Konsensbildung und Beschlussfassung: Im Kräftefeld islamischer Interesen in der Bundersrepublik», a Janbernd Oebeckke (ed.), op. cit., pp. 27-50.

20. Valérie Amiraux, «Expériences de l'altérité religieuse en Allemagne: islam et espace public», Revue du CEMOTI, 2002, gener-juny, núm. 33, pp. 127-146.

21. Valérie Amiraux, *Acteurs de l'islam entre Allemagne et Turquie*, París, L'Harmattan, 2001.

22. «Einrichtung von Lehrstühlen zur akademischen Ausbildung islamischer Religionslehrer und Vorbeter (Imame)». *Islamische Charta. Grundsatzerklärung des Zentralrats der Muslime in Deutschland (ZMD) zur Beziehung der Mulsime zum Staat un zur Gesellschaft*, 20 de febrer de 2001 [«sobre la previsió de càtedres per a la formació universitària de professors de religió islàmica i imams». Carta Islàmica. Declaració de principis del Consell Superior dels Musulmans d'Alemanya (ZMD) sobre les relacions dels musulmans amb l'Estat i la societat] (disponible a www.islam.de).

23. Tret d'alguns Länder, com ara Berlín.

24. La xifra d'alumnes musulmans escolaritzats a les escoles alemanyes oscil·la entre els 540.000 i els 700.000, quantitat que s'obté de les estimacions que hi ha a Faruk Sen i Hayrettin Aydin, op. cit., p. 15, Rolf Schieder, *Wieviel Religion verträgt Deutschland?*, Frankfurt, Suhrkamp, 2001, i Anrfrid Schenk, «So macht's der Nachbar», Die Zeit, 2004, 48.

25. Feride Acar i Ayse Ayata, «Discipline, Success and Stability: the Reproduction of Gender and Class in Turkish Secondary Education», a Denis Kandiyoti i Ayse Saktanber (eds.), *Fragments of Culture. The Everyday of Modern Turkey*, Londres, I. B. Tauris, 2002, pp. 90-111.

26. Els primers departaments de Teologia que es van obrir a les universitats de Turquia daten del 1950. Vegeu, per exemple, Xavier Jacob, *L'enseignement religieux dans la Turquie moderne*, Berlín, Claus Schwarz Verlag, 1982.

27. Segons les estimacions de l'any 2002, el DITIB té uns 480 empleats.

28. El fragment dedicat a aquesta qüestió en l'obra de Bassam Tibi, *Der Islam und Deutschland. Muslime in Deutschland*, Stuttgart, DVA, 2000, pp. 34-41, és un exemple perfecte de les tensions i de les dimensions de la forta polèmica que suscita.

29. L'educació és una prerrogativa nacional, tot i que és dins dels principis estipulats per la Llei Fonamental. L'ensenyament de la religió *(Religionsunterricht)* depèn de cada regió, i no hi ha cap norma federal d'aplicació general. Així, cada Land pot determinar com s'impartiran aquests estudis, i crear un marc institucional diferent. L'atribució de la responsabilitat pels materials que es faran servir en l'ensenyament religiós també varia d'un Land a un altre. A Baviera, l'ensenyament es fa en la llengua dita de partida (per bé que quasi tot el material pedagògic s'importa de Turquia), i a Baden-Wurtemberg, de l'organització i del contingut dels cursos s'ocupa el consolat turc.

30. Klaus Kreitmeir, *Allahs Deutsche Kinder. Mulsime Zwischen Fundamentalismus und Integration*, Munic, Pattloch Verlag, 2002.

31. És així com han sorgit dos projectes que competeixen entre ells. El primer té el suport del Zentralat der Muslime in Deutschland (ZMD), i el segon és una iniciativa de l'Institut für Pädagogik und Didaktik (IPD), de Colònia. Vegeu els treballs d'Irka Mohr, i sobretot el treball de síntesi en anglès «Self-Positioning and Islamic Instruction in Germany», ISIM Newsletter, núm. 9, 2002, p. 29, que analitza minuciosament els elements que diferencien els dos programes, especialment en l'exposició pedagògica de la noció de Déu, de comunitat de creients (Umma), la relació entre les fonts religioses, etc.

32. La ciutat d'Osnabrück ha decidit emprendre un camí original tot organitzant la col·laboració entre instituts turcs i alemanys de formació de professorat. Els futurs mestres han de continuar els estudis a Alemanya, fins a graduar-se en un màster, després d'haver cursat el batxillerat a Turquia, i s'han de comprometre a treballar a Alemanya. A Frankfurt, des del febrer de 2001, un institut islamològic *(Islamologisches Institut e. V.)* imparteix un curs accelerat (d'uns mesos) d'alemany per a musulmans que treballen com a educadors, infermeres, mestres de religió o religiosos a les presons. «Islam auf dem Studenplan», *Ausländer in Deutschland*, 4/2001, 15/12/02.

33. A Münster es va crear un Centre d'Estudis Religiosos amb tres departaments (judaisme, ortodòxia i Islam). El procés de selecció per a la càtedra d'Islam encara no ha acabat, i hi ha tres candidats en disputa des del juliol de 2003.

34. Ursula Neumann (ed.), *Islamische Theologie. Internationale Beiträge zur Hamburger Debatte*, Hamburg, ed. Körber Stiftung (Im Dialog), 2002, p. 13 (prefaci).
35. Nasr Abu Zayd proposa, per exemple, crear plans d'estudis de teologia islámica amb una durada de tres cursos. El primer s'ocuparia de la història de la teologia islámica, des dels seus inicis fins a la creació de les escoles teològiques (tot posant l'accent en les Imama, Dajbr, 'Ilm al-Kalam). El segon presentaria les escoles de teologia (Mu'tazila, Matridiyya, Murdji'a...) i els seus principis hermenèutics. El tercer curs s'encarregaria de mostrar els vincles entre les escoles de teologia islámica, les disciplines que la composen i la filologia, la teoria de la literatura o la retòrica, per exemple. Nasr Abu Zayd, «Vorschläge zur Entwicklung einer dialogue-orientierten islamischen Theologie», a *Islamische Theologie. Internationale Beiträge zur Hamburger Debatte*, Hamburg, Körber Stiftung, pp. 81-88.
36. Komission der Fachbereiche Erziehungswissenschaft, Evangelische Theologie und Orientalistik, «Profil für eine Professur 'Islamische Theologie' an der Universität Hamburg», a *Islamische Theologie. Internationale Beiträge zur Hamburger Debatte*, Hamburg, Körber Stiftung, 2002, pp. 28-33, p. 32.
37. Per a un estudi etnogràfic recent i exhaustiu del moviment i de les inversions que ha fet en el terreny de l'educació, vegeu l'excel·lent obra de Gerdien Jonker, *Eine Wellenläge zu Gott. Der Verband der Islamischen Kulturzentren in Europe*, Bielefeld, Transcript, 2002.
38. El nivell *Vorstufe*, i els nivells 1 a 3 corresponen a l'escola alcoránica a Europa, és a dir, a una introducció fonética a l'àrab, una primera presa de contacte amb la gramática i una introducció als aspectes fonamentals de la religió (història, pràctiques i ritus).
39. Sobre aquesta institució, vegeu la contribució de Franck Frégosi en aquest mateix volum.

QUI CONTROLA ELS IMAMS ALS PAÏSOS BAIXOS? DEBATS PÚBLICS, POLÍTIQUES GOVERNAMENTALS I RECLAMACIONS DELS MUSULMANS

Nico Landman. Utrecht University (Països Baixos).

1. INTRODUCCIÓ

En una publicació holandesa d'ara fa uns anys, aparegué un anunci d'una organització musulmana que buscava un imam. D'acord amb els termes de l'anunci, es requerien les aptituds següents: 1) posseir una titulació de la Universitat al-Azhar del Caire; 2) dominar amb fluïdesa el turc, l'àrab i l'anglès; 3) tenir entre vint-i-cinc i trenta anys d'edat. (Boender 1998, pàgina principal). La transcripció del nom d'Azhar (Ezher) feia pensar que l'organització en qüestió devia d'ésser turca, però allò que sobta més en l'anunci és l'acurada enumeració dels requisits. Per què havia de ser un imam que hagués estudiat precisament a la Universitat al-Azhar? Per què no podia tenir menys de vint-i-cinc anys, ni més de trenta? Quina necessitat hi havia que parlés amb fluïdesa l'anglès, quan amb la seva audiència hauria d'entendre's, amb tota probabilitat, en turc o en holandès? La resposta més versemblant és que la finalitat de l'anunci no era pas trobar un imam idoni per als parroquians de la mes-quita. En realitat, l'organització comptava ja amb un imam les aptituds del qual s'ajustaven a la perfecció amb les que apareixien a l'anunci: es tractava d'un jove turc que havia estudiat a Egipte. Aleshores, per què calia posar un anunci? A causa de les reglamentacions de les autoritats holandeses, que miren de restringir a les organitzacions musulmanes les possibilitats de reclutar imams a l'estranger. Un dels instruments de restricció de possibilitats en aquest sentit és la norma general segons la qual els patrons que volen obtenir el permís de residència i de treball per a un treballador estranger han de provar que a Holanda no han pogut trobar candidats qualificats per a la feina en qüestió. I aquesta norma general s'aplica de manera creixent en el cas d'imams estrangers. Una organització al servei per a mesquites que vulgui contractar un imam procedent de l'estranger només obtindrà el permís de residència i de treball després que pugui adduir intents documentats, i frustrats, de trobar un candidat adient als Països Baixos. És per això que el missatge de l'anunci sembla dirigit més aviat a les autoritats que han de facilitar el permís de treball, més que no pas a un hipotètic lector del diari que, accidentalment, resultés ser un imam d'edat compresa entre els vint-i-cinc i els trenta anys, graduat a al-Azhar i amb un bon nivell de fluïdesa d'àrab, turc i anglès.

> Les polítiques governamentals i els debats públics sobre els imams giren al voltant de la inquietud que generen les influències, suposadament negatives, dels imams conservadors en la integració dels grups musulmans d'immigrants.

L'anunci és mostra d'una certa tensió existent, d'una banda, entre les polítiques governamentals i l'opinió pública i, de l'altra, entre aquelles mateixes polítiques i les de les organitzacions musulmanes establertes. Les polítiques governamentals i els debats públics sobre els imams giren al voltant de la inquietud que generen les influències, suposadament negatives, dels imams conservadors en la integració dels grups musulmans d'immigrants. Per la seva banda, a les organitzacions musulmanes establertes els preocupa la seva pròpia autonomia, i es malfien de les intervencions de la legislació en la seva vida religiosa. El present article es proposa d'explorar aquesta tensió tot abordant, en primer lloc, els principals temes de discussió en els debats públics de la societat holandesa en relació amb els imams, i, a continuació, descrivint la manera en què les organitzacions musulmanes busquen i troben als Països Baixos el seu personal religiós. En tercer lloc, em referiré a un cert nombre d'iniciatives recents dutes a terme des de la banda dels musulmans, tant per part de particulars com d'organitzacions noves, per tal de construir un pont que pugui salvar la distància que sembla que hi ha entre tots dos bàndols.

2. POLÍTIQUES GOVERNAMENTALS I DEBATS PÚBLICS

Els últims anys, el paper que representen els imams ha esdevingut tema d'encesos debats en la vida política holandesa. Aquesta atenció per part de l'opinió pública ha estat motivada en gran mesura per una sèrie d'incidents que han tingut una gran repercussió en els mitjans de comunicació. El primer d'aquests incidents, l'afer El-Moumni, va tenir lloc al començament de l'any 2001, com a conseqüència d'una entrevista televisiva amb l'imam de la principal mesquita marroquina de Rotterdam, entrevista en la qual l'esmentat imam condemnà els homosexuals, així com la decisió de les autoritats holandeses de permetre el matrimonis entre persones del mateix sexe. L'homosexualitat,[1] proclamà l'imam, era una malaltia contagiosa que no amenaçava només la comunitat musulmana, sinó tota la societat holandesa en conjunt. La difusió d'aquestes manifestacions provocà reaccions enfurismades entre les organitzacions gais, i se seguiren diversos intents infructuosos d'emprendre accions legals contra l'imam per discriminació i incitació a l'odi contra el col·lectiu homosexual.[2] L'afer El-Moumni portà a un enfrontament cultural entre els grups liberals dominants a la societat holandesa i les comunitats musulmanes. Des del punt de vista dels liberals, les llibertats individuals per les quals havien lluitat durant la dècada dels anys seixanta es veien ara amenaçades pel conservadurisme religiós. Per la seva banda, molts musulmans tenien el sentiment que no se'ls permetia expressar les seves opinions religioses, i des del seu punt de vista, l'imam entrevistat, més que oferir el seu parer personal, s'havia limitat a exposar la postura de l'islam envers l'homosexualitat. Tanmateix, als ulls del públic, l'imam El-Moumni s'havia convertit en una icona dels imams tradicionals, conservadors i intolerants. (Sobre les idees d'El-Moumni es pot consultar Tahtah i Van Koningsveld, 1998.)

La figura del líder populista de dretes Pim Fortuyn assenyalà un canvi en les actituds dels holandesos pel que fa a la multiculturalitat social i, més concretament, envers l'islam.

Una polarització similar del debat públic tingué lloc després de l'emissió televisiva d'un documental centrat en un nombre limitat d'imams, els quals eren presentats al públic com a integrants d'un grup radical de predicadors islàmics de les ciutats holandeses d'Amsterdam, La Haia i Tilburg. L'any 2002 es van enregistrar en secret una sèrie de sermons i pregàries: en les pregàries, aquests imams demanaven a Déu que enviés un càstig diví a Bush, Sharon i les seves administracions malignes; i en els sermons, instaven els pares musulmans per tal que prohibissin les seves filles treballar com a caixeres als supermercats, on restaven exposades a les mirades de tothom.[3] Com en el cas de l'afer El-Moumni, l'emissió del programa suscità protestes clamoroses per part de diversos sectors públics, i les autoritats locals respongueren requerint la presència dels representants de les mesquites per tal d'explicar-los que aquesta mena de manifestacions per part dels imams no eren acceptables.

Ja l'any 1983, una comissió d'assessorament considerà necessària la formació local dels imams, atès que els imams estrangers que oficiaven a les mesquites no estaven preparats per desenvolupar les seves tasques en una societat secularitzada com l'occidental.

La resposta a aquests incidents cal entendre-la en part dins del marc més ampli del desenvolupament de la política holandesa posterior a l'11 de setembre de 2001, prou conegut internacionalment: l'ascens d'un partit populista de dretes liderat per Pim Fortuyn, que promogué, entre altres coses, sentiments antiislàmics entre la ciutadania holandesa. Tot i el sobtat final de la carrera política de Pim Fortuyn, que fou assassinat el 6 de maig de 2002, la seva figura assenyalà un canvi en les actituds dels holandesos pel que fa a la multiculturalitat social i, més concretament, envers l'islam. Al començament de l'any 2003, el seu partit havia perdut la major part del seu electorat a causa d'un lideratge incompetent i de les lluites internes, per bé que Pim Fortuyn ha tingut un efecte més durador en la política holandesa, ja que alguns elements del seu estil i dels seus punts de vista ressorgeixen ara en el si dels partits majoritaris. El multiculturalisme holandès s'ha vist sotmès a fortes pressions. Tant l'opinió pública com els partits polítics han adquirit una consciència més gran de les diferències culturals i s'han anat mostrant cada cop menys disposats a acceptar-les. La immigració i la integració han esdevingut temes cabdals en la política holandesa. Entre les moltes propostes per tal de millorar la integració, entesa ara com a assimilació, dels immigrants, algunes se centren en el paper que representen els líders religiosos, els imams.

En relació amb els imams radicals del documental de televisió, l'opinió del partit de Pim Fortuyn era ben clara: calia declarar-los *personae non gratae*. Altres formacions polítiques, en particular el Partit Liberal, van defensar una política d'immigració més restrictiva per als imams nous, així com l'establiment als Països Baixos d'una institució per a la instrucció d'imams.

Tot i que les discussions al voltant dels imams han merescut atenció renovada els últims anys, els arguments utilitzats no són nous. Més aviat són la reproducció dels vells debats sobre la posició dels imams estrangers al país. Durant la dècada dels anys vuitanta, el Ministeri de Justícia intentà restringir l'admissió d'imams estrangers als Països Baixos mitjançant una normativa que els obligava a sol·licitar el permís de residència en l'ambaixada holandesa del seu país d'origen. Aquesta mesura anava destinada a evitar que poguessin entrar als Països Baixos elements pertorbadors potencialment generadors de conflictes, però se la va criticar per considerar-la una intervenció inconstitucional de l'Estat en els assumptes interns de les organitzacions religioses. (Landman 1992, 74; Den Dekker-Van Bijsterveld 1988, 1092.) Una altra qüestió suscitada durant la dècada dels vuitanta fou l'estatut legal dels imams en la legislació social holandesa. Era la seva situació similar a la dels empleats de les empreses comercials, o més aviat a la dels ministres de l'Església? Si es tractava del primer cas, la seva posició social quedava emparada per la llei, la qual cosa suposava que a un imam no se'l podia, per exemple, acomiadar arbitràriament. En el segon cas, en canvi, la seva posició social dependria per complet de les normatives internes vigents en una comunitat religiosa. La jurisprudència en aquesta matèria havia portat a la conclusió que l'imam tenia la condició d'un ministre de l'Església, però que fins i tot en aquesta situació podia ser beneficiari d'una certa protecció per part de la legislació social holandesa (Shadid i Van Koningsveld, 1999).

Durant els anys noranta, però, el centre dels debats al voltant dels imams s'havia desplaçat cap a la qüestió de preparar els dirigents religiosos de la comunitat musulmana des d'una perspectiva local, preferiblement a importar-los dels seus països d'origen.

La formació d'imams als Països Baixos

Ja l'any 1983, una comissió d'assessorament dirigida pel professor Jacques Waardenburg considerà necessària la formació local dels imams, atès que els imams estrangers que oficiaven a les mesquites no estaven preparats per desenvolupar les seves tasques en una societat secularitzada com l'occidental. Tanmateix, la política oficial d'integració duta a terme al començament dels anys vuitanta ignorà aquest consell, probablement perquè no s'ajustava al corrent predominant en l'època, que emfasitzava la separació entre religió i Estat. Les polítiques d'integració se centraven en l'educació pública, l'habitatge i el mercat laboral, no pas en la cultura i, menys encara, en la religió.

El govern holandès ha arribat a acceptar els seus límits, i ha adoptat com a política oficial la postura segons la qual les iniciatives per tal de formar els imams als Països Baixos han de sortir de les comunitats musulmanes mateixes.

Tot i així, al cap de deu anys la qüestió de la formació dels imams ocupà un lloc en l'agenda política per efecte d'una resolució del Parlament holandès que recomanava la instauració als Països Baixos d'institucions formatives d'imams per aconseguir la integració dels immigrants musulmans, per la qual cosa s'instava el govern per tal que activés iniciatives en aquest sentit.[4] Per bé que d'aleshores ençà el govern ha elaborat diversos estudis sobre la qüestió, aquests treballs han posat en relleu el limitat paper que poden desenvolupar les autoritats polítiques en aquest àmbit, precisament per la separació entre Església i Estat. De manera semblant al cas de la formació dels ministres de les esglésies protestants i als sacerdots catòlics, l'Estat pot finançar instal·lacions educatives, però no pas crear-ne. La formació dels seus dirigents pertoca a les mateixes organitzacions religioses (Landman 1996, *Imams in Nederland*, 2003).

Als debats públics, els polítics han lamentat sovint la seva impotència per la manca de progressos en aquest terreny i han requerit del govern més iniciatives al respecte. Arran en particular dels incidents esmentats més amunt, els imams han adquirit una imatge negativa, i s'ha fet sentir cada cop amb més força l'exigència que els imams hagin estat formats al país de residència, per tal que tinguin una actitud més oberta envers el seu entorn no musulmà, que estiguin més ben preparats per interrelacionar-se amb aquest mateix entorn i que mostrin una interpretació més liberal de les fonts islàmiques. Dins del context holandès, aquesta imatge negativa dels imams s'ha vist reforçada per l'estudi d'un doctor en filosofia sobre els imams d'Amsterdam, en què es feia palesa la gran distància i la manca de comunicació existents entre aquests imams i la resta de la societat (Cherribi, 2000). L'autor de l'estudi era un membre liberal del Parlament d'origen marroquí, per la qual cosa ocupava una posició d'influència dins d'un dels principals partits . Com a resultat d'aquest estudi, juntament amb els incidents arran dels mitjans de comunicació, la imatge pública dels imams dels Països Baixos s'ha format a partir dels imams del Marroc o del món àrab, molt més que no pas dels de Turquia.

L'estudi de Cherribi ha confirmat i reforçat la tendència de la política holandesa a favor de la formació local dels imams. Aquesta opció ha trobat justificació principalment en la qüestió de la integració i en el paper negatiu que es considera que hi han representat els imams estrangers. Sembla clar que la tendència política dominant té l'esperança que dels centres de formació locals sortiran imams que no tinguin només un millor coneixement de la cultura holandesa, sinó també una mentalitat més oberta i una capacitat més gran per apreciar aquesta cultura. Es considera que la formació d'imams pot ser un instrument per tal de reduir la influència de tendències segregacionistes no desitjables en el si de les comunitats musulmanes als Països Baixos i per tal de promoure manifestacions de l'islam més integrades i permeables a l'entorn cultural.

El que s'aprecia cada cop amb més claredat en aquest debat és la tensió entre els valors moderns seculars de les classes polítiques dominants i la separació entre Església i Estat, que limita les possibilitats per part de l'Estat d'imposar els seus valors en les comunitats religioses. És obvi que l'Estat secular no pot formar dirigents religiosos per a una comunitat religiosa que no els vol. El govern holandès ha arribat a acceptar els seus límits, i ha adoptat com a política oficial la postura segons la qual les iniciatives per tal de formar els imams als Països Baixos han de sortir de les comunitats musulmanes mateixes. Hi ha polítics que, tot i acceptar aquests límits, ho fan a contracor, en especial després dels «incidents dels imams» esmentats amb anterioritat.

Aprenentatge de l'holandès i formació cultural per als imams

Mentre que els debats al voltant de la formació dels imams no han donat encara resultats tangibles, s'han fet, en canvi, alguns progressos pel que fa a l'habilitació de centres de reciclatge per als imams en servei actiu. Com a idea general, es tractaria d'assumir que, mentre no es pugui comptar amb una generació d'imams formats als Països Baixos, almenys s'organitzin cursos per tal d'adaptar els imams estrangers a la societat europea. S'ha mirat d'afavorir aquesta adaptació a través de dues vies d'actuacions.

En primer lloc, contractant imams com a capellans d'hospitals, de presons i de l'exèrcit. Al principi es tractava senzillament d'imams d'alguna mesquita veïna als quals se'ls contractava per un parell d'hores a la setmana per tal que visitessin els reclusos i pacients musulmans de les presons i els hospitals. Però, d'una manera progressiva, aquests capellans s'han anat integrant cada cop més en les institucions respectives, la qual cosa significa que han acabat per formar part del personal i són requerits per treballar en equip, parlar de la seva tasca amb col·legues d'altres religions, etc. És en aquest sentit que s'han creat centres formatius de reciclatge en les mateixes institucions en què els imams desenvolupen el seu servei. En el cas de les presons, per exemple, la formació ha incidit en el sistema penitenciari holandès i en el paper que hi representen els capellans.

> El portaveus de les organitzacions musulmanes establertes han mostrat més aviat desconfiança envers els polítics i els legisladors que intenten exercir alguna mena d'influència en les idees religioses o els valors morals de les seves comunitats.

En segon lloc, el mes de setembre de 2002 s'inicià un programa de cursos més general sobre societat i cultura holandeses destinat a tots els imams estrangers. Es tracta, en realitat, d'una part dins d'una política d'actuacions de més abast del govern holandès, que estableix un curs introductori sobre ciutadania holandesa, obligatori per a tots els immigrants nouvinguts. Aquest curs consisteix en un programa de sis-centes hores d'estudi, organitzat en un currículum de mig any, que s'ofereix en diverses ciutats i que inclou l'ensenyament de la llengua holandesa, a més d'informació bàsica sobre la societat, la legislació i els codis de comportament propis del país.

Des de l'1 de gener de 2002 s'aplica també als imams nouvinguts l'obligatorietat de seguir aquest curs, i des de la mateixa data s'ha desenvolupat igualment un programa més específic centrat en el seu paper futur com a funcionaris religiosos. El programa específic gira al voltant del paper de la religió en la societat holandesa. El desembre de 2002, el Parlament holandès aprovà de manera unànime una resolució per la qual s'instava el govern que ampliés l'obligatorietat de seguir aquest programa, no tan sols als nouvinguts, sinó també a tots els imams provinents de l'estranger que ja treballaven als Països Baixos.

Tot i que aquesta iniciativa ha estat saludada com una contribució positiva envers el paper social que poden representar els imams, cal no sobreestimar-ne els efectes. Des de la perspectiva dels professors d'aquests cursos, els objectius són limitats i, per tant, realistes. Els cursos reforcen entre els imams la consciència en les institucions socials i polítiques holandeses, i poden afavorir el seu compromís envers aquestes mateixes institucions. De cap manera intenten modificar les seves interpretacions ni els seus punts de vista religiosos, sinó que miren d'adaptar les seves aptituds comunicatives al seu entorn no musulmà. Podria suscitar-se un problema important en aquesta nova institució pel fet que les modestes ambicions dels treballadors de base no són pas compartides pels líders d'opinió, que no esperarien res inferior a al alguna cosa semblant a un nou tipus d'«islam holandès». Això és justament el que volia reflectir una tira satírica d'un diari holandès, en què apareixia una dona nua a la platja amb un mocador al cap, que li explicava la situació a un sorprès musulmà germà de religió: «El meu imam es va formar a Holanda».

3. LES ORGANITZACIONS MUSULMANES ESTABLERTES I ELS SEUS IMAMS

En tots els debats en què he intervingut fins ara, les organitzacions musulmanes establertes dels Països Baixos han tingut un paper marginal. Per organitzacions musulmanes establertes entenc les que van sorgir durant els anys setanta i el començament dels vuitanta, les quals controlen avui dia la major part de les mesquites. Algunes s'han mantingut en silenci, d'altres han dirigit advertències als polítics per tal que aquests s'ocupin dels seus assumptes i respectin la separació entre Església i Estat. De tant en tant, els seus portaveus han manifestat que, a llarg termini, els seus imams estaran capacitats per oficiar en holandès, i que per a ells és important tenir un bon coneixement de la societat holandesa. De tota manera, han mostrat més aviat desconfiança envers els polítics i els legisladors que intenten exercici alguna mena d'influència en les idees religioses o els valors morals de les comunitats musulmanes.

Ens pot ajudar en aquesta qüestió una ullada simplificada al panorama de les organitzacions musulmanes establertes als Països Baixos, on la major part de les mesquites i les organitzacions vinculades a les mesquites pertanyen a algun d'entre cinc grups principals: tres de turcs, un de marroquí i un d'originari de Surinam.

El grup més gran és, de lluny, el Diyanet turc, al qual pertanyen unes cent quaranta mesquites i organitzacions associades. Són les autoritats religioses turques les que envien i mantenen econòmicament els imams d'aquestes mesquites, durant un període de quatre anys, passats els quals tornen a Turquia. Un funcionari pertanyent a l'ambaixada turca coordina la seva tasca a escala nacional. Aquests imams reben la seva formació a l'escola secundària turca per a imams i predicadors (*imam-hatip lisesi*), sovint amb una instrucció addicional en una facultat de Teologia. Aquest sistema ha estat criticat en múltiples ocasions pel fet que impedia el desenvolupament de les aptituds necessàries per treballar en un entorn no musulmà, tot i que recentment s'han adoptat mesures per tal de preparar els nous imams per dur a terme la seva tasca als Països Baixos. Abans de la seva sortida de Turquia, reben un curset de tres mesos per a l'aprenentatge de la llengua i la cultura holandeses.

El segon dels grups esmentats és el del moviment turc Milli Görüs. Aquest moviment islàmic, associat als partits turcs de Necmettin Erbakan, compta als Països Baixos amb una quarantena de mesquites. Els seus imams han estat formats a Turquia, a les mateixes institucions que els imams del Diyanet. De fet, alguns d'ells havien servit per al Diyanet a Europa i han decidit de romandre-hi un cop acomplert el seu servei de quatre anys. La secció holandesa del Milli Görüs és conscient de la necessitat de dirigents religiosos amb sensibilitat envers les tensions i complexitats generades pel fet de viure com a musulmà en el si d'una societat molt secularitzada. Per tal d'atendre aquesta necessitat han concebut programes formatius per als seus imams a la Universitat d'Amsterdam (Free University).

El tercer grup turc, el Suleymanci, controla una trentena de mesquites i centres islàmics dels Països Baixos. Aquest grup, establert pel xeic naqshbandi Suleyman Hilmi Tunahan (mort a Turquia el 1960), ha estat dels primers a crear centres de formació locals per a futurs imams i predicadors. Les seves infraestructures acullen cursos d'Alcorà en tots els departaments locals, centres regionals d'educació secundària sovint en forma d'escoles d'abast més ampli i centres nacionals per a estudis teològics avançats. Els materials formatius utilitzats fan pensar en una reproducció dels emprats en temps de l'imperi Otomà, més que no pas en un intent d'adaptació al context holandès.

Els musulmans marroquins compten amb unes cent vint mesquites als Països Baixos, la major part de les quals col·laboren d'una manera o d'una altra amb una organització nacional, la Union of Moroccan Mosque Organisations in the Netherlands (UMMON), amb noranta organitzacions membres. Tot i que la UMMON juga un paper de mitjancera en el reclutament d'imams, les mesquites locals actuen amb una certa autonomia en aquest terreny. La UMMON no pren iniciatives per tal de crear centres de formació locals per als imams. Per bé que com a principi donen suport a la idea d'una formació holandesa per als imams, argumenten que la conjuntura no és encara prou madura a causa de la situació econòmica de les organitzacions que en són membres.

Finalment, hi ha als Països Baixos unes vint-i-cinc mesquites originàries de Surinam i Pakistan, la majoria de les quals pertanyen a la World Islamic Mission, o hi estan associades. La World Islamic Mission és una organització integrada en el moviment de caire místic Barelwi, amb arrels al sud d'Àsia, que incideix en el respecte als sants i al profeta. Als Països Baixos, la World Islamic Mission establí el seu propi centre de formació d'imams i ulemes, el Jamia Madinatul Islam La Haia.

Aquesta mirada de conjunt ens dóna l'oportunitat de proposar respostes més concretes a la pregunta de com afronten les organitzacions musulmanes establertes les pressions polítiques i les demandes d'imams instruïts i oberts a la cultura secular.

Els grups més importants, les mesquites asociades al Diyanet, condemnen radicalment qualsevol intent d'intrusió per part de l'Estat holandès. Des del seu punt de vista, la situació vigent satisfà les seves necessitats: els imams estan prou ben instruïts i suficientment preparats per a dur a terme la seva tasca als Països Baixos, i d'altra banda, com que el govern turc els abona el salari, la comunitat de la mesquita local es deslliura d'una important càrrega econòmica. Si en el futur en sorgís la necessitat, asseguren que estan perfectament capacitats per formar els seus propis imams, si calgués.

Els grups més importants, les mesquites asociades al Diyanet, condemnen radicalment qualsevol intent d'intrusió per part de l'Estat holandès.

Dos dels altres grups més petits, el Suleymanci turc i la World Islamic Mission de Surinam, han pres ja disposicions per poder formar imams als Països Baixos. La World Islamic Mission, bé que no exclou la possibilitat de proporcionar als seus candidats a imams cursos extres sobre la societat holandesa, no està disposada a permetre que les autoritats tinguin res a dir en els seus programes de formació d'imams.

Pel que fa a les mesquites marroquines, la UMMON ha reconegut la necessitat d'imams de formació local i en principi es mostraria disposada a afegir-se a possibles iniciatives en aquest sentit. Tanmateix, de manera semblant a les organitzacions mencionades anteriorment, prefereix mantenir les distàncies amb les iniciatives promogudes pel govern. En qualsevol

cas, la comunitat de les mesquites marroquines no sembla pas oferir la cohesió interna necessària que fes possible una acció coordinada.
El Milli Görüs, finalment, sembla l'única organització musulmana establerta dels Països Baixos a donar ferm suport a la cooperació amb les autoritats i amb les universitats holandeses per tal de millorar el nivell educatiu dels seus imams. El director proclama que la formació d'imams en sentit estricte, és a dir, de religiosos que dirigeixin la pregària i pronunciïn el sermó del divendres, no és cap problema en absolut, sinó que són més aviat els intel·lectuals musulmans els qui haurien de fer-se seves tant les fonts islàmiques com la cultura europea. És per això que acullen amb satisfacció les iniciatives de les autoritats holandeses que puguin ajudar a formar intel·lectuals d'aquesta mena. De totes les organitzacions musulmanes establertes, Milli Görüs és l'única a mostrar una actitud tan positiva envers el corrent polític dominant, que té sota sospita els imams estrangers i manté l'esperança que uns imams formats al mateix país d'acollida mostrarien una mentalitat més oberta i una cultura més il·lustrada. La resta estan prou satisfets, tant del sistema vigent de formació i reclutament dels seus imams com de la defensa de la seva autonomia.

4. SALVANT LES DISTÀNCIES: NOVES INICIATIVES PER CREAR CENTRES DE FORMACIÓ

La demanda d'una nova generació d'imams més ben preparats per desenvolupar la seva tasca en una societat secular i multicultural no prové només de persones alienes al món musulmà moguts per una mena de «missió civilitzadora», sinó que ha estat defensada també per musulmans, en alguns casos conversos, en d'altres pertanyents a la segona generació.
Hem fet ja esment del membre del Parlament, el marroquí Oussama Cherribi, que s'ha mostrat molt crític amb els imams de les mesquites d'Amsterdam, als quals ha acusat de ser uns porucs ignorants, a qui la por envers una societat europea que no comprenen els fa esdevenir uns incompetents. Ha contribuït a definir els punts de vista del Partit Liberal en aquesta matèria. S'ha manifestat a favor de proporcionar una alternativa per a aquests líders religiosos inadequats, i ha advocat perquè les autoritats promoguin actuacions en aquesta línia. Va ser un dels impulsors de la Càtedra d'Estudis Islàmics de la Universitat d'Amsterdam, que durant alguns anys ocupà el professor Mohammed Arkoun.
Coskun Çörüz, polític holandès d'origen turc, defensa també la formació local dels imams (Çörüz, 1997). Els seus arguments es fonamenten sobre dos pilars. El primer es basa en les necessitats de la segona generació, que no pot comptar amb l'orientació religiosa que necessita perquè els imams no parlen holandès, però també perquè aquests mateixos imams no són prou conscients de la complexitat de la vida d'aquests joves. El segon argument addueix que la funció dels imams als països occidentals s'ha diversificat en relació amb la seva funció als països d'origen i que la seva formació hauria de ser en conseqüència molt més àmplia que no pas la formació tradicional en l'*ulum al-din*.

La funció dels imams als països occidentals s'ha diversificat en relació amb la seva funció als països d'origen i la seva formació hauria de ser en conseqüència molt més àmplia que no pas la formació tradicional en l'ulum al-din.

Amb motiu de diverses conferències organitzades per musulmans de segona generació i per conversos, han sorgit idees en relació amb les tasques i les aptituds necessàries del futur imam. Cal que no sigui només mestre i predicador, sinó també un guia espiritual i moral per a la seva comunitat. És també necessari que sigui un assistent social que tingui alguna cosa a dir i a fer a l'hora d'allunyar els joves descontents de la criminalitat. Ha de saber establir comunicació amb les autoritats, les institucions i els ciutadans en matèria de religió i de moral. Aquestes trets dels imams són en part reflex de la pràctica real de les seves funcions, en particular si es té en compte el desenvolupament de les seves tasques com a capellans en presons i hospitals, però d'altra banda són expressió d'uns ideals la realització dels quals en el futur no deixa de ser dubtosa (Beck i Ljamai, 1997). Sigui com sigui, conjuntament amb aquestes tasques més àmplies s'han generat noves expectatives sobre les aptituds de l'imam, com ara que no es limiti a mirar endins, sinó que es comuniqui amb el món exterior; que se l'hagi format per al diàleg, més que no pas per al monòleg; que escolti i no es limiti a parlar; que ofereixi a la seva gent suport moral, més que no pas condemnes per la seva conducta. El que s'ha formulat, en poques paraules, és una concepció nova del paper social de l'imam, sobretot arran de la seva tasca com a capellà als hospitals, on coopera estretament amb els seus col·legues cristians i jueus.

S'ha formulat, en poques paraules, una concepció nova del paper social de l'imam, sobretot arran de la seva tasca com a capellà als hospitals, on coopera estretament amb els seus col·legues cristians i jueus.

Aquesta nova concepció de les tasques i les aptituds dels imams es materialitza últimament en una varietat de projectes pensats per tal de preparar musulmans holandesos per a tasques religioses, ja sigui en qualitat d'imam de la mesquita d'una comunitat local, o bé com a capellà o per a altres destinacions.

1.UNIVERSITAT ISLÀMICA DE ROTTERDAM (ISLAMIC UNIVERSITY OF ROTTERDAM, IUR).

Institució creada el 1997. Compta amb una facultat de Teologia, organitzada seguint els models d'altres facultats holandeses, que ofereix una llicenciatura i un programa de màster en estudis islàmics. Els seus estudiants poden especialitzar-se com a imams, capellans o com a investigadors. Els professors provenen de diferents països, entre els quals hi ha Turquia, Egipte i Marroc, i imparteixen les classes en part en turc i àrab. La seva ambició és d'obtenir el reconeixement per part de les autoritats holandeses, cosa que faria possible també l'assignació de recursos econòmics per part de l'Estat. Aquest reconeixement oficial requereix l'avaluació positiva del Ministeri d'Educació, tant pel que fa al programa educatiu com als resultats de la recerca desenvolupada a la universitat. Com que el nivell d'exigència és força elevat, és probable que la IUR hagi d'existir com a institució sense reconeixement oficial durant algun temps.

Un altre problema és el seu reduït arrelament en el si de les organitzacions existents associades a les mesquites. En aquest sentit, falta saber fins a quin punt els seus estudiants seran acceptats com a imams a les mesquites holandeses.

2. UNIVERSITAT ISLÀMICA D'EUROPA (ISLAMIC UNIVERSITY OF EUROPE, IUE), AMB SEU A SCHIEDAM.

Aquesta universitat fou fundada l'any 2001 per dissidents de la Universitat Islàmica de Rotterdam, descontents amb les seves autoritats acadèmiques, a les quals acusaven d'actituds antidemocràtiques i d'irregularitats comptables. La posició d'aquesta branca escindida és encara més dèbil que la de la IUR, ja que els seus recursos econòmics són pràcticament inexistents.

3. PROGRAMES FORMATIUS DESENVOLUPATS EN COL·LABORACIÓ ENTRE UNA FUNDACIÓ MUSULMANA I UNA UNIVERSITAT.

En diverses universitats s'han posat en marxa programes en estudis islàmics destinats explícitament a atendre les necessitats de personal religiós qualificat d'una sèrie d'organitzacions musulmanes.

El model més factible és aquell en què la universitat es limita a oferir una llicenciatura o un màster en estudis islàmics sota la seva responsabilitat, deixant totalment a les mans de les organitzacions musulmanes la decisió d'acceptar els graduats. La Facultat d'Educació d'Amsterdam, per exemple, ofereix un programa de llicenciatura per a mestres de religió d'ensenyament secundari especialitzat en l'islam. Un terç aproximadament del programa, que s'imparteix des del 1995, està dedicat a estudis islàmics, mentre que la resta segueix el programa educacional. Aquesta facultat

considera en la actualitat la possibilitat d'afegir un programa similar per a la formació de capellans. La part del programa consagrada als estudis islàmics és impartida per professors musulmans.
A la mateixa ciutat d'Amsterdam, la Free University prepara un màster en estudis islàmics, en el qual participen conjuntament la universitat i diverses organitzacions islàmiques, entre les quals destaca la Milli Görüs. La Universitat d'Utrecht ha estat estudiant un projecte similar en col·laboració amb la Fundació d'Educació Islàmica Superior. El model organitzatiu aplicat en aquests projectes se l'anomena d'ordenació dúplex, i ha estat ja emprat per a la formació de ministres protestants d'algunes esglésies holandeses; segons aquest model, després d'una llicenciatura científica i/o un màster sota la responsabilitat de la universitat, se segueix un programa formatiu sota la responsabilitat de l'Església durant el qual és possible desenvolupar aptituds pràctiques i alhora aprendre les doctrines específiques de l'Església en qüestió. Fins al moment, però, aquest model no ha suscitat gaire interès entre els musulmans, perquè les facultats de Teologia són aclaparadorament hereves de la tradició cristiana. Amb tot, a mesura que moltes d'aquestes facultats ofereixin un espectre més ampli d'estudis religiosos, la seva aplicació podria ser factible també per als musulmans.

5. ALGUNES OBSERVACIONS A MANERA D'ANÀLISI

1.ESTUDIS ISLÀMICS O FORMACIÓ TRADICIONAL?

Podríem dividir les iniciatives de què hem parlat en el present article en dos grups: les que proposen que s'imparteixin estudis islàmics de nivell universitari i les que es decanten per la formació d'imams de caire més tradicional. Les organitzacions musulmanes establertes han desenvolupat els seus canals propis per tal de reclutar o formar el personal religiós que necessiten. Les aptituds que esperen dels seus imams són les consagrades pel costum, i alhora limitades: coneixement de l'Alcorà, capacitat per recitar-lo amb correcció i per dirigir els fidels en l'oració. Les organitzacions que han optat per formar els seus imams als Països Baixos, com els Suleymanci de Turquia i la World Islamic Mission de Surinam i Pakistan (com també altres organitzacions menors de les quals no hem parlat en aquest article), no han tingut cap dificultat per assolir la formació tradicional.
Ara bé, allò que els polítics i els líders d'opinió reclamen, i que les universitats comencen a incloure en els seus programes, és una cosa d'una altra naturalesa. Tant poden formar professionalment i educacionalment com impartir un programa d'estudis islàmics des d'un punt de vista no religiós. Continua existint una distància entre les necessitats expressades per les organitzacions musulmanes i les universitats. Aquestes podrien reduir-la, però la seva situació econòmica és de debilitat.

Continua existint una distància entre les necessitats expressades per les organitzacions musulmanes i les universitats. Aquestes podrien reduir-la, però la seva situació econòmica és de debilitat.

2. LIDERATGE NOU O TRADICIONAL?

Una qüestió relacionada amb l'anterior és la del tipus de lideratge que hom desitja dels imams. De fet s'escolten veus, tant musulmanes com no musulmanes, que demanen un nou tipus de lideratge religiós més afí al context europeu. Quan es diu que tant l'estil comunicatiu com el contingut dels missatges haurien de ser més europeus es vol assenyalar que els imams haurien de ser més conscients de la societat secular en què viuen els musulmans. Aquesta major consciència faria que no es limitessin a la condemna de la cultura dominant i que acceptessin el diàleg amb ella i la veiessin amb una percepció més equilibrada.
Un obstacle per a la renovació de la mentalitat dels líders religiosos és, senzillament, que no compta amb el suport de les organitzacions musulmanes dominants. Podria ser molt bé que aquest estat de la qüestió canviés en el futur, quan les generacions ja

nascudes a Europa vagin adquirint una influència més gran en el si d'aquestes organitzacions.

De tota manera, les organitzacions musulmanes establertes són les institucions més importants que nomenen els imams, raó per la qual continuaran sent elles les que decideixin quines han de ser les seves necessitats de formació.

3. DIVERSITAT

Com en la major part de la resta de països europeus, la comunitat musulmana dels Països Baixos es troba molt dividida, tant des del punt de vista ètnic com del polític. Això no és pas un obstacle per obrir centres de formació modestos per als seus imams, si ho desitgen, però sí que els impedeix de constituir una institució estable, amb reconeixement i subvencions oficials, per a l'ensenyament de teologia islàmica, semblant als models existents als Països Baixos per a les confessions catòlica i protestant. Si bé les organitzacions musulmanes turques, marroquines i de Surinam han col·laborat en determinades qüestions, totes elles han seguit mètodes diferents a l'hora de formar o contractar imams. És més, allò que esperen d'un imam sembla força diferent segons els diversos grups. Alguns tendeixen a emfasitzar la necessitat d'una àmplia formació intel·lectual, d'altres incideixen en la importància de comptar amb imams ortodoxos, d'acord amb la seva particular definició de la ortodòxia. Això no solament ha malbaratat les iniciatives comunes de les organitzacions musulmanes respectives, sinó que a més fa que els eventuals tercers que volguessin contribuir amb iniciatives pròpies considerin qualsevol intervenció força arriscada, a causa del futur incert dels candidats formats per ells.

Bibliografia

ABMA, J.F.; BLOM, E.J.M.; LOMAN, G.; DAUTZENBERG, A.J.; BLOM, M.B., «Geestelijke verzorging in penitentiaire inrichtingen. Een oriëntatie op een karakteristiek werkveld», a *Justitiële Verkenningen 16*, núm. 6 (1990): 102-124.

AKKERMANS, P.W.C., «Marokkaanse imam», a *Ars Aequi* 24 (1985): 483-488.

BAKELEN, F.A. VAN, «De status van de imam in het Nederlandse arbeidsrecht», a *Recht van de islam 2*. RIMO, Maastricht, 1984, pp. 45-73.

BECK, HERMAN; Ljamai, «De imam en zijn opleiding in pluralistisch Nederland», a *De passie van een grensganger. Theologie aan de vooravond van het derde millenium,* editat per K.W. Merks i N. Schreurs. Ten Have, Baarn, 1997, pp. 302-315.

BOENDER, WELMOET, *Imams in Nederland: Een studie naar rolopvattingen en opleidingen, doctoraalscriptie islamologie.* Leiden, 1998.

CAARLS, G., «Noot bij de uitspraak van de Raad van State van 2 juli 1984 over het toelatingsbeleid voor imams», a *Rechtspraak Vreemdelingenrecht* 37 (1984): 133-135.

CHERRIBI, OUSSAMA, *Imams d'Amsterdam: à travers l'exemple des imams de la diaspora marocaine.* University of Amsterdam. Amsterdam, 2000.

ÇÖRÜZ, COSKUN, «De Nederlandse imamopleiding. Een onontbeerlijke voorwaarde voor integratie», a *Justitiële Verkenningen* 23, núm. 6 (1997): 130-141.

DE BORST, E.J., *Geestelijke verzorging voor minderheden anno 1991. Een exploratief onderzoek naar het gebruik van diensten van imams en pandits in justitiële inrichtingen.* La Haia, 1992.

DEN DEKKER-VAN BIJSTERVELD, S.C., «De toelating van imams», a *Nederlands Juristenblad* (1985): 1092.

DEN EXTER, JAC; STRIJP, RUUD, *Voorbereiding, inburgering en bijscholing van Turkse en Marokkaanse imams. Een advies ten behoeve van de Minister voor Grote Steden – en Integratiebeleid.* Den Exter Onderzoek, Training en Advies. Alkmaar, 1998.

FERNHOUT, R.; HOFMAN, J.A., «Toelating imams; noot bij uitspraak RvS», a *Administratiefrechtelijke Beslissingen* 273 (1985): 689-695.

HIRSCH BALLIN, E.M.H. (ed.), *Overheid, godsdienst en levensovertuiging; eindrapport criteria voor steunverlening aan kerkgenootschappen en andere genootschappen op geestelijke grondslag.* Ministerie van Binnenlandse Zaken. La Haia, 1988.

Imams in Nederland: wie leidt ze op? Rapport van de Adviescommissie Imamopleidingen. Ministerie van Onderwijs. La Haia, 2003.

KARAGÜL, A., «Een Turkse imam over koranschool en islamitisch godsdienstonderwijs», a *Islam in Nederland. Islam op school,* editat per K. Wagtendonk. Coutinho, Muiderberg, 1987, pp. 77-88.

KARAGÜL, A.; WAGTENDONK, K., *De Imams. Hun taak, functie en hun opleiding.* Islamitische Raad Nederland, La Haia, 1994.

KLOOSTERBOER, D.; YILMAZ, B., *Justitie, islam en de imam. Een onderzoek naar de behoefte aam geestelijke verzorging onder moslimgedetineerden.* Nederlandse Islamitische Raad, La Haia, 1997.

LANDMAN, NICO, *Van Mat tot Minaret. De institutionalisering van de islam in Nederland.* VU, Amsterdam, 1992.

LANDMAN, NICO, *Imamopleiding in Nederland: kansen en knelpunten.* SDU, La Haia, 1996.

MUTSAERS, PAUKE, *De invloed van imams op Marokkaanse jongens in Nederland.* Eysink Smeets & Etman, La Haia, 1991. OnderwiJsraad, *Advies van de Onderwijsraad over de opleiding van islamitische geestelijken (imams) in relatie tot het voortgezet onderwijs.* Onderwijsraad, La Haia, 1994.

SHADID, W.A.R.; VAN KONINGSVELD, P.S., «Beeldvorming over de imam in Nederland», a *Religie, cultuur en minderheden: historische en maatshappelijke aspecten van beeldvorming,* editat per *W.A.R.* Shadid i P.S. Van Koningsveld. Tilburg Uniersity Press, Tilburg, 1999, pp. 55-77.

TAHTAH, M.; VAN KONINGSVELD, P.S., «De boodschap van Khalil El-Moumni, imam van de Rotterdamse Nasr-moskee», a *Sharquiyyat* 10, núm. 1 (1998): 41-67.

TAHTAH, M.; VAN KONINGSVELD, P.S., *Leven als Moslim in Europa. De Fatwa's van Khalil El-Moumni, Imam van de Nasr-moskee in Rotterdam, Cahier nr. 5.* Centrum voor Islam in Europa, Gent, 1998.

VAN DER HOEK, Antje, *De Islamitisch Molukse gemeenschap en haar leider imam Achmad Tan, doctoraalscriptie theologie.* Leiden, 1987.

VAN DIJK, A.M.G., *De Hindoe pandit als geestelijk verzorger in Nederlandse instellingen: achtergronden, ontwikkelingen en profielen.* Damon, 1998.

WAGTENDONK, K., «Imams in Nederland: waar staan zij woor?», a *Schriftgeleerden in de moderne islam,* editat per J.G.J. ter. Haar i P.S. van Koningsveld. Coutinho, Muiderberg, 1990, pp. 102-119.

WAGTENDONK, K., «Vormen van raad en werkwijzen van islamitische raadgevers onder de moslims in Nederlan», a *Raad in religies. Raadvragen en –geven in enkele religieuze tradities, speciaal in multi-religieus Nederland,* editat per A. van Dijk. Boekencentrum, Zoetermeer, 1995, pp. 60-91.

Notes

1. De fet, la paraula «homosexualitat» la van fer servir l'entrevistador holandès i les traduccions a aquest idioma, mentre que l'imam s'expressà en àrab i féu servir el mot *liwat.*
2. El fet de relacionar els punts de vista de l'imam amb la incitació a l'odi i fins i tot a la violència es va suggerir en el transcurs del programa de televisió, durant el qual les seves manifestacions es van juxtaposar amb entrevistes a gais que se sentien amenaçats per part d'adolescents marroquins. En el tribunal, però, prevalgué que, durant l'entrevista en qüestió, l'imam havia condemnat qualsevol tipus de violència contra els homosexuals, i que hi havia parts de l'entrevista que havien estat emeses. El jutge va dictaminar que no s'havia pogut provar l'acusació d'incitament a l'odi.
3. En comparació amb les notícies procedents d'altres països europeus, com per exemple les referents a predicadors musulmans radicals com ara Omar al-Bakri i Abu Hamza al-Misri, del Regne Unit, les tan criticades manifestacions d'aquests imams holandesos disten molt de ser extremistes. Sembla, doncs, que l'extremisme és un concepte relatiu.
4. Resolució Mulder-Van Dam del Parlament holandès, període de sessions 1993-1994, 23 409, núm. 8.

SERMONS EN LA DIÀSPORA. LA DEFINICIÓ DEL PERFIL DELS IMAMS A ESPANYA I A CATALUNYA

Jordi Moreras. Consultoria Tr[à]nsits. Barcelona.

0. INTRODUCCIÓ

La conseqüència més notable i immediata dels atemptats de l'11 de Març a Madrid és que la presència musulmana a Espanya ha passat a ser vista com una possible amenaça, de la qual –s'argumenta– cal protegir-se preventivament. El discurs que dóna prioritat a la seguretat ha reemplaçat els arguments que plantejaven la integració d'aquests col·lectius, alhora que han proliferat les afirmacions que proclamen la necessitat d'establir un estret control de les activitats que duguin a terme mesquites i imams.

La qüestió de l'organització de l'islam a Espanya, bastida a partir de l'Acord de Cooperació de 1992 signat amb la Comissió Islàmica d'Espanya –per iniciativa del Govern socialista i, considerat fins avui en dia, el marc legal de reconeixement de l'islam més ampli de la Unió Europea–, no es pot redefinir en clau de control.

El debat sobre el control s'ha desfermat ràpidament, i de nou, com ja sol ser habitual pel que fa a l'islam a Espanya, les discussions s'han establert més a l'entorn d'opinions que no pas a partir de l'anàlisi de la realitat d'aquesta presència. D'unes opinions que sovint recorren a referències d'altres realitats europees, sense tenir en compte que difícilment aquelles experiències podrien ser aplicables a la realitat espanyola. Davant d'una realitat de la qual només se n'intueixen les formes més externes, les veus presumptament autoritzades de diferents entitats immigrades –que han alertat l'opinió pública del perill de la radicalització religiosa d'aquestes comunitats– han portat el recentment elegit Govern socialista a acceptar l'argument de la vigilància preventiva.

Tant en la vida quotidiana com en la política, les urgències acaben per generar males passades. Les respostes massa accelerades, no sempre ben mesurades, davant de realitats complexes de resoldre en poden dificultar encara més la resolució. La qüestió de l'organització de l'islam a Espanya, bastida a partir de l'Acord de Cooperació de 1992 signat amb la Comissió Islàmica d'Espanya –per iniciativa del Govern socialista i, considerat fins avui en dia, el marc legal de reconeixement de l'islam més ampli de la Unió Europea–, no es pot redefinir en clau de control. Una interpretació legalista del contingut de l'Acord veuria que aquests elements de control que ara se citen, ja eren presents en el seu articulat, i que n'atorgaven la responsabilitat a l'entitat que ha estat institucionalitzada com a representant de l'islam, la Comissió Islàmica d'Espanya. Una interpretació política hauria de tenir present que després de dotze anys de vigència de l'Acord, el principal problema ha estat la seva aplicació i execució.

Sigui quina sigui la perspectiva d'anàlisi que s'adopti, les preguntes bàsiques amb què definir la presència de l'islam a Espanya segueixen sense una resposta concreta i precisa: quantes mesquites i quants oratoris musulmans hi ha al país? Quants imams són al capdavant d'aquests centres? Quin tipus d'implicació mantenen els imams en el procés d'integració social dels col·lectius musulmans? Quina és la formació professional que han rebut? És aquesta formació la més adequada per fer la seva feina en un context d'immigració? Quin és el contingut de les seves prèdiques? Hi incorporen continguts radicals? Quina és la seva capacitat de lideratge i/o de representació del col·lectiu musulmà?... En definitiva, massa qüestions fonamentals a resoldre com per començar a parlar de controlar una realitat que encara se'ns presenta d'una manera força difusa.

En aquest article voldria comentar algunes d'aquestes qüestions: en primer lloc, tractaré de reconstruir de quina manera s'ha anat definint la figura dels imams a l'Estat espanyol, en un context en què l'emergència de l'islam ha estat (i ho continua estant) vista com a conseqüència de l'assentament de poblacions immigrades (preferentment magrebines). La definició del perfil i les tasques de tipus cultural que desenvolupen aquests especialistes religiosos ocuparà el gruix més destacat del text, i conclouré abordant qüestions relacionades amb l'organització i la institucionalització de l'islam en el nostre país, on el tema dels imams com a líders religiosos planteja interrogants rellevants.

1. DE SUBJECTES INVISIBLES A SUBJECTES INTERROGATS

Segons el darrer baròmetre d'opinió elaborat pel Real Instituto Elcano de Estudios Internacionales y Estratégicos (juny de 2004), a la pregunta sobre quines haurien de ser les mesures a prendre per combatre el terrorisme internacional, el 34,1% dels entrevistats va afirmar que cal desenvolupar un major «control d'immigrants (musulmans) i mesquites». Aquesta percepció, formulada clarament en clau de seguretat, s'emmarca en el post-11 de Març, encara que també podria emplaçar-se globalment com a resposta a les conseqüències internacionals dels atemptats de l'11 de setembre de 2001 als Estats Units. És una visió fruit del resultat d'un procés de construcció d'una imatge progressivament problemàtica de la presència musulmana al nostre país, que durant un temps ha estat identificada amb l'aparició d'espais de cul-te en el territori espanyol, i que ara se centra en la figura dels imams i líders religiosos com a possibles introductors de discursos radicals en el si d'aquests col·lectius.

El debat que s'ha generat a l'entorn de l'islam, els musulmans, els imams i la seva integració és endogen a la societat espanyola, que proposa uns interrogants i uns arguments formulats únicament des de la seva pròpia perspectiva.

La construcció de la figura dels imams és fruit d'un procés acumulatiu d'imatges per part de la nostra opinió pública, respecte d'unes figures i d'uns col·lectius als quals pràcticament se'ls havia mantingut en un llindar d'invisibilitat social, però que en els darrers anys desperten una major atenció, fins al punt que se'ls ha convertit en subjectes d'interrogació (per no dir clarament, de sospita). El debat que s'ha generat a l'entorn de l'islam, els musulmans, els imams i la seva integració és endogen a la societat espanyola, que proposa uns interrogants i uns arguments formulats únicament des de la seva pròpia perspectiva. Una controvèrsia monocorde (amb dimensions polítiques i socials) en la qual no es proposa que s'incorporin les opinions generades des dels col·lectius musulmanes, si no és per ratificar la pertinença dels interrogants proposats pels no musulmans. Intentaré reconstruir aquest procés de configuració d'aquesta imatge, que ha tingut dos vehicles principals: un de menor, el dels estudis sobre immigració i un altre, molt més determinant pel que fa a l'opinió pública, el de la premsa.

De la mateixa manera que els estudis sobre immigració no han abordat fins als darrers anys la qüestió religiosa en els seus estudis, la identificació de la figura dels imams comunitaris, el seu rol i influència sobre el col·lectiu, a penes si ha s'ha tractat en la (ja extensa) bibliografia acadèmica sobre la immigració al nostre país. En l'estudi pioner sobre el col·lectiu marroquí a Barcelona de Roca-Roger-Arranz (1983), es fa una ràpida referència a algun dels oratoris existents a la ciutat, però no es parla d'imams. El treball que inaugura la producció acadèmica sobre immigració estrangera a Espanya, el del Colectivo IOÉ (1987), tan sols fa una referència generalitzada sobre la pertinença religiosa del conjunt de col·lectius immigrants analitzats. L'informe elaborat per Càritas sobre la situació de la immigració musulmana (Herrera, 1990), malgrat que parla amb més detall de qüestions relacionades amb el culte musulmà, només esmenta que ha entrevistat l'imam del Centre Islàmic de Barcelona. També fa referència al fet que imams senegambians visiten Mataró cada any pel ramadà per tal de donar suport als oratoris locals durant les oracions del mes sagrat. El treball de Luis Miguel Narbona sobre els marroquins a Viladecans (1993) incorpora un apartat merament descriptiu dels aspectes externs que generà l'obertura d'un centre de culte musulmà en aquesta població, i cita les dificultats que tenia el col·lectiu per tal de poder pagar un sou en condicions a l'imam. L'estudi no publicat dirigit per la Dra. Carlota Solé sobre la immigració en el Casc Antic de Barcelona (1993) també inclogué en els seus annexos una entrevista amb l'imam del Centre Islàmic de Barcelona. L'obra coordinada per Bernabé López García (1993) cita molt de passada la qüestió religiosa entre el col·lectiu marroquí. Per contra, l'obra *Marroquins a Catalunya* del Colectivo IOÉ (1994) ja inclou un apartat específic sobre la religiositat musulmana i, per primer cop, una referència específica a la figura dels imams, en parlar dels centres que tenen un imam fix (cosa que per als autors és indicatiu del seu major grau d'estructuració comunitària) i els que no el tenen. L'informe sobre associacionisme immigrant elaborat per la Federació Espanyola de Municipis i Províncies (FEMP, 1995: 55) fa referència explícita al fet que les expressions d'aquest associacionisme han d'evitar «la instrumentalització política o religiosa-fonamentalista», i obre així una nova perspectiva des de la qual expressar explícitament la inquietud que per a aquests responsables polítics locals suposa l'emergència d'aquest teixit associatiu immigrant.

Els mitjans de comunicació han estat (i continuen sent-ho) potenciadors d'una presentació pública de les comunitats musulmanes, en atorgar sovint una credibilitat mediàtica a veus amb una representativitat comunitària no contrastada.

A mitjans dels noranta, els diferents estudis sobre immigració elaborats a nivell general (o, específicament, respecte del col·lectiu marroquí), van incorporant més referències sobre la qüestió religiosa i la presència d'imams en les mesquites locals. L' *Atlas de la inmigración magrebí en España,* elaborat pel Taller de Estudios Internacionales Mediterráneos (TEIM, 1996), ja inclou diferents articles sobre espais de culte i associacionisme. El mateix fa l'informe sobre immigració i treball social de la Diputació de Barcelona (Maluquer, 1997), que analitza la presència d'aquests espais de culte musulmà en relació amb l'emergència d'un teixit associatiu immigrant. No serà fins al final de la dècada que es publiquin els primers estudis que específicament aborden la qüestió religiosa islàmica en un context d'immigració (Moreras, 1999; Garreta, 2000; Lacomba, 2001; Martín Muñoz, 2003), i que incorporen manifestament un apartat dedicat a la figura i el rol dels imams en immigració.
La premsa ha dedicat una atenció creixent a la presència musulmana a l'Estat espanyol, i és una activa potenciadora de la seva actual visibilitat social. Des dels anys noranta fins a l'actualitat, en el tractament

que han fet els mitjans de comunicació d'aquesta realitat s'han anat incorporant progressivament les figures dels líders religiosos d'aquests col·lectius. Una presència que es fa més notòria conforme es reconeix la necessitat de trobar opinions i interlocucions del col·lectiu davant l'opinió pública. De fet, els mitjans de comunicació han estat (i continuen sent-ho) potenciadors d'una presentació pública de les comunitats musulmanes, en atorgar sovint una credibilitat mediàtica a veus amb una representativitat comunitària no contrastada.

Diferents polèmiques que tenen com a centre declaracions o posicionaments protagonitzats per imams immigrats han generat dubtes en l'opinió pública i en la classe política sobre la seva disposició a participar activament en aquest procés d'integració.

Les primeres presències públiques d'imams a Catalunya (que no és el mateix que dir que la seva presència real) es remunten a la guerra del Golf Pèrsic de 1991, quan els mitjans de comunicació volien copsar les reaccions de la comunitat arabomusulmana. Per fer-ho, molts mitjans acudiren a l'imam del Centre Islàmic de Formació Religiosa de Barcelona, la primera mesquita oberta a la ciutat (i, probablement, la més visible i localitzable de les existents). A Madrid, en canvi, la figura que ocupà aquest rol fou el responsable de la mesquita Abu Bakr, Riay Tatary Bakry, president de l'Associació Musulmana d'Espanya. En el cas de Barcelona, el que aleshores era l'imam, el sirià Ammar Al Shabib Abu Said, aconseguí una certa notorietat pública, que afavorí que fos invitat a participar en la constitució de l'espai multireligiós anomenat Centre Abraham, promogut per l'Ajuntament de Barcelona durant la celebració dels Jocs Olímpics de 1992. Des de llavors, i coincidint amb fets que tinguessin a veure amb el món arabomusulmà, amb la immigració o amb la presència de l'islam a Catalunya, l'opinió de l'imam Abu Said fou assíduament requerida pels mitjans de comunicació. L'assentament d'altres comunitats musulmanes immigrades, i la presència de noves veus fruit d'aquesta heterogeneïtat, forçà els mitjans a cercar noves opinions en el si d'aquests col·lectius.

Els mitjans començaren a presentar la figura dels imams vinculada amb tota una sèrie de circumstàncies que semblaven atorgar-los un protagonisme creixent. En primer lloc, en assenyalar la seva participació en activitats de diàleg interreligiós, juntament amb altres representants de comunitats religioses. En segon, sempre que sorgia alguna polèmica a l'entorn de la integració dels col·lectius musulmans (per exemple, quan l'octubre de 1997 un pare marroquí va treure les seves tres filles d'una escola pública de Girona perquè feien classes de gimnàstica i de música, moltes opinions foren requerides per tal de veure si la tradició islàmica deia alguna cosa al respecte; o, quant a la polèmica generada pel febrer de 2002 a San Lorenzo de El Escorial davant la negativa d'escolaritzar una alumna marroquina perquè portava *hijab*). I, en darrer terme, davant la seva implicació en les primeres polèmiques generades al voltant de l'obertura d'oratoris musulmans. A poc a poc es van aportant nous detalls del perfil d'aquests imams, quant a la seva formació, el coneixement de la llengua del país i la influència i el lideratge sobre els seus propis col·lectius.

Serà a partir de 2000, coincidint amb el moment en què es formulen noves propostes d'institucionalització de l'islam a Catalunya (amb la creació del Consell Islàmic i Cultural de Catalunya), que la figura dels imams comença a adquirir una major centralitat en el debat sobre aquesta presència. L'article «Volem imams catalans» signat per Andreu Claret en el diari *Avui* (3 de Març de 2000) reflecteix l'estat d'opinió present a Catalunya en aquell temps respecte dels imams, que temia que el seu dèficit de formació i de coneixement de la realitat catalana fos un entrebanc per fer-ne veritables agents d'integració dels seus col·lectius. L'informe de l'any 2000 presentat pel Síndic de Greuges al Parlament de Catalunya parteix d'aquest punt de vista i, per primer cop en el debat polític, se suggereix la necessitat de formar els imams en el coneixement del país, per tal de facilitar-ne la tasca integradora.[1] El mateix Parlament també ha tractat la qüestió dels imams, a través de preguntes formulades al Consell Executiu del Govern, insistint sobre aspectes de la seva integració,[2] així com en el debat de la Moció 115/VI del Parlament de Catalunya sobre la política envers les confessions religioses.[3] En la citada moció s'insta el Govern a «fomentar la catalanitat de les jerarquies religioses», així com a «evitar les ingerències d'estats no democràtics i amb vocació teocràtica, especialment sobre les persones encarregades del culte i l'adoctrinament». En virtut d'aquest acord parlamentari, la Secretaria d'Afers Religiosos ha desenvolupat fins a l'actualitat quatre edicions d'un curs de llengua i cultura catalanes adreçat a imams (per a més detalls, vegeu la nota 14).

No obstant això, diferents polèmiques que tenen com a centre declaracions o posicionaments protagonitzats per imams immigrats han generat dubtes en l'opinió pública i en la classe política sobre la seva disposició a participar activament en aquest procés d'integració. Les declaracions d'octubre de 2000 de l'imam autoproclamat d'una mesquita de Sabadell en què afirmava que «un món sense jueus seria un paradís» (tot i que posteriorment va demanar disculpes públicament); les fetes per dos imams africans de les comarques Lleida el maig de 2001 justificant l'ablació del clítoris com a pràctica cultural (que també varen rectificar); la negativa a parlar amb l'alcaldessa de Premià de Mar per part de l'imam local (un fet que s'havia produït quatre o cinc anys enrere, que fou comentat per la mateixa alcaldessa pel maig de 2002, en ple conflicte pel tancament de la mesquita local, i que provocà la immediata reacció de destacats líders polítics catalans que en van reclamar l'expulsió... si bé ja feia uns quants anys que aquell imam no vivia a Premià); els comentaris del que era aleshores president del Consell Islàmic i Cultural de Catalunya també el maig de 2002 argumentant que durant tot el temps que havia viscut al país no li havia calgut aprendre l'idioma (fortament criticat pel president de la Generalitat, malgrat que formava part dels imams que havien iniciat el curs de català organitzat pel Consorci de Normalització Lingüística i la Secretaria d'Afers Religiosos); o les crítiques que al cap de poc temps va fer, en el mateix sentit, l'imam del Centre Islàmic de Formació Religiosa de Barcelona, sobre les dificultats per integrar-se que tenen els immigrants a Catalunya (i que va ser rebut pel president de la Generalitat, el qual li va demanar que reconsiderés les seves afirmacions).

Als mitjans de comunicació hi ha el convenciment general que la clau de la penetració del radicalisme islàmic entre les comunitats immigrades es troba en la figura dels imams.

Hi hagué un cas, però, que generà una inquietud especial: la polèmica que va generar l'obra *La mujer en el Islam,* escrita per l'imam Mohamed Kamal Mustafa, i la seva condemna el gener de 2004 per un tribunal de Barcelona. I és que l'imam Kamal passa per ser reconegut com una de les persones més ben formades en doctrina islàmica a Espanya, que desenvolupa la seva tasca d'imam des de l'any 1984 i que des del 1992 és l'imam principal de la mesquita de Fuengirola. Aquest cas pot ser interpretat com el que estableix un punt i a part qualitatiu respecte de les anteriors polèmiques, que s'inscrivien clarament dins de la discussió quant a la integració de la immigració musulmana. Ens emplaça dins el debat sobre la introducció d'idees radicals en el si d'aquests col·lectius. De l'imam Kamal i de la mesquita de Fuengirola es destaca que estan finançats amb diners d'origen saudita; el mateix que es diu quan es parla del Centre Islàmic de Madrid (conegut popularment com la mesquita de l'M-30), ja que se'l considera l'agent promotor del wahhabisme a Espanya.

La penetració del radicalisme islàmic entre les comunitats immigrades s'ha convertit en tema d'atenció preferent per part dels mitjans de comunicació des de l'11-S, però ha estat especialment activat després dels atemptats de Març del 2004 a Madrid. Els mitjans de comunicació s'han interrogat sobre l'existència o no de connexions entre l'islam radical i l'islam immigrat, i sobre la dimensió d'aquesta amenaça per a la societat espanyola. Hi ha el convenciment general que la clau de tot això es troba en la figura dels imams. Alguns mitjans ho afirmen taxativament («Imames integristas atizan desde las mezquitas a los inmigrantes contra las costumbres españolas», *La Razón*, 24 de febrer de 2002 [titular de portada]); altres prefereixen recollir les opinions d'altres actors («Los marroquíes piden a Zapatero que acabe con las mezquitas y los imames radicales», *El País*, 7 d'abril de 2004 [titular de portada]), o bé prefereixen mostrar l'heterogeneïtat que existeix en el si d'aquest col·lectiu («De oficio, imam», *El Dominical del Periódico de Catalunya*, 23 de maig de 2004; «El laberinto de los imames», *El País Semanal*, 6 de juny de 2004). En definitiva, es mantenen tots els interrogants oberts respecte a un perfil, el dels imams, que malgrat que els hem situat en el centre de la nostra atenció, no per això hem passat a conèixer millor.

2. QUALIFICACIÓ PROFESSIONAL I RECONEIXEMENT LEGAL

Els anteriors textos recollits en aquest volum ja han esmentat els processos de burocratització en l'accés a l'autoritat religiosa que han desenvolupat els països musulmans. S'ha comentat que en països com el Marroc, perquè un imam pugui ser adscrit a una mesquita oficial (i que passi, per tant, a ser un funcionari pagat per l'Estat), és necessari posseir un certificat d'estudis islàmics que demostri que s'ha seguit una formació religiosa reglada. Al conjunt de l'Estat espanyol, no tots els imams que s'identifiquen com a tals tenen cap títol que acrediti la seva formació doctrinal. Com s'analitzarà més endavant, el fet de no disposar d'un certificat oficial d'estudis religiosos no vol dir que no es tinguin les competències necessàries per exercir aquesta funció. De la mateixa manera, els criteris d'avaluació de la competència dels imams de què disposen les comunitats musulmanes locals no passen necessàriament per tenir o no aquestes acreditacions, sinó per altres indicadors sobre els quals es fonamenta la confiança atorgada per la comunitat per tal que aquestes persones es converteixin en els seus guies doctrinals.

> La introducció d'un element de confusió entre un lideratge comunitari i un guiatge doctrinal, afavoreix encara més que avui en dia s'accepti àmpliament la idea que els imams són les figures que representen el lideratge en aquests col·lectius.

La realitat empírica present a nivell local supera àmpliament el marc legal que és instituït sobre la base de l'Acord de Cooperació de 1992 signat entre l'Estat espanyol i la Comissió Islàmica d'Espanya. L'Acord formula explícitament el reconeixement legal d'aquest perfil d'especialista religiós,[4] i ens parla de la figura de l'imam com a personal religiós musulmà, equiparat en drets i deures a la resta de ministres de culte de les altres confessions reconegudes.[5] El text de l'article tercer, paràgraf primer, s'expressa en els termes següents:

«Dirigentes religiosos islámicos e imames. A efectos legales, son dirigentes religiosos islámicos e Imames de las Comunidades Islámicas las personas físicas dedicadas, con carácter estable, a la dirección de las Comunidades a que se refiere el artículo 1 del presente Acuerdo [a las Comunidades Islámicas inscritas en el Registro de Entidades Religiosas, que formen parte o posteriormente se incorporen a la Comisión Islámica de España o a alguna de las Federaciones Islámicas inscritas integradas en dicha Comisión], a la dirección de la oración, formación y asistencia religiosa islámica y que acredite el cumplimiento de estos requisitos mediante certificación expedida por la Comunidad a la que pertenezca, con la conformidad de la Comisión Islámica de España.»[6]

Una anàlisi detallada del text d'aquest article mostra la sèrie de supòsits que varen estar presents durant les negociacions entre els representants del Ministeri de Justícia i els representants musulmans (la Federación Española de Entidades Religiosas Islámicas, FEERI, i la Unión de Comunidades Islámicas de España, UCIDE) durant el període anterior a la signatura de l'Acord de Cooperació el 1992.[7] En primer lloc, l'article estableix una primera equiparació entre dirigents religiosos i imams, que no seria incongruent amb la funció de guiatge religiós que s'espera que acompleixin aquestes figures, si no fos perquè a continuació el text indica la direcció de les comunitats islàmiques com una de les seves tasques principals. De fet, la incorporació d'un principi de lideratge comunitari va ser introduït en l'avantprojecte del text definitiu de l'Acord, presentat pel Ministeri de Justícia gairebé al final de les negociacions mantingudes amb els representants de la FEERI i la UCIDE, en una reunió el 20 de febrer de 1992, després d'haver analitzat els dos projectes presentats per ambdues federacions els mesos de gener i juny de 1991, respectivament. En aquests dos projectes, les funcions d'imams o dirigents religiosos es limitaven a les activitats de culte, formació i assistència religiosa, però no a la direcció de les seves comunitats, cosa que introdueix un element de confusió entre un lideratge comunitari i un guiatge doctrinal, que afavoreix encara més que avui en dia s'accepti àmpliament la idea que els imams són les figures que representen el lideratge en aquests col·lectius.

En segon lloc, el text de l'article destaca que aquests dirigents religiosos i imams han de desenvolupar la seva tasca amb un caràcter estable. Els representants de la FEERI van presentar a la Comissió Assessora de Llibertat Religiosa una sèrie d'esmenes i comentaris a l'avantprojecte presentat pel Ministeri de Justícia el 20 d'octubre de 1991. Una de les esmenes feia referència a substituir la noció de «caràcter estable» d'aquest personal per la de «dedicació habitual», ja que adduïa que la tasca dels imams era més una funció que no pas un càrrec. La Comissió Assessora, en la seva reunió de 13 de desembre de 1991, desestimà aquest recurs, per raons de seguretat jurídica. Amb això s'estava afavorint literalment el principi d'institucionalització de la figura de l'imam, fent-hi recaure una sèrie de responsabilitats de culte i de direcció comunitària que contribueixen a equiparar-les a aquelles que són pròpies d'altres ministres de culte.

El reconeixement dels imams i dirigents religiosos passa obligatòriament per la vinculació amb una entitat religiosa islàmica, inscrita en el Registre d'Entitats Religioses del Ministeri de Justícia i adscrita a una de les dues federacions que componen la Comissió Islàmica d'Espanya.

Aquestes funcions religioses –en tercer lloc–, s'expressen en les activitats de culte, formació i assistència. De fet, i tal com recorda Ramírez Navalón (1994: 140) aquestes tres funcions són definides globalment per part de l'Estat, ja que poden manifestar les finalitats religioses de les confessions que, com a tals, puguin ser mereixedores del seu reconeixement. Serà cada confessió la que les definirà concretament i destinarà una sèrie d'especialistes religiosos per a cada funció. El text de l'article fa referència explícita a la funció primera d'un imam, com és la direcció de la comunitat durant l'oració. En els dos projectes presentats per les dues federacions, així com en els comentaris successius als avantprojectes presentats pel Ministeri, se sol·licità la substitució d'aquesta referència explícita per una de més genèrica com ara «funcions de culte» que, finalment no va ser acceptada per part dels negociadors de l'Estat.

En quart lloc, al final de l'article es fa referència a l'acreditació necessària per tal d'exercir aquestes funcions religioses. Una acreditació que no passa per haver de demostrar la competència en matèria doctrinal, d'acord amb alguns requisits estàndard (com, per exemple, haver cursat estudis reglats o disposar d'alguna certificació oficial), sinó simplement per la indicació que faci la comunitat mateixa d'acord amb la Comissió Islàmica. Per dir-ho així, sense determinar un barem explícit d'avaluació, la decisió es deixa a les mans dels responsables de la comunitat, els quals poden atribuir la competència d'aquesta persona adduint altres criteris no necessàriament curriculars, des d'una perspectiva d'ensenyament reglat occidental. És interessant fer esment de la proposta que incloïa el projecte d'Acord presentat per la UCIDE, que sol·licitava que els nomenaments i les baixes d'imams al capdavant de les diferents comunitats fossin inscrites en el Registre d'Entitats Religioses, que finalment no va ser acceptada.

L'element més determinant, però, que es deriva d'aquest article és el fet que el reconeixement dels imams i dirigents religiosos passa obligatòriament per la vinculació amb una entitat religiosa islàmica, inscrita en el Registre d'Entitats Religioses del Ministeri de Justícia i adscrita a una de les dues federacions que componen la Comissió Islàmica d'Espanya. Si a data de maig de 2004 existeixen unes 235 entitats religioses islàmiques a l'Estat espanyol (cinquanta-sis de les quals són a Catalunya),[8] segons la llei només podrien ser reconeguts com a imams aquells que en formessin part, ja que l'adscripció associativa és el criteri que en permet el reconeixement legal.

El text de la llei contrasta amb les dinàmiques que són generades en el si de les comunitats musulmanes, ja no solament perquè no tots els imams disposen d'una certificació de la Comissió Islàmica d'Espanya, sinó també perquè una part important dels imams que presten els seus serveis (almenys pel que fa a Catalunya) ho fan de manera voluntària i no estable, al contrari del que indica un altre dels criteris de la llei. La realitat mostra diferents situacions: en alguns casos, aquesta funció es compagina amb una altra activitat econòmica habitual, especialment si la comunitat no disposa dels recursos suficients per poder oferir una retribució continuada a la persona que farà d'imam. En d'altres, és simplement un dels membres de la comunitat qui acompleix temporalment aquesta funció. En aquests casos, per a la preparació i el dictat del sermó (*jutba*) preceptiu de l'oració de divendres al migdia, es busca una persona que pugui assumir puntualment aquest encàrrec, a la qual se li ofereix una retribució simbòlica.

Considerant, a més, que gairebé tots els imams que treballen a Catalunya tenen nacionalitat estrangera, es planteja llavors la qüestió del permís de residència que ha d'obtenir aquest personal religiós. La vigent Llei d'estrangeria (4/2000, reformada per la 8/2000) fa referència a l'exempció del permís de treball per a aquests especialistes religiosos,[9] si bé en el reglament d'execució de la llei (Reial Decret 864/2001, de 20 de juliol), s'especifica amb més

Taula 1. Perfil de permanència dels imams als oratoris musulmans de Catalunya (1974 - Març 2004).

Data obertura oratoris	Imam fix	Imam voluntari o temporal
1974-84	3	1
1985-90	16	4
1991-95	19	12
1996-00	29	37
2001-04*	7	8
Total	74	62
%	54,4	45,6

(*) Data a Març de 2004
Font: Elaboració pròpia.

detall aquesta exempció. Als requisits de pertànyer a una confessió registrada i a desenvolupar tasques pròpiament religioses, s'afegeixen dues condicions més: la de disposar d'una certificació que acrediti la seva formació religiosa[10] i la de no desenvolupar activitats retribuïdes.[11]

De tot aquest articulat legal es dedueix que, excepte els imams que pertanyin a aquestes cinquanta-sis entitats religioses islàmiques a Catalunya, la resta ha de disposar d'un tipus de permís de residència i de treball diferents als que defineixen la llei i el seu reglament. Aquesta situació d'«irregularitat funcional» dificulta encara més tant el reconeixement d'aquest personal religiós com la seva equiparació de drets als de les altres confessions reconegudes. L' Acord, en el seu article 5, estableix que «de acuerdo con lo dispuesto en el Artículo 1 del Real Decreto 2398/ 77, de 27 de agosto, los personas que reúnan los requisitos expresados en el Artículo 9 del presente Convenio, quedarán incluidos en el Régimen Gene-

Taula 2. Règim de permanència dels imams en els oratoris musulmans de quinze municipis de la província de Barcelona. Comparació entre 1996 i 2002

Localitat	Nom de la mesquita	Data obertura	Març 1996 (1)	Març 2002 (2)
Barcelona	Centre Islàmic de Barcelona	1974	Fix	Fix
Barcelona	Rahma	1977	Voluntari	Fix
Barcelona	Amical	1978	Voluntari	Voluntari
Barcelona	Tarik ben Zyad	1981	Fix	Fix
L'Hospitalet	Al-Fath	1984	Fix	Fix
Mataró	Youness	1984	Voluntari	Voluntari
Sant Vicenç dels Horts	Al-Bilal	1988	Fix	Fix
Premià de Mar	At-Tauba	1989	Fix	Fix
Barcelona	Ali	1989	Voluntari	Voluntari
Manresa	Msab bnou Omair	1990	Fix	Fix
Berga	Omar bnou al-Khatab	1991	Sense dades	Voluntari
Canovelles	Al-Muhajirin	1991	Fix	Fix
Vilafranca	Al-Fath	1991	Sense dades	Fix
Terrassa	Comunitat Musulmana de Terrassa	1992	Fix	Fix
Manlleu	As-Sunna	1992	Fix	Fix
Mataró	Annour	1992	Fix	Fix
Santa Coloma	As-Sunna	1994	Fix	Fix
Mataró	Al-Ansar	1994	Fix	Fix
Vilanova del Camí	As-Salam	1994	Sense dades	Fix
Manresa	Al-Fath	1995	Fix	Fix
Barcelona	Minhaj ul Quran	1996	--	Fix
Barcelona	Abi Ayoub Ansari	1996	--	Fix
Barcelona	Madani	1997	--	Fix
Vilanova i la Geltrú	Assoc. Cult. Islàmica de Vilanova i la Geltrú	1997	--	Fix
Barcelona	As-Salam	1998	--	Fix
L'Hospitalet	Asoc. Cult. Árabe Islámica	1999	--	Fix
Terrassa	Comunitat Islàmica de Catalunya	1999	--	Sense dades
Barcelona	Imam Mahdi Muntabar	2000	--	Fix
Barcelona	Consell Islàmic i Cultural de Catalunya	2000	--	Fix
Barcelona	Hamza	2000	--	Fix
Barcelona	Asociación Cultural al-Qaim	2001	--	Fix

(1) Dades extretes de l'informe J. Moreras, *Dinàmiques associatives i configuració comunitària dels musulmans residents a l'àrea metropolitana de Barcelona*. Barcelona: Fundació CIDOB per encàrrec de l'Ajuntament de Barcelona, 1996.

(2) Dades extretes de l'informe J. Moreras, *Aportacions a la gestió de la diversitat. El cas de la presència musulmana a la província de Barcelona*, Barcelona: CRID - Diputació de Barcelona, febrer de 2003.

ral de la Seguridad Social, asimilados a trabajadores por cuenta ajena. Las Comunidades Islámicas respectivas asumirán los derechos y obligaciones establecidas para los empresarios en el Régimen General de la Seguridad Social». La pràctica absència de contractes entre responsables dels oratoris a Catalunya i els imams, que s'argumenta per la manca de capacitat per assumir les despeses econòmiques de contractació i es considera com una pràctica no habitual (en què la confiança que s'atorga a una determinada persona per tal que faci d'imam de la comunitat, sovint es fonamenta en un compromís verbal), provoca situacions evidents d'inestabilitat i d'indefensió laboral d'aquest personal religiós. Sense cobertura sanitària, i sense possibilitats de poder reclamar qualsevol mena d'indemnització en cas d'acomiadament, la seva condició professional es debilita notablement.

3. SOCIOGRAFIA DELS IMAMS A ESPANYA I A CATALUNYA

La inexistència d'un estudi sociogràfic sobre la presència islàmica a l'Estat espanyol només permet establir càlculs estimatius sobre el nombre i el perfil dels imams que treballen al nostre país. Alguns dels treballs disponibles (Moreras, 1999; Garreta, 2000; Lacomba, 2001) fan referència als imams musulmans en un context d'immigració. Altres aproximacions més quantitatives (ISOR-UAB, 2002) pretenen definir el perfil general d'aquest personal religiós, si bé la metodologia emprada –entrevistes telefòniques– no és la més adequada per determinar el rol i la posició que ocupen, ni l'estatus de dependència d'aquests especialistes respecte dels oratoris comunitaris.
Sobre la base de totes aquestes aproximacions incompletes, cal elaborar un esbós d'aquest perfil sociogràfic dels imams a Espanya i a Catalunya. I el primer, i més complicat, és establir una estimació del nombre d'oratoris i mesquites a Espanya: en podríem avançar una xifra que oscil·laria entre 350 i 500, tot depenent de les fonts consultades. A Catalunya, el nombre és més precís: pel maig de 2004 es comptabilitzava un total de 136 oratoris musulmans (la qual cosa representa aproximadament, entre el 30% i el 40% del total de l'Estat). Per determinar el nombre d'imams, cal tenir present que, en primer lloc, no tots els oratoris musulmans tenen un imam al capdavant (a Catalunya, només al 54,4% dels centres hi ha un imam amb dedicació exclusiva), i, en segon, que hi ha persones que, malgrat que podrien desenvolupar una tasca com a imams, no estan assignades a un centre específic: és a dir, fan compatibles algunes activitats voluntàries de caire religiós amb altres de tipus laboral o formatiu divers, o fan de complement de l'imam de la mesquita local, o bé desenvolupen una activitat itinerant. Amb aquestes consideracions, i tenint ben presents les singularitats que adquireix la configuració associativa de l'islam a les quatre principals regions d'assentament d'aquestes comunitats (Madrid, Andalusia, Ceuta-Melilla i Catalunya), probablement el nombre d'imams fixos és inferior a la quantitat de centres, si bé aquesta xifra es pot veure compensada pel nombre de persones que, ocasionalment i amb caràcter voluntari, desenvolupen determinades funcions d'imam.

> No tots els oratoris musulmans tenen un imam al capdavant, i hi ha persones que, malgrat que podrien desenvolupar una tasca com a imams, no estan assignades a un centre específic.

Respecte a Catalunya, i d'acord amb la revisió i actualització de les dades de l'informe ISOR-UAB (2002), podem comparar el nombre d'imams d'acord amb la seva dedicació (en exclusivitat, o com a voluntaris i/o temporals), en els trenta anys que van des del 1974 fins al Març del 2004 (Taula 1).
Hom pot observar en questa taula l'equilibri que existeix entre els oratoris que tenen un imam fix i els que el tenen ocasionalment, així com la modificació del perfil de permanència d'aquest personal, principalment fix fins a la meitat dels anys noranta i molt

més eventual en els oratoris oberts posteriorment. Es podria pensar que això podria ser així perquè la permanència estable dels imams en aquests centres és fruit del procés d'evolució qualitativa del procés de configuració comunitària d'aquests col·lectius (és a dir, que els centres més antics també tenen més mitjans i més possibilitats de mantenir un imam en exclusivitat). Però, tal com ens mostra la taula 2, aquest perfil de permanència no depèn tant dels anys que fa que s'ha obert el centre com del que ha estat la seva trajectòria en aquest àmbit. Aquesta taula mostra comparativament les dades de dues recerques (de 1996 i de 2002) referents als oratoris musulmans de quinze municipis de la província de Barcelona. Durant aquests anys, aquests centres han anat veient el pas dels diferents imams que han ofert els seus serveis per períodes més o menys llargs. El que destaca la taula és el règim laboral que habitualment els oratoris han ofert a aquest personal.

Més enllà de considerar el règim de permanència dels imams en els oratoris locals, es dibuixen tres perfils diferenciats de les persones que desenvolupen aquesta funció a Espanya, d'acord amb un criteri que relaciona l'origen amb els rols que té aquest personal respecte d'aquests centres:

- IMAMS-DOCTORS. En primer lloc, trobem aquells imams adscrits als grans centres islàmics oberts a Espanya. Podríem citar els exemples de Madrid (amb el Centre Islàmic de la M-30 o la mesquita Abu Bakr), de València (Centre Islàmic de València), de Fuengirola (Centre Cultural Islàmic Sohail), de Marbella (Mesquita al-Andalus), de Las Palmas (Centre Cultural Islàmic) o les seus del Centre Islàmic de Formació Religiosa a Madrid, Barcelona i Granada. En la majoria dels casos citats, els imams són originaris de països d'Orient Mitjà (preferentment, Síria i Egipte), amb una estança prolongada a l'Estat espanyol (alguns formen part de la migració d'estudiants àrabs dels anys setanta, i n'hi ha que fins i tot s'han nacionalitzat), i mostren un perfil formatiu elevat (adquirit en universitats com al Azhar al Caire, o a les d'Aràbia Saudita, i sovint combinat amb estudis realitzats en universitats occidentals).

- IMAMS-IMMIGRANTS. El segon perfil es pot considerar com a pròpiament vinculat amb l'actual immigració, i el compondrien aquells imams d'origen marroquí (aquest és l'origen majoritari entre els imams a Catalunya), senegambià, pakistanès i algerià, que desenvolupen la seva tasca en els oratoris musulmans comunitaris oberts per aquests col·lectius. Mostren un perfil formatiu força variat, si bé l'accés a la referència islàmica mostra un tarannà tradicional (en què s'imposa la memorització de l'Alcorà per damunt d'haver cursat estudis religiosos normatius), que es troba força imbuït pel factor cultural d'origen. Algunes de les persones que s'inclouen en aquest perfil s'han fet imams en el context migratori i han estat designats per la seva comunitat per tal de desenvolupar aquesta tasca, en virtut de disposar d'un major coneixement del contingut dels rituals que acompanyen l'oració comunitària. Mostren també aspectes d'una certa inestabilitat professional pel que fa a la seva contractació per part dels responsables comunitaris (tenir una dedicació exclusiva en un oratori no garanteix la possessió d'un contracte laboral com a imam), cosa que també comporta conseqüències des del punt de vista legal (hi ha un percentatge significatiu dels imams que s'inclouen en aquest perfil, que es troben en situació irregular, o bé amb permisos de residència i treball en què figuren altres ocupacions que no són pròpiament les d'imam).

- IMAMS-ITINERANTS. El tercer, i últim perfil, encara emergent i no gaire reconegut, és el dels imams que podríem denominar genèricament com a itinerants. Es tracta d'aquells imams que, malgrat que no estiguin vinculats ni adscrits a una mesquita local, realitzen tasques complementàries a les de l'imam resident. Aquesta complementarietat adquireix perfils diferents: des de la substitució directa de l'imam en cas de malaltia o viatge, fins a encarregar-se de l'educació alcorànica per a nens i nenes, o a elaborar i exposar la *jutba* de l'oració comunitària de divendres al migdia. Es tracta d'imams més joves que els anteriors, i que també disposen d'un major bagatge formatiu, en haver estat instruïts dins dels sistemes educatius dels seus respectius països (una formació que sovint complementen amb estudis acadèmics en universitats espanyoles i catalanes). Alguns d'aquests imams desenvolupen una intensa activitat en diferents oratoris i centres com a conferenciants o predicadors. En períodes assenyalats com el ramadà, per exemple, l'increment de l'assistència comunitària a les oracions diàries suposa un major requeriment d'aquests professionals. Una demanda, que sovint és coberta per part d'iniciatives com les dels governs musulmans d'origen, els quals solen enviar imams de reforç per acompanyar temporalment les tasques dels imams residents.[12] Així, a aquesta categoria d'imams itinerants caldria incorporar-hi els anomenats imams de pas que, per una iniciativa promoguda per aquests estats o per moviments d'interpretació doctrinal islàmica, desenvolupen cicles de seminaris o conferències arreu del país.

Els imams adscrits als grans centres islàmics oberts a Espanya són majoritariament originaris de països d'Orient Mitjà amb una estança prolongada a l'Estat espanyol i mostren un perfil formatiu elevat.

Els tres perfils que acabo de descriure[13] s'emmarquen dins d'un context comunitari marcat pel factor migratori, malgrat que és pertinent fer dues puntualitzacions importants: per una banda, pel que fa als imams que exerceixen la seva tasca a Ceuta i Melilla: molts d'ells, com a ciutadans espanyols, no poden ser equiparats als imams immigrats, encara que mantenen un evident vincle amb la tradició cultural del nord marroquí (ja sigui jebalí o rifenya). Per l'altra, la poc significativa rellevància numèrica (si bé no qualitativa) dels imams conversos espanyols, alguns d'ells estretament vinculats a corrents de l'islam sufí, i amb notables casos de profunda formació teològica i doctrinal després d'haver realitzat llargues estances en països musulmans.

Per regla general, es produeix una correspondència entre l'origen nacional o ètnic de la comunitat i el del seu imam. Tret d'algunes excepcions, si bé notables, que acostumen a coincidir amb els oratoris històrics (a Barcelona en trobem dos exemples en què l'assistència és multicultural: el Centre Islàmic de Formació Religiosa, on l'imam és espanyol d'origen sirià i el consell directiu el componen marroquins, pakistanesos, sirians i espanyols; i la mesquita Tariq ibn Zyad, on el consell el formen pakistanesos i compta amb dos imams, un d'origen marroquí nacionalitzat espanyol i l'altre pakistanès), tot indica que en l'obertura d'un oratori musulmà s'acostuma a seguir un model monocultural, tant en la composició del consell de representants i en l'elecció de l'imam com en el perfil del col·lectiu.

La mitjana d'edat també és un criteri significatiu que acompanya el tarannà tradicional amb què es defineix aquest perfil d'imams. De fet, el factor edat representa un paper força significatiu en la determinació i el reconeixement de l'autoritat religiosa: com diu la dita, l'experiència és un grau. Amb una mitjana d'edat àmplia, que va dels 35 als 50 anys, els imams apareixen com a persones adultes, de les quals s'espera que aportin maduresa i experiència en la seva tasca comunitària. L'aspecte físic també té una significació important: vestir amb hàbits tradicionals, o portar barba, malgrat que no és una condició imprescindible per ser imam, sí que contribueix a aportar una imatge de correcció religiosa i de vinculació amb la tradició d'origen. De la mateixa manera, l'apartat de comportaments (el tractament diferenciat quant a les dones, l'evitació d'espais –bars on se serveixen begudes alcohòliques– o de pràctiques –com fumar–, o de mantenir relacions amb àmbits no musulmans, actituds que poden ser considerades pel col·lectiu con a moralment reprovables) també acaba per incorporar-se a un perfil que, juntament amb el coneixement i l'autoritat doctrinal, poden atorgar-li un tracte de deferència i respecte per part de la comunitat.

Molts dels imams que treballen a Catalunya estan casats, encara que no tots poden reunir-se amb les seves famílies, ja sigui per manca de prou ingressos, per no disposar d'un habitatge propi (sovint tenen com a lloc de residència el mateix oratori, en una petita estança reservada per a ells), o perquè no tenen en regla la documentació de residència.

La mobilitat laboral dels imams constitueix una de les principals constants del procés de configuració comunitària de l'islam a Catalunya, una mobilitat que a vegades adquireix una dimensió transnacional.

Els imams als quals se'ls contracta laboralment continuen sent l'excepció. La fragilitat econòmica que mostren aquests professionals es vincula directament amb la de la comunitat que els contracta, on a vegades les solucions provisionals (per exemple, tenir un imam voluntari o temporal) esdevenen cròniques i continuades. Per això és freqüent que els imams abandonin els seus llocs de feina al cap d'un cert temps, per anar a treballar en un altre oratori, on els seus promotors els ofereixen una retribució o unes condicions de feina més favorables. Altres decideixen marxar a Europa, on les possibilitats que té un imam de trobar un major reconeixement professional són més elevades que a Espanya. La mobilitat d'aquest personal religiós constitueix una de les principals constants del procés de configuració comunitària de l'islam a Catalunya, una mobilitat que a vegades adquireix una dimensió transnacional, i que fa que poder treballar a França, Holanda, Bèlgica o Alemanya estigui en la ment de molts dels imams que ara són aquí.

De cara a la comunitat i, en especial, respecte d'aquells que l'han contractat per cobrir les demandes de caràcter cultural que pugui expressar el col·lectiu, s'espera que l'imam mantingui una certa distància respecte de la societat d'acollida, i que la seva vida transcorri en l'interior dels diferents espais comunitaris. Una excessiva obertura o receptivitat vers la societat exterior pot ser interpretada com una actitud no gaire adequada per a la seva tasca. Tot al contrari del que pensa la societat receptora, que espera dels imams –considerats com a líders indiscutibles en el si del col·lectiu– una ferma voluntat de participar en ella i facilitar així la integració del seu col·lectiu de referència. La contradicció entre les dues projeccions del que s'espera que ha de fer un imam –ja m'he referit a bastament a aquest contrast en la introducció d'aquest llibre–, es resol, de cara a la societat espanyola, amb la consideració crítica del grau de deficiència en la integració social d'aquests especialistes religiosos, que es demostra a través del pobre coneixement de la llengua del país i dels costums, les realitats i els hàbits propis d'aquesta societat. Segons estimacions que fa el Consell Islàmic i Cultural de Catalunya, tan sols el 10% dels imams a Catalunya es poden expressar amb fluïdesa en castellà o català.[14]

4. TASQUES I FUNCIONS D'UN IMAM EN UN CONTEXT

Funcions principals i complementàries dels imams en un context migratori

Principals	• Direcció de l'oració (*salawat al-jams*) • Predicació canònica (*jutba al-minbariya*) i complementària (*dars*) • Atenció religiosa (consultes, celebració d'actes de matrimoni, atenció als difunts i tanatopraxi, serveis comunitaris) • Formació religiosa (per a nens i nenes, adults, joves i dones)
Complementàries	• Tasques d'atenció social • Mediació en conflictes comunitaris • Recollida i gestió de la *zakat* • Organització del *hayy* • Acollida d'altres imams itinerants • Manteniment i guàrdia de l'oratori

Font: Elaboració pròpia.

MIGRATORI

Davant l'especialització que es mostra en les societats musulmanes, la figura de l'imam en un context migratori, lluny de tenir un estatut plenament definit, es troba en plena reelaboració. Situats en el centre del debat pel control del camp religiós musulmà a Europa, els imams són freqüentment qüestionats per la seva formació religiosa i per la seva influència en el si de la comunitat musulmana. De la mateixa manera que els espais propis de culte adquireixen noves funcions, els imams a Europa –que sovint són les úniques figures religioses presents en aquest context– també mostren nous perfils, diferents als d'origen. El rol d'aquests professionals a Europa exemplifica amb claredat alguns dels reptes que se li formulen a l'islam en un context de diàspora, començant per les tres tasques fonamentals d'aquest personal religiós: d'una banda, vetllar pel contingut espiritual i normatiu de la tradició islàmica; de l'altra, garantir la reproducció d'aquest vincle amb la tradició d'origen (que no és només religiosa, sinó també cultural); i, a l'últim, contextualitzar-la en funció dels nous interrogants suscitats pels mateixos fidels musulmans davant la nova realitat social en què s'assenten. Els dos problemes principals amb què es troben aquests especialistes religiosos (la posada en qüestió de la seva legitimitat i la seva veritable capacitat per poder respondre a les necessitats de tipus espiritual d'aquesta comunitat en diàspora), estan tenint una doble conseqüència: per una part, el manteniment d'una situació de dependència doctrinal externa, respecte d'altres interpretacions i referències que són definides en contextos socials pròpiament islàmics, amb difícil encaix en realitats no musulmanes. Per l'altra, i en l'absència d'autoritats doctrinals islàmiques a Europa (perfils més propis del que seria un *alim* o un *mufti*), la temptació d'aquests imams de convertir-se en intèrprets de la referència islàmica, sense tenir la capacitat formativa suficient.

D'acord amb una interpretació ortodoxa de la tradició islàmica, la figura de l'imam no es defineix pròpiament tant com un càrrec sinó a partir d'una sèrie de funcions. Les expressions d'organització i institucionalització del culte musulmà (tant en les societats musulmanes com en un context migratori) comporten, però, la burocratització d'aquesta funció i, per tant, la configuració de perfils professionals formals i retribuïts. De la mateixa manera, cal considerar que pel que fa a les funcions existeixen diferents especialitzacions, marcades per determinades especificacions, i que unes persones estan més capacitades que d'altres per complir-les. Fins i tot l'accés a aquestes especificitats es realitza segons diferents trajectes formatius (vegeu la nota 44 de la introducció d'aquest volum, per tal de tenir presents els diferents perfils específics que s'inclouen dins la figura de l'imam).

En un context migratori, les tasques de l'imam es defineixen en funció de les necessitats religioses comunitàries, la qual cosa suposa que aquest es converteixi en una figura polivalent, que assumeix altres tasques que no li eren pròpies en la seva societat d'origen.

En un context migratori, les tasques de l'imam es defineixen en funció de les necessitats religioses comunitàries, la qual cosa suposa que aquest es converteixi en una figura polivalent, que assumeix altres tasques que no li eren pròpies en la seva societat d'origen. En el quadre anterior s'exposen les funcions principals i complementàries que adopta l'imam en immigració: Les funcions principals corresponen bàsicament a atribucions religioses bàsiques, d'atenció al culte, assistència comunitària i formació religiosa. Les complementàries, en canvi, malgrat que poden tenir també una dimensió religiosa, incorporen altres elements de tipus social o comunitari. Tant les unes com les altres responen a les expectatives que es formulen des de la comunitat respecte a què s'espera que compleixi l'imam, tant en l'àmbit de demandes d'atenció religiosa com comunitària. Sobre ell es projecta i es diposita la confiança de la comunitat, per tal que protagonitzi un rol de perpetuació i enculturació religiosa (no exclusivament de les noves generacions), en mantenir activa la referència tradicional que el vincula amb la societat d'origen, com a forma de fer un contrapès a l'acció aculturadora de les societats europees.

La confiança que la comunitat diposita en els imams es transforma en prestigi i reconeixement social, d'acord amb la implicació que aquests adoptin en els afers que afectin el col·lectiu.

La forma en què es manté activa aquesta referència tradicional depèn de l'heterogènia configuració d'un camp religiós[15] islàmic a Espanya, on el contrast que es perfila entre l'existència de grans centres islàmics (aproximadament una desena a tot l'Estat) amb reconeguts imams al capdavant, i la presència d'oratoris semiocults en barris amb forta concentració immigrant i amb imams amb una formació tradicional bàsica, té un paper força destacat en la reconstrucció de la referència islàmica en un context no musulmà. En aquest procés de configuració comunitària,[16] el rol dels imams és prou destacat, tant si les seves funcions es mantenen dins de l'àmbit religiós com si també n'incorporen d'altres de caràcter sociocomunitari. L'adopció de funcions més pròpies de l'àmbit que he definit com a complementari, en especial aquells que es desenvolupen dins les tasques d'actuació social i mediació comunitària, incorpora noves dimensions per a l'expressió d'un principi de lideratge que incorpora la figura de l'imam. La inestimable tasca d'atenció social que desenvolupen alguns oratoris musulmans, acompanyada de la prevalença de la figura de l'imam comunitari (en què, al reconeixement de la seva autoritat religiosa s'afegeixen també components de tipus carismàtic) eixampla la percepció de l'imam, que passa de ser considerat un especialista religiós a adoptar un rol de líder comunitari. A França, estudis com el de Dounia Bouzar (*L'islam des banlieues. Les prédicateurs musulmans: nouveaux travailleurs sociaux?* París: La Découverte - Syros, 2001) analitzen el perfil de mediadors socials que comencen a adoptar alguns imams que treballen en barris amb forta concentració musulmana. La confiança que hi diposita la comunitat es transforma en prestigi i reconeixement social, d'acord amb la implicació que aquests adoptin en els afers que afectin el col·lectiu. Amb vista al futur, caldrà veure si en el cas espanyol es progressa en aquesta direcció de participació activa en la vida comunitària més enllà dels aspectes culturals, o si la figura de l'imam continua reclosa dins l'àmbit estrictament religiós.

5. CRITERIS COMUNITARIS PER AVALUAR LA COMPETÈNCIA RELIGIOSA

Dins de l'ambient de sospita generat després de l'11-M, la qüestió del grau de formació dels imams sembla ocupar un lloc destacat en la percepció de la presència musulmana a Espanya. Les evidències indiquen que el grau i el tipus de formació d'aquest personal és força variat, un fet que dóna prou arguments a aquells que suggereixen que és necessari regularitzar i controlar tant els espais de culte com aquells que els dirigeixen. Els anteriors articles d'aquest volum, en parlar de les experiències europees, ja han fet referència al debat generat en alguns d'aquests països a l'entorn de la qüestió de la formació dels imams, i de les propostes perquè aquesta formació sigui promoguda pels estats europeus. En el debat que tot just hem encetat a Espanya, la lògica que impera proclama la necessitat d'exercir un control més estricte d'aquest personal religiós, en especial de les seves activitats de culte (fonamentalment, dels seus sermons). La qüestió de la formació, en tot cas, a penes si es considera, i quan es fa s'argumenta que és competència i responsabilitat dels països musulmans, que són els que envien a Europa aquest personal religiós per atendre les necessitats de culte de les seves comunitats nacionals. En el cas concret de l'Estat espanyol, on la gran majoria dels musulmans són d'origen marroquí, això no funciona ben bé així: en primer lloc, ni el Govern marroquí que forma imams per anar a treballar a Espanya, ni –en segon– tampoc estructura l'arribada d'imams a les comunitats musulmanes locals, com sí que ho fa, per exemple, el Govern turc respecte dels seus súbdits repartits per Alemanya, Bèlgica o els Països Baixos.

Més enllà de posseir un títol oficial, el prestigi dels imams i la seva influència sobre la comunitat es fonamenten, abans que en el coneixement i en l'acumulació de títols, en l'acompliment efectiu de les tasques de les quals se'ls ha fet responsables.

El que esdevé imperatiu dins d'una perspectiva d'institucionalització (és a dir, que els responsables del culte puguin acreditar la formació i preparació necessàries per encarregar-se d'aquestes tasques), en el terreny de l'organització quotidiana de l'islam a Espanya adopta un caràcter relatiu. Les estimacions al respecte ho demostren: segons el Consell Islàmic i Cultural de Catalunya, el 60% de les persones que exerceixen habitualment com a imams adscrits a un oratori (recordem que a Catalunya només el 54,4% d'ells tenen un imam fix) podrien presentar algun certificat que demostrés que han cursat estudis religiosos. Malgrat que aquest personal no sempre disposa de les certificacions que avalin els seus coneixements religiosos (la qual cosa els impedeix que la seva tasca pugui ser totalment reconeguda per llei), això no vol dir que les mateixes comunitats locals no disposin de criteris suficients per avaluar la competència i les aptituds de l'imam que hagi estat contractat o ho hagi de ser per posar-se al capdavant de la mesquita comunitària. El reconeixement d'aquestes figures es defineix a través d'una triple combinació entre saber, pràctica i confiança. Si bé la figura de l'imam adquireix un caràcter central entre la seva comunitat, això no significa que ocupi una posició de poder, encara que sí de prestigi. Sovint, alguns responsables associatius recorden que els imams no deixen de ser uns treballadors assalariats al servei del col·lectiu, i que han estat contractats per oferir una sèrie de serveis comunitaris. Per tant, més enllà de posseir un títol oficial, el seu prestigi i la seva influència es fonamenten, abans que en el coneixement i en l'acumulació de títols, en l'acompliment efectiu de les tasques de les quals se'ls ha fet responsables.

Un dels criteris principals que té la comunitat per garantir la capacitació de l'imam que es vol contractar prové del coneixement personalitzat de la seva trajectòria. En primer lloc, pel que fa a l'origen: sovint l'origen de l'imam coincideix amb el del col·lectiu on treballarà i, per tant, les referències sobre el seu trajecte formatiu (haver-se format en una escola religiosa tradicional –*madrasa*– de prestigi reconegut, o haver estat deixeble d'un reconegut imam-mestre), sobre el seu tarannà o el seu provat caràcter pietós, només poden fer-se evidents a través d'un coneixement personal. En segon lloc, el prestigi social també es deriva de la valoració positiva que es fa de la tasca d'aquesta persona: el fet d'haver treballat en altres oratoris de prestigi, la fama de ser un bon orador, d'haver demostrat que hom ha memoritzat el text de l'Alcorà, o que es coneixen en profunditat els dits i fets del profeta Mahoma, també són factors que juguen al seu favor, i malgrat que no poden reemplaçar la possessió d'un títol oficial, a ulls de la comunitat suposen uns veritables criteris per avaluar qualitativament la seva capacitació.[17]

En tercer lloc, el treball diari i quotidià és la font principal de referències que té una comunitat per avaluar la competència del seu imam. Que acompleixi les expectatives i que respongui a la confiança dipositada en ell és un argument de pes, fort i suficient com per valorar positivament la seva aportació a la comunitat. Aquesta avaluació continuada de la trajectòria pública de figures comunitàries com l'imam (i que la comunitat també projecta sobre altres perfils com ara comerciants, propietaris de carnisseries *halal*, o responsables associatius), espera veure en ells musulmans modèlics, que serveixin de guia a la resta de la comunitat. Els imams, a més d'aquestes altres figures, es converteixen en els pilars sobre els quals es fonamenten els principis d'afirmació col·lectiva, actuant com a garants del manteniment d'aquest marc de referències comunitàries, tot i evitant (especialment els imams, en la seva condició d'especialistes religiosos) que es produeixi el que Benkheira (1998) anomena una situació de «des-ritualització» de la vida comunitària musulmana, especialment marcada en un context migratori.

Cal esperar que conforme avanci el procés de configuració del camp religiós musulmà a Catalunya, la formació i preparació d'aquest personal religiós es faci més sòlida i consistent, i que també les modalitats de contractació per part dels responsables comunitaris passin pels canals regulars.

En conjunt, es podria dir que el discret nivell formatiu que mostren aquests imams repercuteix sobre el seu treball comunitari. Per exemple, en els cursos de formació oficial al Marroc s'inclouen procediments pedagògics i didàctics que han d'emprar els imams per impartir classes als nens. El desconeixement d'aquests fonaments o d'altres empobreix la seva feina. Els buits formatius també es troben en l'elaboració i l'execució del sermó (*jutba*) de divendres, on s'emfasitza més l'aspecte formal i retòric que de contingut. Si el sermó de l'imam ha de tenir una intenció formativa i reflexiva, per tal que pugui servir de referència per poder afrontar d'una manera més efectiva els problemes i les situacions diàries a què s'enfronten els musulmans a Catalunya, el resultat és ben magre, ja que la tendència habitual d'aquestes prèdiques segueix enfocant-se cap a aspectes de la doctrina i el comportament correcte de tot musulmà, sense que es concreti en cap context social definit. La principal preocupació (de responsables comunitaris i d'imams) segueix ser poder desenvolupar una pràctica socialitzadora de qualitat; per contra, des de la societat europea la tendència habitual és recelar del contingut d'aquestes prèdiques i aquestes formacions, en témer que es converteixin en vehicles d'introducció d'idees radicals.

Definitivament, cal esperar que conforme avanci el procés de configuració del camp religiós musulmà a Catalunya, la formació i preparació d'aquest personal religiós es faci més sòlida i consistent, i que també les modalitats de contractació per part dels responsables comunitaris passin pels canals regulars. Però per contribuir activament a aquest procés, si es té en compte que se segueix formulant la rellevància d'aquest personal religiós en el procés d'integració dels seus col·lectius de referència, caldrà plantejar-se seriosament el debat sobre la formació i les condicions que s'han de requerir per poder desenvolupar aquesta tasca d'atenció religiosa a Espanya i a Catalunya.

6. DE LA FUNCIÓ AL CÀRREC: LA VIA DE LA INSTITUCIONALITZACIÓ DELS IMAMS

Sociològicament parlant, hi ha dos criteris objectius per determinar la possessió d'una autoritat religiosa en l'islam: estar adscrit a una mesquita o acreditar la formació religiosa rebuda. Si bé es podria imaginar que ambdós elements es troben estretament lligats entre si, en un context migratori es poden presentar desvinculats, i acomplir el primer criteri sembla més senzill que demostrar el segon. O el que és el mateix, ja que en immigració no existeix ni el mateix grau d'organització ni d'institucionalització del camp religiós que en la societat d'origen, l'única institució cultural que sembla reconstruir-se –la mesquita– es converteix en la instància certificadora de les expressions d'aquesta autoritat. Paradoxalment, però, en aquest context de feble organització, propi de l'àmbit migratori, el rol de l'imam tendeix a burocratitzar-se, i passa de ser una funció a un càrrec. L'explícita vinculació que s'estableix entre ser imam i estar adscrit a una determinada mesquita (el que sovint també vol dir d'una determinada població, la qual cosa li atorga una significativa dimensió territorial), que en el país d'origen és fruit de l'organització burocràtica del culte, en el context migratori es converteix en una manera molt efectiva d'assentar i legitimar l'autoritat religiosa d'aquesta figura.

És fonamental distingir entre l'organització del culte musulmà i la institucionalització de la seva representació comunitària.

Les mesquites en immigració són els receptacles on s'expressa i es propaga aquesta autoritat religiosa. Per Joan Lacomba (2000: 159), els imams són «los representantes del Islam institucionalizado, es decir, el Islam legitimado y producido en el marco de la institución religiosa que es la mezquita». Estic d'acord amb ell quan incorpora l'element institucional en el reconeixement d'aquest personal religiós, però la implícita separació que fa entre un islam formal i un altre d'informal no permet distingir entre els principis d'organització primària i de representació que avui en dia es configuren quant a la presentació pública de l'islam a Espanya. Crec necessari formular una clara distinció entre organització i institucionalització. Entenc per organització les dinàmiques creades cap a l'interior dels col·lectius musulmans vinculats a l'entorn d'un oratori local creat per respondre a un seguit de necessitats religioses i comunitàries bàsiques. Condicionats per una perspectiva eminentment local, aquests col·lectius es concentren fonamentalment a resoldre problemàtiques immediates (l'educació religiosa dels seus fills, l'administració mes a mes de l'oratori local i el pagament del sou de l'imam, les relacions amb l'ajuntament de la seva localitat, etc.), alhora que mantenen una relació més o menys directa i contínua amb altres comunitats que es troben en la seva mateixa situació. En canvi, parlaria d'institucionalització per referir-me a una dinàmica que tendeix vers el conjunt de la comunitat musulmana a Catalunya, desenvolupada per aquells centres i col·lectius que, amb una vocació més associativa i amb voluntat representativa, volen aparèixer com a punts de referència per a altres comunitats. El seu àmbit d'actuació ja no és exclusivament el local, sinó bàsicament el supracomunitari, la qual cosa implica una doble relació: amb la resta de col·lectius musulmans i amb les diferents administracions polítiques presents en l'àmbit territorial corresponent (Moreras, 2003).

Crec que és fonamental distingir entre l'organització del culte musulmà i la institucionalització de la seva representació comunitària, ja que l'actual debat al voltant de la regularització de les mesquites i el control dels imams es planteja en un context en què la suposada institucionalització de l'islam a Espanya a través de l'Acord de Cooperació de 1992, ha quedat en entredit després de més de dotze anys de desenvolupament i aplicació gairebé nuls.[18] Respecte d'aquestes dues qüestions, queda en evidència que malgrat que el contingut i l'esperit de l'Acord volien fomentar l'aspecte organitzatiu del culte musulmà, el cert és que no ha estat possible d'imposar-lo en topar amb una sèrie de dinàmiques d'autoregulació del culte que ja eren presents en l'emergència de les diferents comunitats musulmanes a Espanya. Sempre he afirmat que l'Acord de 1992, malgrat que és un marc legal profitós i interessant, només considerava una part molt concreta dels musulmans d'Espanya (aquells que des dels anys setanta s'havien implicat en un dens teixit associatiu, i que des de llavors havien estat pugnant per aconseguir la representació davant l'Estat), i només en els aspectes més immediats d'institucionalització d'una representació unitària de l'islam a Espanya, amb la constitució de la Comissió Islàmica d'Espanya.

Si en la pràctica definida a través de l'Acord de 1992,

la institucionalització de la figura dels imams no ha progressat gaire, això ha estat perquè a les dues principals instàncies federatives que configuren la Comissió Islàmica no els ha calgut legitimar-se des d'un punt de vista doctrinal i d'autoritat religiosa.

Per primera vegada les discrepàncies doctrinals també s'incorporen plenament dins del debat quant a la institucionalització de l'islam espanyol, en el qual la discussió sobre els imams es planteja de manera oberta amb formulacions de regulació i de burocratització d'aquests.

De fet, el debat intern que han mantingut les dues principals federacions islàmiques a Espanya, no s'ha expressat gairebé mai en termes d'autoritat doctrinal, i sí –en canvi– de representativitat envers l'Estat. Els punts de vista d'ambdues federacions envers els imams també divergeixen: mentre que el principal responsable de la UCIDE, Riay Tatary, fa una valoració positiva de l'autoritat i el lideratge comunitari que representen els imams, si bé reconeix la baixa formació que posseeixen alguns (ell mateix acostuma a presentar-se com l'imam principal de la mesquita Abu Bakr, al madrileny barri de Tetuán), membres destacats de la FEERI defensen una visió dels imams més ortodoxa i menys institucionalitzada (Hashim Cabrera, actiu membre de Junta Islámica, argumentava que qualsevol musulmà que dirigeix l'oració és un imam i que, per tant, tots els musulmans són potencialment imams (Cabrera, 2003).[19]

Dos fets importants es produeixen dins d'aquest panorama d'institucionalització de la figura dels imams: en primer lloc la creació, el juny de 2000, del Consell Islàmic i Cultural de Catalunya, que malgrat haver adquirit un estatus legal com a associació cultural, es defineix com la reunió d'una sèrie d'imams marroquins que pertanyen a una trentena de comunitats locals a Catalunya. Es tracta de la primera iniciativa formal desenvolupada per posar en primera fila aquests líders religiosos, habitualment relegats a un segon terme i, en la majoria dels casos, que ni tan sols no formen part del consell directiu dels oratoris on exerceixen la seva tasca. El principal actiu del Consell el constitueix la reivindicació del lideratge de les persones que representaven l'autoritat religiosa en contextos comunitaris locals.

El segon fet es relaciona amb el relleu en la cúpula de direcció de la FEERI, i l'enfrontament directe que es va viure durant la reelecció (gener de 2001) entre els partidaris de la línia continuista (que finalment aconseguiren mantenir en el càrrec de secretari general Abdelkarim Carrasco, en substitució de Mansur Escudero, que va presentar la seva dimissió l'octubre de 2001), i els sectors que tenien el suport dels saudites. Des de feia temps, entitats vinculades a interessos saudites promovien la creació d'un consell superior d'imams, que havia de tenir un paper fonamental en la definició doctrinal de l'islam espanyol. En un primer moment, la FEERI es mostrà receptiva envers aquest projecte, del qual progressivament es va anar distanciant, sobretot per l'orientació que es volia donar a aquest consell superior, en què una figura destacada havia de ser l'imam de Fuengirola, Mohamed Kamal Mustafa, que constava com a assessor en doctrina islàmica per la FEERI. Les discrepàncies creixents provocaren definitivament la ruptura, i una de les derivacions d'aquest procés d'enfrontament intern es pogué veure en l'activa participació de membres de la FEERI, com a part acusadora, en el judici contra Kamal Mustafa. Per la FEERI, que veia aquest projecte com l'intent de control de l'islam espanyol per part saudita, la constitució d'aquest consell avui en dia no és possible, ja que no reflecteix la pluralitat doctrinal existent en l'islam espanyol, ni es pot dotar d'una autoritat doctrinal consistent, i només seria plausible si existissin en el país les institucions educatives islàmiques que garantissin la formació adequada d'aquestes persones.[20]

No ho veuen així, en canvi, els promotors d'aquesta idea, els quals continuen argumentant la necessitat de comptar amb aquest òrgan doctrinal superior. L'imam egipci de la mesquita madrilenya de la M-30, el xeic Moneir Mahmoud El Messery s'ha pronunciat públicament a favor d'aquest projecte, amb motiu de la polèmica al voltant del paper i la formació dels imams a Espanya. Segons ell, el Consell hauria d'evitar l'emergència d'imams autoproclamats, i serviria per unificar criteris quant a les qüestions doctrinals.[21]
Sigui quina sigui la resolució d'aquesta polèmica, el cert és que per primera vegada les discrepàncies a l'entorn de qüestions doctrinals també s'incorporen plenament dins del debat quant a la institucionalització de l'islam espanyol, en el qual la discussió sobre els imams es planteja de manera oberta amb formulacions de regulació i de burocratització d'aquesta figura.

7. CONCLUSIONS: TEMPS DE SOSPITES, TEMPS DE CONTROL

Tothom té clar que el panorama islàmic de l'Espanya de l'any 1992, que data de la signatura de l'Acord de Cooperació amb la Comissió Islàmica d'Espanya, no és el mateix que el del 2004. Que les circumstàncies socials i polítiques, així com el clima d'opinió respecte d'aquesta presència, han canviat substancialment, és prou evident. Com també que s'han generat nous interrogants, alguns d'ells inicialment ni tan sols previstos (com per exemple, la qüestió de la formació dels imams). Ara bé, bona part d'aquestes noves qüestions provenen de dinàmiques derivades de l'assentament de les comunitats musulmanes d'origen immigrant, que avui en dia constitueixen l'aclaparadora majoria de la presència musulmana al nostre país. Unes dinàmiques que ni tan sols no es preveien en els continguts de l'Acord, que obvien tota referència al factor exogen d'aquests col·lectius. Considero que un dels aspectes més lloables de l'Acord és l'explícit reconeixement de l'islam com a confessió religiosa arrelada socialment i històricament al país, però la configuració d'un islam espanyol (o català) no depèn només d'una declaració de bones intencions, sinó també de compromisos polítics clars, tant per part de les representacions instituïdes d'aquests col·lectius (que ja fa temps que donen mostres d'aquesta voluntat), com per les administracions de l'Estat als seus diferents nivells, que no deixen de ser les garants dels principis de la llibertat religiosa que proclama la Constitució espanyola.

Tota expressió informal, semilegal o no regulada del culte islàmic ha passat a ser considerada sospitosa.

En el debat que tot just s'ha plantejat al nostre país, hi ha una tendència exagerada a culpabilitzar les expressions d'una autorganització informal dels col·lectius musulmans. Així, els petits oratoris situats en locals, baixos o garatges, molts d'ells en una situació d'invisibilitat social i d'irregularitat legal, s'han convertit en el blanc dels atacs i han esdevingut sospitosos de fomentar l'extremisme. Després de les crítiques expressades pel president de l'Asociación de Trabajadores Inmigrantes Marroquíes en España (ATIME), Mustafá El Mirabet, per tal d'acabar amb «la tolerancia con los iluminados que lanzan sermones en los garajes» (*El País*, 7 d'abril de 2004), i la rèplica favorable del ministre de l'Interior, José Antonio Alonso, en el sentit que «hay que ir a un escenario legal en el que se pueda controlar a los imames de las pequeñas mezquitas, que es donde se produce esa articulación del fundamentalismo islámico» (*El País*, 2 de maig de 2004), tota expressió informal, semilegal o no regulada del culte islàmic ha passat a ser considerada sospitosa.
No deixa d'haver-hi una contradicció profunda en tots aquests arguments: potser no es vol recordar que la gran majoria dels oratoris musulmans que hi ha a l'Estat espanyol són el resultat de la modesta iniciativa de grups de treballadors immigrats que, amb recursos limitats, habiliten espais en condicions deficients per a la seva pràctica comunitària, i que

és gràcies a aquests espais que aquests col·lectius poden reconstruir la referència islàmica. Potser també s'oblida que la forçada invisibilitat que mostren aquests espais de culte és fruit d'una decidida voluntat de passar desapercebuts en un context social que rebutja cada vegada amb més força la seva presència pública: només cal recordar les recents polèmiques existents a Catalunya per l'obertura de centres d'aquestes característiques. Probablement tampoc no es coneix que la mobilitat és un dels principals factors que condiciona la presència d'imams en immigració, i que molts d'ells són temporalment a Espanya, ja que desitgen anar a treballar a Europa, on trobaran unes condicions millors de feina, que les comunitats musulmanes espanyoles no els poden garantir.

Malgrat tot, i sense menysprear la importància de la cooperació internacional en aquest tema, la qüestió de l'organització del culte i la institucionalització de la representació de l'islam a Espanya ha de trobar les seves claus en l'interior d'aquests col·lectius.

La penetració de discursos de radicalitat política o ortodoxa entre les comunitats musulmanes no depèn del seu major o menor grau de regularitat administrativa: les dues grans mesquites de Madrid han estat considerades sospitoses d'haver acollit persones implicades en trames terroristes i, en canvi, es troben inscrites al Ministeri de Justícia des del primer dia. Crec que hem de tenir clar que aquestes idees rigoristes no penetren en un camp sense llaurar, sinó en un terreny en què prèviament existeixen cultius propis. Tot dependrà de la força de les seves arrels, que permetran o no que germinin altres idees o doctrines. D'altra banda, sovint es desconeix completament que les petites comunitats locals han desenvolupat les seves pròpies estratègies per tal de poder controlar l'accés d'aquestes idees en el seu interior. Una capacitat de resposta que avui es troba en certa crisi, provocada des de l'interior per un cert esgotament dels responsables associatius, com també des de l'exterior, per la pressió cada vegada més forta d'aquests grups per fer-se amb el control dels oratoris.

Crec que és necessari recordar tots aquests aspectes, perquè socialment s'està generant un discurs que acaba suggerint que l'emergència d'un islam a Espanya no s'està produint només d'una manera oculta i irregular, sinó també en contra dels principis i ordenaments legals vigents al nostre país. Plantejo com a hipòtesi el fet que els factors d'informalitat i d'autoregulació als qual m'he referit anteriorment (tant quant a l'obertura anàrquica d'oratoris musulmans arreu del país –una dinàmica que, certament, ha disminuït considerablement els darrers anys, probablement per la pressió conjunta d'ajuntaments i ens locals perquè aquests locals s'obrissin correctament–, com pel que fa a la contractació i l'exercici de les funcions dels imams), no es generen com a oposició frontal als principis de control i organització que proposava el text de l'Acord de Cooperació de 1992. En primer lloc, perquè es tracta de dinàmiques ja existents i prèvies a la seva signatura, i més pròpies d'una realitat migratòria que no de la configuració d'una minoria religiosa. En segon, perquè com s'ha pogut veure en la inscripció registral de les mesquites, fins fa pocs anys aquesta encara es considerava com un tràmit secundari i complementari, al qual ha contribuït el fet que no tingués un caràcter obligatori. I, en tercer, perquè si bé és cert que algunes comunitats musulmanes –ja sigui per desconeixement o bé per desinterès– no han fet seva la voluntat organitzativa i institucionalitzadora del text de l'Acord, tampoc no s'han enfrontat directament amb els seus promotors. La suposada oposició que podria existir entre les dues federacions islàmiques, d'una banda, i les comunitats musulmanes locals, de l'altra, és una interpretació una mica forçada.

Aquesta autoregulació no pot, en canvi, evitar la situació de dependència externa continuada que es configura com una de les principals dinàmiques en la constitució d'un islam espanyol o europeu. Es fa difícil pensar en la configuració d'un islam europeu com a realitat aïllada i sense connexions transnacionals (Allievi-Nielsen, 2003), especialment quan segueix existint una dependència tan forta respecte de les societats d'origen des del punt de vista doctrinal, emotiu, simbòlic, d'idees i –també– financer. El trànsit de predicadors musulmans al llarg d'Europa és pràctica constitutiva de l'islam que s'està configurant: ho podem veure durant el període del dejuni del ramadà, a vegades promogut pels governs dels països d'origen, i altres vegades gestionat per les entitats islàmiques mateixes.

Des d'Europa, però, aquesta dependència s'interpreta com una intromissió per part dels governs dels estats d'origen, no solament quant als afers propis dels seus súbdits, sinó també en relació amb la institucionalització de l'islam en territori europeu.[22] Però no deixa de ser significatiu assenyalar que diferents estats europeus, en clau purament diplomàtica, no han dubtat a col·laborar activament amb aquests governs d'origen per tal de considerar aquesta institucionalització. Ho hem anat veient des dels anys setanta, en els diferents projectes de creació de grans centres culturals islàmics que han estat sufragats totalment o parcialment amb aportacions d'aquests països, i s'ha fet evident durant el procés de constitució del Consell Francès del Culte Musulmà. En l'actualitat, la temptació de col·laborar estretament amb determinats governs musulmans en l'organització i la regulació de l'islam a Europa és especialment forta, sobretot si la lògica que guia els interessos compartits d'uns i altres és la lluita contra el terrorisme internacional.[23] Malgrat tot, i sense menysprear la importància de la cooperació internacional en aquest tema, la qüestió de l'organització del culte i la institucionalització de la representació de l'islam a Espanya ha de trobar les seves claus en l'interior d'aquests col·lectius. I per això es fa necessari revisar a fons les eines i els instruments de què disposem. Començant pel contingut de l'Acord, que caldria ajustar a les noves dinàmiques que han concorregut amb l'assentament de comunitats d'origen immigrant, seguint amb la composició de la mateixa Comissió Islàmica d'Espanya, que si ha de convertir-se en entitat representativa de l'islam espanyol, ha de ser capaç de dotar-se de mecanismes de regulació interna (on se senti representada l'heterogeneïtat de l'islam a Espanya) i externa (per tal d'erigir-se en la instància que ha de promoure l'execució del marc legal que defineix l'Acord). Cal afrontar la qüestió de la formació dels imams i educadors d'ensenyament religiós islàmic, a partir de propostes ja avançades en reunions mantingudes per representants musulmans i l'anterior administració de l'Estat, per tal d'acceptar la creació d'escoles superiors religioses. I, a l'últim, s'ha d'obrir el debat a l'entorn de la qüestió del finançament econòmic de l'organització d'aquest culte, per tal de garantir la seva igualtat de condicions davant la llei, i no convertir en crònica la fragilitat material i la dependència externa que pateix actualment. Totes aquestes són mesures que impliquen els diferents agents que participen en la configuració de l'islam espanyol com a minoria religiosa, i que l'encaminen a fer-lo sortir del seu cul-de-sac organitzatiu. Res no canviarà, però, si ens mantenim aferrats a una lògica d'acció que valora el registre i el control per damunt del reconeixement.

Bibliografia

ALLIEVI, STEFANO - NIELSEN, JORGEN S. (eds.) (2003), *Muslim networks and transnational communities in and across Europe.* Leiden: Brill.

BENKHEIRA, MOHAMMED H. (1998), «Vider l'islam de sa substance rituelle pour l'intégrer?», *Islam de France*, núm. 2.

BOURDIEU, PIERRE. (1971), «Genèse et structure du champ religieux», *Revue Française de Sociologie*, vol. 12, núm. 3, pp. 295-334.

CABRERA, HASHIM IBRAHIM. (2003), «El conflicto de los imames: reflexiones sobre la dawa» *Webislam*, núm. 218 (21 de juliol de 2003) (www.webislam.com).

CANALES, PEDRO - MONTÁNCHEZ, ENRIQUE, (2002), *En el nombre de Alá. La red secreta del terrorismo islámico.* Barcelona: Planeta.

CHAABAOUI, MOHAMED, (1994) «Rôle et statut de l'imam en France», a CIEMI «Intermédiaires culturels: le champ religieux», *Migrations-Société*, vol. 6, 33-34.

COLECTIVO IOÉ, (1987), «Los inmigrantes en España», *Documentación social*, núm. 66, gener-Març.

COLECTIVO IOÉ, (1994), *Marroquins a Catalunya*. Barcelona: Enciclopèdia Catalana - Institut Català d'Estudis Mediterranis.

DE WAAL MALEFIJT, ANNEMARIE, (1975), *Introducción a la antropología religiosa*. Estella: Editorial Verbo Divino.

FEMP, (1995), *Los municipios y la integración social de los inmigrantes. Análisis y propuestas de actuación*. Madrid: Federación Española de Municipios y Provincias.

FERNÁNDEZ-CORONADO, ANA, (1995), *Estado y confesiones religiosas: un nuevo modelo de relación*. Madrid: Civitas.

GARRETA, Jordi (2000), *Els musulmans de Catalunya*. Lleida: Pagès Editors.

HERRERA, JOSÉ MANUEL, (coord.) (1990), *Situación en España de los inmigrantes procedentes de países de mayoría islámica*. Madrid: Cáritas Española («Cuadernos de Acción Social», nº. 5).

ISOR-UAB, (2002), *Fitxes i mapa dels centres de culte islàmics a Catalunya*. Bellaterra: Investigació en Sociologia de la Religió - Departament de Sociologia - Universitat Autònoma de Barcelona (Document elaborat per encàrrec de la Secretaria d'Afers Religiosos-Departament de la Presidència) (31 de maig de 2002).

LACOMBA, JOAN, (2000), «La inmigración musulmana y el islam institucionalizado: la figura de los imames inmigrados», *Migraciones*, núm. 7, pp. 155-193.

LACOMBA, JOAN, (2001), *El islam inmigrado. Transformaciones y adaptaciones de las prácticas culturales y religiosas*. Madrid: Ministerio de Educación, Cultura y Deporte.

LÓPEZ GARCÍA, BERNABÉ, (coord.) (1993), *Inmigración magrebí en España. El retorno de los moriscos*. Madrid: Mapfre.

MALUQUER, ELISABETH, (1997), *Segon informe sobre immigració i treball social*. Barcelona: Diputació de Barcelona - Àrea de Serveis Socials.

MARTÍN MUÑOZ, Gema (dir.) (2003), *Marroquíes en España. Estudio sobre su integración*. Madrid: Fundación Repsol YPF.

MORERAS, JORDI, (1999), *Musulmanes en Barcelona. Espacios y dinámicas comunitarias*. Barcelona: Cidob Edicions.

MORERAS, JORDI, (2002a), «Lógicas divergentes. Configuración comunitaria e integración social de los colectivos musulmanes en Cataluña», a J. de Lucas - Francisco Torres (eds.), *Inmigrantes: ¿cómo los tenemos? Algunos desafíos y (malas) respuestas*. Madrid: Talasa.

MORERAS, JORDI, (2002b), «Limits and contradictions in the legal recognition of Muslims in Spain», a W. Shadid - P.S. Von Koningsveld (eds.), *Religious Freedom and the Neutrality of the State: The Position of Islam in the European Union*. Leiden: Peeters.

MORERAS, JORDI, (2003), *Aportacions a la gestió de la diversitat. El cas de la presència musulmana a la província de Barcelona*. Barcelona: Centre de Recursos per a la Integració de la Diversitat - Diputació de Barcelona.

NARBONA, LUIS MIGUEL, (1993), *Marroquíes en Viladecans. Una aproximación al tema de la inmigración*. Viladecans: Ajuntament de Viladecans.

RAMÍREZ NAVALÓN, ROSA MARÍA, (1994), «Los ministros de culto», a Jaime Bonet (et al.), *Acuerdos del Estado español con los judíos, musulmanes y protestantes*. Salamanca: Publicaciones de la Universidad Pontificia de Salamanca, pp. 135-158.

ROCA, MARIA - ROGER, ÀNGELS - ARRANZ, CARMEN, (1983), *Marroquins a Barcelona. Vint-i-dos relats*. Barcelona: Laertes.

SOLÉ, CARLOTA, (coord.) (1993), *Estudi de la realitat de les minories ètniques al districte de Ciutat Vella*. Barcelona (inèdit).

TEIM, (1996), *Atlas de la inmigración magrebí en España*. Madrid: Ministerio de Asuntos Sociales-Universidad Autónoma de Madrid.

VALENZUELA, JAVIER, (2002), *España en el punto de mira. La amenaza del integrismo islámico*. Madrid: Temas de Hoy.

Notes

1. «Les notícies que tenim sobre les mesquites en el nostre país ens indiquen que la projecció més integradora o aïlladora depèn en gran part de la personalitat de qui dirigeix la mesquita, l'imam. En aquest sentit, crec que s'hauria de prestar atenció a la formació d'imams per facilitar-los un bon coneixement del nostre país i afavorir en ells un tarannà obert». Presentació de l'Informe del Síndic de Greuges al Parlament de Catalunya, any 2000 (Diari de Sessions del Parlament de Catalunya, Sèrie C – núm. 175, de 26 d'abril de 2001, p. 8).
2. «Pregunta al Consell Executiu a respondre per escrit sobre la presència d'imams en la nova immigració» (Grup Parlamentari d'Esquerra Republicana de Catalunya, 22 de maig de 2000. Butlletí Oficial del Parlament de Catalunya, núm. 67, 7 de juny de 2000. Resposta per part de la consellera de Benestar Social: Butlletí Oficial del Parlament de Catalunya, núm. 88, 28 de juliol de 2000). «Pregunta al Consell Executiu a respondre per escrit sobre l'estat de la denúncia feta a l'imam de Sabadell» (Grup Parlamentari d'Esquerra Republicana de Catalunya, 11 de gener de 2001. Butlletí Oficial del Parlament de Catalunya, núm. 143, 31 de gener de 2001. Resposta per part de la consellera de Governació i Relacions Institucionals: Butlletí Oficial del Parlament de Catalunya, núm. 162, 20 de Març de 2001).
3. Vegeu el Butlletí Oficial del Parlament de Catalunya, núm. 210, de 30 de juliol de 2001.
4. Els especialistes religiosos són els individus que «són més destres en la realització de determinades tasques religioses que

altres membres de la seva comunitat» (De Waal Malefijt, 1975: 275). Es converteixen, segons la interpretació que fa Pierre Bourdieu de la seva funció, en dipositaris del capital religiós (l'ortodòxia), i formen part d'una estructura burocràtica que garanteix la continuïtat i la legitimitat de la seva funció com a especialistes (Bourdieu, 1971: 306).
5. Per a una anàlisi comparada del reconeixement en drets i deures dels ministres de culte evangèlics, jueus i musulmans després dels Acords de Cooperació signats el 1992, vegeu Ramírez Navalón (1994: 135-158).
6. La resta dels articles que fan referència explícita als imams en el text de l'Acord de Cooperació són el 3.2 (respecte al secret religiós), el 4.1 i 4.2 (sobre el servei militar), el 5 (quant a la protecció assistencial i la seva inclusió en el Règim General de la Seguretat Social), el 7.1 (pel que fa al requisit de la seva presència per a la celebració d'un matrimoni musulmà) i el 9.1 (referent a l'assistència religiosa en establiments de dependència pública).
7. Per a una anàlisi d'aquestes negociacions, vegeu Fernández Coronado (1995), especialment el capítol tercer.
8. El País, 17 de maig de 2004.
9. Art. 41. Excepciones al permiso de trabajo: «No será necesaria la obtención de permiso de trabajo para el ejercicio de las actividades siguientes: [...] h) los ministros, religiosos o representantes de las diferentes iglesias y confesiones, debidamente inscritas en el Registro de Entidades Religiosas, en tanto limiten su actividad a funciones estrictamente religiosas.»
10. Art. 68. Excepciones al permiso de trabajo: 1.2. «Que tengan, previa certificación del Ministerio de Justicia, la condición de miembros del culto, religiosos o representantes de las distintas iglesias y confesiones, habiendo profesado o realizado los estudios requeridos para ello, según las normas internas de las mismas y se hallen investidos y facultados para el ejercicio de su ministerio o para la administración de los sacramentos.»
11. Art. 68. Excepciones al permiso de trabajo: 1.4. «Que no pretendan desarrollar actividades retribuidas, aunque se correspondan con la misión de su iglesia o confesión, ni sean personas vinculadas con una orden, confesión o religión que aún no hayan profesado, aunque temporalmente realicen actividades de carácter pastoral, así como los estudiantes, postulantes, novicios y asociados, aunque lleven a cabo actividades encaminadas a adquirir posteriormente la condición de ministros, sacerdotes o religiosos, o realicen una actividad o servicio temporal en cumplimiento de sus estatutos religiosos.»
12. Durant el ramadà de 2003, el Govern del Marroc, a través de la Fundació Hassan II, va enviar a Espanya un total de nou imams de suport per a les comunitats marroquines. A Catalunya, se'n van destinar quatre.
13. Diferents estudis han elaborat tipologies sobre les funcions o els rols que representen els imams en un context migratori. La que proposa Mohamed Chaabaoui (1994) insisteix en el fet que la tasca d'imam és compartida amb altres activitats (així, n'identifica els perfils següents: imam-president, imam-estudiant, imam-obrer, imam temporal i imam de pas). La que elabora Franck Frégosi en aquest volum reflecteix, en canvi, els components de context que es troben presents en aquests perfils, tant pel que fa a la formació com al tipus de contractació i al vincle amb les comunitats musulmanes.
14. La iniciativa formativa promoguda des d'octubre de 2002 pel Consorci de Normalització Lingüística del Departament de Cultura i la Direcció General (anteriorment Secretaria) d'Afers Religiosos, per tal d'iniciar classes de català i del context social i institucional de Catalunya a una quinzena d'imams, representa un primer pas per tal de superar la situació de desconeixement que mostra aquest personal religiós respecte de la realitat pròpia del país. Des de llavors, ja s'han fet tres edicions més d'aquests cursos de 45 hores, iniciats pel Març i l'octubre de 2003 i el Març de 2004, als quals es van inscriure vint, vint-i-tres i quinze imams, respectivament.
15. En el sentit donat per Pierre Bourdieu, d'un camp de forces en disputa entre els diferents actors que volen apropiar-se del seu capital simbòlic específic.
16. En aquest text faig referència al concepte de comunitat, més que com una unitat social delimitada i precisa, com una referència o un discurs que es pot dotar de significat respecte a determinades pràctiques socials i construccions identitàries. La comunitat s'entén abans com a referent, sempre en construcció, que no com a realitat fermament constituïda. Sobre la noció de procés de configuració comunitària i la seva relació amb la idea d'integració social, vegeu Moreras (1999 i 2002a).
17. De fet, la força que adquireix aquest component de coneixement personal en el criteri per avaluar la competència d'un imam comunitari, dificulta el reconeixement com a imams d'aquelles persones que sí que han seguit cursos oficials de formació religiosa. M'he referit en la introducció d'aquest llibre a aquests aspectes de competència professional entre veterans imams de primera generació, amb formació tradicional i que són al capdavant d'un oratori comunitari, i altres imams més joves, amb una preparació reglada i acadèmica més àmplia.
18. Pel que fa a les causes de la no-aplicació i un balanç en conjunt de l'Acord de 1992, vegeu Moreras (2002b).
19. En un article escrit en el marc de la polèmica que ha envoltat l'imam de Fuengirola, Cabrera afirma explícitament que «de hecho, todos los musulmanes somos imames, pero parece ser que entre las estrategias de judeocristianización del islam, el reforzamiento de la figura de los imames es un capítulo importante. Si llegamos a aceptar la existencia de estos "imames autorizados" como los únicos capaces de tener una opinión islámicamente válida, estaremos contradiciendo una de las premisas básicas de la condición del musulmán, que es la de ser depositario de la ámana [confiança dipositada per Déu en cada home] de Allah. ¿Cómo puede un musulmán entregar su ámana a otro ser humano? Eso es lo que ocurre normalmente entre católicos cristianos, que entregan su ámana al sacerdote a cambio de la salvación.» (Cabrera, 2003).
20. Entrevista amb Yusuf Fernández, portaveu de la FEERI (Madrid, 5 de maig de 2004).
21. Segons El Messery, a Espanya no hi ha més de cinc o sis persones que puguin demostrar la seva formació com a doctors de l'islam. Entre elles, cita Mohamed Kamal Mustafa i Abdulrrahim Tawil, imam del Centre Islàmic de València, que és l'únic membre espanyol que forma part del Consell Europeu de Fàtues i Recerques, presidit per Yusuf al-Qaradawi. Entrevista amb Moneir Mahmoud El Messery (Madrid, 5 de maig de 2004).
22. La interpretació d'aquesta intromissió com a amenaça és plantejada per Valenzuela (2002) i Canales-Montánchez (2002),

i recordada sovint pel diari La Razón: «El Ministerio de la Religión marroquí controla los sermones de los imanes en Ceuta y Melilla» [titular de portada], 2 de juny de 2004.

23. Així ho va manifestar el ministre de Justícia, Juan Fernando López Aguilar, durant la seva visita al Marroc del passat 19 de maig de 2004. Acompanyat de la directora general d'Afers Religiosos, Mercedes Rico, es va reunir amb responsables d'afers islàmics del regne alauita. La reestructuració del camp religiós islàmic al Marroc que promou el ministre d'Afers Religiosos, Ahmed Taufik, per tal de combatre l'emergència de moviments radicals (vegeu Maroc-Hebdo, núm. 604, 7-13 de maig de 2004), coincideix amb els interessos de l'Estat espanyol, que ja ha expressat la voluntat d'establir una cooperació més estreta en aquest terreny.

BIBLIOGRAFIA SOBRE L'AUTORITAT RELIGIOSA EN L'ISLAM

Jordi Moreras. Consultoria Tr[à]nsits. Barcelona.

La producció bibliogràfica acadèmica occidental sobre l'autoritat religiosa en l'islam adquireix un impuls renovat a través de l'aportació de les anàlisis de les expressions d'aquesta autoritat en contextos minoritaris. Les figures d'aquesta autoritat religiosa islàmica en les societats occidentals desperten un interès creixent, tal com ho demostra el volum de referències bibliogràfiques que, d'una manera no exhaustiva, hem intentat recollir en aquest apartat. S'hi inclouen obres que es podrien considerar textos claus en aquest tema, i s'ha donat preferència als treballs que analitzen les expressions contemporànies d'aquesta autoritat i que hagin estat elaborats durant la dècada dels noranta. Se citen obres que han estat publicades en anglès i francès, com a llengües acadèmiques principals, si bé cal fer esment que la rellevant producció en altres llengües (com l'alemany, l'italià i, especialment, el neerlandès) ens indiquen l'interès en diferents contextos nacionals respecte d'aquest camp emergent. Prova d'això han estat també els seminaris científics internacionals celebrats els darrers anys, en els quals s'ha abordat específicament aquesta qüestió, amb tota una sèrie de ponències que hem recollit en la bibliografia.

Les referències s'ordenen en cinc apartats: el primer inclou algunes de les entrades que es troben en obres de consulta i referència, com ara la segona edició de l'*Encyclopaedia of Islam*, editada per E.J. Brill a Leiden. El segon incorpora referències sobre l'autoritat religiosa en l'islam, amb una selecció de treballs que l'analitzen en diferents contextos propis de les societats islàmiques. El tercer apartat constitueix el gruix principal d'aquest capítol, i recull llibres, articles i ponències al voltant de les expressions de lideratge i autoritat religiosa en el si de les comunitats islàmiques a Occident. És significatiu anotar que la gran majoria d'aquestes referències han estat elaborades a partir de l'any 2000, i que els temes principals d'anàlisi tenen a veure amb el seu reconeixement i amb el debat a l'entorn de les propostes de formació d'aquest personal religiós. El quart bloc inclou els treballs que exploren les formes de producció del coneixement islàmic a Occident, un àmbit molt innovador en la recerca, que analitza l'elaboració de les *jutabun* (sing. *jutba*) o les fàtues [*fatawa* (sing. *fatwa*)] com a instruments per constituir un fiqh aplicable a minories islàmiques (*fiqh al-aqalliyat*). Finalment, el darrer apartat recull específicament aquelles obres que analitzen les expressions d'aquesta autoritat religiosa en el context de les noves tecnologies de la comunicació, que no es converteixen només en plataforma per a la difusió d'aquestes autoritats, sinó també en un mitjà per definir noves figures d'autoritat i predicament social.

REFERÈNCIES BIBLIOGRÀFIQUES PER CAPÍTOL

1. OBRES DE REFERÈNCIA I CONSULTA

Encyclopaedia of Islam (H.A.R. Gibb, ed., Leiden, E.J. Brill, 2a ed., 1954-).
MADELUNG, WILFERD (1978), «Imama», vol. 3, pp. 1163-1169.
PEDERSEN, JOHANNES (1978), «Khatib», vol. 4, pp. 1109-1111.
PEDERSEN, JOHANNES (1993), «Minbar», vol. 7, pp. 74-77.
TYAN, ÉMILE (1960), «'Adl», vol. 1, pp. 215-216.
TYAN, ÉMILE (1978), «Fatwa», vol. 3, pp. 866-867.
WENSINCK, ARENT JAN (1986), «Khutba», vol. 5, pp. 74-75.

The Encyclopedia of Religion (Mircea Eliade, ed., Nova York: Macmillan Publishers, 1987).
ALGAR, HAMID (1987), «Ulama», vol. 6, pp. 115-117.
MADELUNG, WILFERD (1987), «Imamate», vol. 3, pp. 114-119.

The Oxford Encyclopedia of the Modern Islamic World (John L. Esposito, ed., Nova York: Oxford University Press, 1995).
ALGAR, HAMID (1995), «Imam», vol. 2, pp. 182-183.
DALLAL, AHMAD S. (1995), «Fatwa. Modern usage», vol. 2, pp. 13-17.
FATHI, ASGHAR (1995), «Khutba», vol. 2, pp. 432-435.
MASUD, MUHAMMAD KHALID (1995), «Concepts of fatwa», vol. 2, pp. 8-10.
MESSICK, BRINKLEY (1995), «Fatwa. Process and function», vol. 2, pp. 10-13
ZAMAN, IJTIKHAR (1995), «Sunni 'Ulama», vol. 4, pp. 258-261.

2. L'AUTORITAT RELIGIOSA A L'ISLAM

AHMED, AL-HAJ MOINUDDIN (1990), *Ulama. The boon and bane of Islamic society.* Nova Delhi: Kitab Bhavan.

ALLÈS, ELISABETH (1999), «Des oulémas femmes: le cas des mosquées féminines en Chine». *Revue des Mondes Musulmans et de la Méditerranée*, núm. 85-86, pp. 215-236.

ANTOUN, RICHARD T. (1989), *Muslim Preacher in the Modern World: A Jordanian case study in comparative perspective.* Princeton: Princeton University Press.

BORTHWICK, BRUCE M. (1967), «The Islamic sermon as a channel of political communication». *Middle East Journal*, vol. 21, núm. 3, pp. 299-313.

BOUBRIK, RAHAL (1999), «Traditional "Men of Religion" and political power in Mauritania». *ISIM Newsletter*, núm. 2, p. 20.

BOZARSLAN, HAMIT (2004), «Islam, laïcité et la question de l'autorité dans l'empire Ottoman et en Turquie Kémaliste». *Archives des Sciences Sociales des Religions*, núm. 125 (gener-març) «Autorités religieuses en Islam».

CHIH, RACHIDA (2004), «Sainteté, maîtrise spirituelle et patronage : les fondements de l'autorité dans le soufisme». *Archives des Sciences Sociales des Religions*, núm. 125 (gener-març) «Autorités religieuses en Islam».

CHODKIEWICZ, MICHEL (2003), «Quelques leçons du comparatisme», a Dominique Iogna - Gilles Veinstein (dirs.), *Histoires des hommes de Dieu dans l'Islam et le Christianisme.* París: Flammarion, pp. 279-286.

CHRISTMANN, ANDREAS (1998), «Islamic scholar and religious leader: a portrait of Shaikh Muhammad Sa'id al-Buti». *Islam and Christian-Muslim Relations*, vol. 9, núm. 2, pp. 149-169.

CLAYER, NATHALIE (2004), «L'autorité religieuse dans l'empire ottoman : Sous le contrôle de l'État ?». *Archives des Sciences Sociales des Religions*, núm. 125 (gener-març) «Autorités religieuses en Islam».

DECOBERT, CHRISTIAN (2004), «L'autorité religieuse aux premiers siècles de l'islam». *Archives des Sciences Sociales des Religions*, núm. 125 (gener-març) «Autorités religieuses en Islam».

DUPRET, BAUDOIN (2004), «L'autorité de la référence. Usages de la shari'a islamique dans le contexte judiciaire égyptien». *Archives des Sciences Sociales des Religions*, núm. 125 (gener-març) «Autorités religieuses en Islam».

EICKELMAN, DALE F. - PISCATORI, JAMES (1996), *Muslim Politics.* Princeton: Princeton University Press.

EL FADL, KHALED ABOU (2001), *Speaking in God's name. Islamic law, authority and women.* Oxford: Oneworld Publis.

FATHI, ASGHAR (1981), «The Islamic pulpit as a medium of political communication». *Journal of Scientific Study of Religion*, vol. 20, núm. 2, pp. 167:172.

GABORIEAU, MARC - ZEGHAL, MALIKA (2004), «Introduction», *Archives des Sciences Sociales des Religions*, núm. 125 (gener-març) «Autorités religieuses en Islam».

GAFFNEY, PATRICK D. (1987), «Authority and the mosque in Upper Egypt: the Islamic preacher as image and actor», a William R. Roff (ed.), *Islam and the political economy of meaning*. Berkeley: University of California Press, pp. 199-225.

GAFFNEY, PATRICK D. (1991), «The changing voices of islam. The emergence of professional preachers in contemporary Egypt», *Muslim World*, vol. 81, núm. 1, pp. 27-47.

GAFFNEY, PATRICK D. (1994), *The Prophet's Pulpit. Islamic preaching in contemporary Egypt*. Berkeley: University of California Press.

GARDET, LOUIS (1977), *Les hommes de l'Islam. Approche des mentalités*. París: Hachette.

GILSENAN, MICHAEL (1982), *Recognizing Islam. Religion and Society in the Modern Arab World*. Londres: Croom Helm.

HAENNI, PATRICK (2002), «Au-delà du repli identitaire... Les nouveaux precheurs égyptiens et la modernisation paradoxale de l'islam». *Religioscope*, novembre de 2002 (www.religioscope.com).

HAENNI, PATRICK-HOLTROP, TJITSKE (2002), «'Mondaines spiritualités...' 'Amr Khalid, shaykh branché de la jeunesse dorée du Caire». *Politique Africaine*, núm. 87, pp. 45-68.

HAENNI, PATRICK - TAMMAM, HUSAN (2003), «L'islam branché de la bourgeoisie égyptienne». *Le Monde Diplomatique*, setembre de 2003, pp. 14-15.

HOFFMAN, VALERIE J. (1999), «Saints and sheikhs in Modern Egypt». *ISIM Newsletter*, núm. 2, p. 18.

IOGNA, DOMINIQUE-VEINSTEIN, GILLES (dirs.) (2003), *Histoires des hommes de Dieu dans l'Islam et le Christianisme*. París: Flammarion.

KAPTEIN, NICO (2004), «The voice of the ulama: fatwa and religious authority in Indonesia». *Archives des Sciences Sociales des Religions*, n°125 (gener-març) «Autorités religieuses en Islam».

KEDDIE, NIKKIE R. (ed.) (1972), *Scholars, Saints, and Sufis: Muslim Religious Institutions in the Middle East since 1500*. Berkeley: University of California Press.

KEPEL, GILLES- RICHARD, YANN (eds.) (1990), *Intellectuels et militants de l'islam contemporain*. París: Seuil.

KHURI, FUAD ISHAQ (2000), *Imames y emires. Ortodoxia y disidencias en la sociedad árabe* Barcelona: Bellaterra.

LAMBEK, MICHAEL (1990), «Certain knowledge, contestable authority: power and practice on the Islamic periphery». *American Ethnologist*, vol. 17, núm. 1, pp. 23-40.

MAKDISI, GEORGE (1981), *The Rise of Colleges: Institutions of Learning in Islam and the West*. Edinburgh: Edinburgh University Press.

MASUD, MUHAMMAD K. - MESSICK, BRINKLEY- POWERS, DAVID S. (1996), «Muftis, fatwas and Islamic legal interpretation», a M.H. Masud-B. Messick - D. S. Powers (eds.), *Islamic legal interpretation. Muftis and their fatwas*. Cambridge: Harvard University Press, pp. 3-32.

MERVIN, SABRINA (2003), «Ulémas chiites du Liban-sud, hier et aujourd'hui», a Dominique Iogna - Gilles Veinstein (dirs.), *Histoires des hommes de Dieu dans l'Islam et le Christianisme*. París: Flammarion, pp. 233-252.

MERVIN, SABRINA (2004), «Les autorités religieuses dans le chiisme duodécimain contemporain. *Archives des Sciences Sociales des Religions*, núm. 125 (gener-març) «Autorités religieuses en Islam».

MESSICK, BRINKLEY (1986), «The Mufti, the Text and the World: legal interpretation in Yemen». *Man* (n.s.), vol. 21, núm. 1, pp. 102-119.

MESSICK, BRINKLEY (1993), *The Calligraphic State. Textual domination and history in a Muslim society*. Berkeley: University of California Press.

MOMMERSTEEG, GEERT (1999), «Qu'ranic teachers and magico-religious specialists in Djenné». *ISIM Newsletter*, núm. 3, p. 30.

PEDERSEN, JOHANNES (1948), «The Islamic preacher: wa'iz, mudhakkir, qass», a S. Löwinger-J. Smogyi (eds.), *Ignaz Goldziher Memorial Volume*. Budapest: Globus, vol. 1, pp. 226-251.

PEDERSEN, JOHANNES (1953), «The Criticism of the Islamic Preacher». *Die Welt des Islams*, vol. 36: 215-231.

REEBER, MICHEL (1997), «La formation d'imam dans la Risala d'Ibn Abi Zayd al-Qayrawani», a *Revue de Droit Canonique*, 1997, tom 47/2, pp. 329-338.

REEBER, MICHEL (2003), «Une traduction fémenine du Coran: Zeinab Abdelaziz». Ponència presentada al Seminari *Religions d'hommes, regards de femmes* (Estrasburg, 15-16 de maig de 2003. Université Robert Schuman-Société, Droit et Religion en Europe-CNRS).

RUTZ, HENRY J. (1999), «The rise and demise of imam-hatip schools: discourses of islamic belonging and denial in the construction of Turkish civic culture». *Polar. Political and legal anthropology review*, vol. 22, núm. 2, pp. 93-103.

SKOVGAARD-PETERSEN, JACOB (1997), *Defining Islam for the Egyptian state. Muftis and fatwas of the Dar al-Ifta.* Leiden: Brill.

STEHLY, RALPH (1998), «L'imamat des cinq prières selon Chafi'i et Ibn Qudama», a Franck Frégosi (dir.), *La formation des cadres religieux musulmans en France. Approches socio-juridiques.* París: L'Harmattan.

TAYOB, ABDULKADER (1999), «The *minbar*: power and authority in Islam», a *Islam. A short introduction.* Oxford: Oneworld, pp. 113-138.

TOPCU-BRESTRICH, EMEL (2003), «Islamic organization in Turkey: conflicts between centre and periphery», a Karl-Fritz Daiber-Gerdien Jonker (eds.), *Local forms of religious organization as structural modernisation. Effects on religious community building and globalisation.* Marburg: Philipps Universität, pp. 31-49.

TOZY, MOHAMED (1990), «Le prince, le clerc et l'État: la restructuration du champ religieux au Maroc», a Gilles Kepel-Yann Richard (eds.), *Intellectuels et militants de l'islam contemporain.* París: Seuil, pp. 71-102.

TOZY, MOHAMED (1992), «L'Islam, entre le controle de l'Etat et les débordements de la société civile. Des nouveaux clercs aux nouveaux lieux de l'expression religieuse», a Jean-Claude Santucci (ed.), *Le Maroc actuel.* París: CNRS.

VEINSTEIN, GILLES (2003), «Les ottomans: fonctionnarisation des clercs, cléricalisation de l'Etat, a Dominique Iogna - Gilles Veinstein (dirs.), *Histoires des hommes de Dieu dans l'Islam et le Christianisme.* París: Flammarion, pp. 179-202.

WAARDENBURG, JACQUES (1978), «Official and Popular Religion in Islam». Social Compass, vol. 25, núm. 3-4, pp. 335-348.

WISE, LINDSAY (2003), *«Words from the Heart». New forms of Islamic preaching in Egypt.* Tesis presentada en el St. Anthony's College de la Universitat d'Oxford (director: Walter Armbrust).

ZAMAN, MUHAMMAD QASIM (2002), *The Ulama in contemporary Islam. Custodians of change.* Princeton: Princeton University Press.

ZARABOZO, JAMAAL AL-DIN (1998), *The Friday Prayer.* Ann Arbor: Islamic Assembly of North America. 3 vols.

ZEGHAL, MALIKA (1997), *Los guardianes del islam. Los intelectuales tradicionales y el reto de la modernidad.* Barcelona: Bellaterra.

ZUBAIDA, SAMI (2002), «Religious authority and public life». *ISIM Newsletter*, núm. 11, p. 19.

3. L'AUTORITAT RELIGIOSA ISLÀMICA A EUROPA I A OCCIDENT

AMIRAUX, VALERIE (2003a), «Competence and Authority In and Out the Muslim Community: A Case Study in Paris». Ponència presentada al Seminari *The Production of Islamic Knowledge in Western Europe* (Florència - Montecatini Terme, 19-23 març 2003), organitzada pel Programa Mediterrani del Robert Schuman Centre for Advanced Studies at the European University Institute.

AMIRAUX, VALÉRIE (2003b), «Building Religious Authorities Among Muslims in Europe: Some Examples from France». Ponència presentada al simposi *European Muslims and the Secular State in a Comparative Perspective* (París, 30 juny - 1 juliol 2003), organitzada pel Network of Comparative Research on Islam and Muslims in Europe (NOCRIME).

BAGBY, IHSAN A. (2003), «Imams and mosque organizations in the United States: a study of mosque leadership and organizational structure in American mosques», a Philippa Strum-Danielle Tarantolo (eds.), *Muslims in the United States.* Washington: Woodrow Wilson International Center for Scholars, pp. 113-134.

BARAZANGI, NIMAT HAFEZ (2000), «Muslim women's Islamic higher learning as a human right: theory and practice», a Gisela Webb (ed.), *Windows of faith: Muslim women scholars-activists in North America.* Syracuse: Syracuse University Press, 2000, pp. 22-47.

BARIKI, SALAH (2000), «Les imams marseillais, acteurs juridiques privés». *Islam de France*, núm. 8, pp. 85-106.

BOENDER, Welmoet (1999), «Imams in the Netherlands: an impression», in *CIE Newsletter* (Center for Islam in Europe, Gand), vol.1, núm. 2, setembre, pp. 23-28.

BOENDER, WELMOET (2000), «Freedom of Religion in the Netherlands: The Immigration Policy Regarding Imams», a Welmoet Boender - Matthijs de Jong (eds.), *Exploring Religious Identities. Studies concerning the Relations between Jews, Christians, and Muslims in Modern Western Europe by the Student-participants of the Honours Class Theology 1999.* Leiden, pp. 155-169.

BOENDER, WELMOET (2003), «Teaching Dutch Ways to Foreign Imams. Between Government Policy and Muslim Initiative». Ponència presentada al simposi *European Muslims and the Secular State in a Comparative Perspective* (París, 30 juny - 1 juliol 2003), organitzada pel Network of Comparative Research on Islam and Muslims in Europe (NOCRIME).

BOENDER, WELMOET - KANMAZ, MERYEM (2002), «Imams in the Netherlands and Islam teachers in Flanders», a W.A.R. Shadid-P.S. Van Koningsveld (ed.), *Intercultural relations and religious authorities: Muslims in the European Union.* Leuven: Peeters, pp. 169-180.

BOURG, DIDIER-ALI (1994) «L'Université islamique de France : un instrument d'intégration pour la seconde génération musulmane».

Migrations-Société, vol. 6, núm. 33-34, *Statut, rôle et formation de l'imam en France*, pp. 71-80.

BOUZAR, DOUNIA (2001), *L'islam des banlieues. Les prédicateurs musulmans: nouveaux travailleurs sociaux?*. París: Syros.

BRANINE, SAÏD (1999) «Messaoud Boumaza ou la génération montante des imams de France». *Islam de France*, núm. 5, pp. 81-88.

BRANINE, SAÏD (1999), «Le Cheikh Missoum Abdelmadjid Chaoui. De la mosquée de Nanterre... à l'aumônerie de la prison des Hauts-de-Seine». *Islam de France*, núm. 5, pp. 73-80.

BUFFIN, FRÉDÉRIC (1998), «Les imams et la sécurité nationale: état des lieux et perspectives», a Franck Frégosi (ed.), *La formation des cadres religieux musulmans en France. Approches socio-juridiques*. París: L'Harmattan, pp. 83-89.

CANATAN, KADIR (2002), «Required: Muslim leadership». *ISIM Newsletter*, núm. 9, p. 18.

CEFR (CONSEIL EUROPÉEN DES FATWAS ET DE LA RECHERCHE) (2002), *Recueil de fatwas. Avis juridiques concernant les musulmans d'Europe (Série núm. 1)*. París: Tawhid.

CESARI, JOCELYNE (2003), «Muslim Leadership in Europe: What Connections with the Ummah?». Ponència presentada al simposi *European Muslims and the Secular State in a Comparative Perspective* (París, 30 juny - 1 juliol 2003), organitzada pel Network of Comparative Research on Islam and Muslims in Europe (NOCRIME).

CHAABAOUI, MOHAMED (1994), «Rôle et statut de l'imam en France». *Migrations-Société*, vol. 6, núm. 33-34 *Statut, rôle et formation de l'imam en France*, pp. 57-64.

CHERRIBI, OUSSAMA (2000), *Imams d'Amsterdam: à travers l'exemple des imams de la diaspora marocaine*. Tesi presentada a la Universitat d'Amsterdam.

CHERRIBI, OUSSAMA (2001), «Imams and issues: the politics of Islam in European public space. Ponència presentada a la reunió anual de l'American Political Science Association (San Francisco, 30 agost - 2 setembre 2001).

CHIRANE, ABD EL HAMINE (1994), «La notion d'imam selon l'Institut musulman de la Mosquée de Paris». *Migrations-Société*, vol. 6, núm. 33-34 *Statut, rôle et formation de l'imam en France*, pp. 65-70.

DASSETTO, FELICE (1996), *La construction de l'islam européen. Approche socio-anthropologique*. París: L'Harmattan.

DASSETTO, FELICE (dir.) (2000), *Paroles d'islam. Individus, sociétés et discours dans l'islam européen contemporain*. París: Maisonneuve&Larose - European Science Foundation.

FADIL, NADIA (2003), «European Islam: An individualized Religiosity? About the Islamic Religiosity and its Relationship to Islamic Knowledge». Ponència presentada al Seminari *The Production of Islamic Knowledge in Western Europe* (Florència - Montecatini Terme, 19-23 març 2003), organitzada pel Programa Mediterrani del Robert Schuman Centre for Advanced Studies at the European University Institute.

FRÉGOSI, FRANCK (1998), «Les filières nationales de formation des imams en France: L'Institut Européen des Sciences Humaines (Chateau-Chinon) et l'Institut d'Études Islamiques de Paris (Paris)», a Franck Frégosi (ed.), *La formation des cadres religieux musulmans en France. Approches socio-juridiques*. París: L'Harmattan, 1998, pp. 101-139.

FRÉGOSI, FRANCK (2004), «L'imam, le conférencier et le jurisconsulte : retour sur trois figures contemporaines du champ religieux islamique en France». *Archives des Sciences Sociales des Religions*, núm. 125 (gener-març) «Autorités religieuses en Islam».

FRÉGOSI, FRANCK (dir.) (1998), *La formation des cadres religieux musulmans en France. Approches socio-juridiques*. París: L'Harmattan.

GALIZERA, MAHFOUD (2000), «L'islam et les musulmans à Marseille». *Islam de France*, núm. 8, pp. 67-84.

GEETS, JOHAN - TIMMERMAN, CHRISTIANE (2003), «The Significance of Islamic Knowledge for Highly Educated Muslims in Belgium». Ponència presentada al Seminari *The Production of Islamic Knowledge in Western Europe* (Florència - Montecatini Terme, 19-23 març 2003), organitzada pel Programa Mediterrani del Robert Schuman Centre for Advanced Studies at the European University Institute.

GERI, DOSSIER (1998), «Le projet de création d'une faculté de théologie musulmane à Strasbourg». *Le courrier du Geri*, hivern 1998, vol. 1 núm. 2, pp. 77-146.

HOEK, A. VAN DER (1991), «Religious institutionalization among Moluccans», pp. 181-191, a W.A.R. Shadid- P.S. Van Koningsveld (eds.), *Islam in Dutch society. Current developments and future prospects*. Kampen: Kok Pharos Publishers.

JONKER, GERDIEN (2003), «Islamic knowledge through a woman's lens: education, power and belief». *Social Compass*, vol. 50, núm. 1, pp. 35-46.

KEMP, JEFF (2002), «Healers as informal religious leaders». *ISIM Newsletter*, núm. 10, p. 18.

KHEDIMELLAH, MOUSSA (2002), «Muslim Leadership in France. Panorama and Specificities:the case of the Ad'Dawa Mosque of Paris». Ponència presentada al simposi Islam, *Citizenship and European Integration* (París, juny 2002), organitzada pel Network of Comparative Research on Islam and Muslims in Europe (NOCRIME).

KROISSENBRUNNER, SABINE (2002), «Turkish Imams in Vienna», a W.A.R. Shadid - P.S. Van Koningsveld, (ed.), *Intercultural relations and religious authorities: Muslims in the European Union.* Leuven: Peeters, pp. 181-207.

LANDMAN, NICO (1999), «Imams in the Netherlands. Home-made better than import?». *ISIM Newsletter*, núm. 2, p. 5.

LANDMAN, NICO (2002), «Dutch Women in National and Local Politics: Intermediaries between State and Mosque Organizations?». Ponència presentada al simposi *Islam, Citizenship and European Integration* (París, juny 2002), organitzada pel Network of Comparative Research on Islam and Muslims in Europe (NOCRIME).

LEWIS, PHILIP (1996), *Functions, education and influence of the 'Ulama in Bradford's Muslim communities*, Department of Theology and Religious Studies, University of Leeds, Community Religions Project Research Papers (New Series).

LEWIS, PHILIP (2004), «New Roles and Changing Patterns of Authority amongst British 'ulama». *Archives des Sciences Sociales des Religions*, núm. 125 (gener-març) «Autorités religieuses en Islam».

MAMMERI, YOUSSEF (2000), «Le Conseil des imams à Marseille». *Islam de France*, núm. 8, pp. 107-109.

MARÉCHAL, BRIGITTE (2001), «Mosquées, organisations et leadership», a Felice Dassetto - Brigitte Maréchal - Jorgen Nielsen (eds.), *Convergences musulmanes. Aspects contemporains de l'islam dans l'Europe élargie.* Louvain-la-neuve: Bruylant Academia-L'Harmattan.

MARTÍN MUÑOZ, GEMA (2002), «Muslim Women in Spain. Leadership and Religious Identity in an Accommodation Framework». Ponència presentada al simposi *Islam, Citizenship and European Integration* (Paris, juny 2002), organitzada pel Network of Comparative Research on Islam and Muslims in Europe (NOCRIME).

MAS, RUTH (2003), «Producing "Islam" in French: The Discourse of Muslim Intellectuals in the French Press». Ponència presentada al Seminari *The Production of Islamic Knowledge in Western Europe* (Florència - Montecatini Terme, 19-23 març 2003), organitzada pel Programa Mediterrani del Robert Schuman Centre for Advanced Studies at the European University Institute.

MCLOUGHLIN, SEÁN (2002), «'Citizenship' and Muslim Leaderships in the UK: Orientations of the Islamic Foundation (and the Muslim Council of Britain)». Ponència presentada al simposi *Islam, Citizenship and European Integration* (París, juny 2002), organitzada pel Network of Comparative Research on Islam and Muslims in Europe (NOCRIME).

MCLOUGHLIN, SEÁN (2003), «Islam, Citizenship and Civil Society: 'New' Muslim Leaderships in the UK». Ponència presentada al simposi *European Muslims and the Secular State in a Comparative Perspective* (París, 30 juny - 1 juliol 2003), organitzada pel Network of Comparative Research on Islam and Muslims in Europe (NOCRIME).

MESSNER, FRANCIS (1998), «L'enseignement de la théologie à l'Université publique: l'exemple de la création d'une faculté de théologie musulmane à Strasbourg», a Franck Frégosi (ed.), *La formation des cadres religieux musulmans en France. Approches socio-juridiques.* París: L'Harmattan, 1998, pp. 141-167.

MEULEMAN, JOHAN (2001), «Headscarves, homosexuals and imams in the Netherlands». *ISIM Newsletter*, núm. 8, p. 33.

MOHAMMAD-ARIF, AMINAH (2004), «Musulmans indo-pakistanais et autorité religieuse en diaspora : le cas américain». *Archives des Sciences Sociales des Religions*, núm. 125 (gener-març) «Autorités religieuses en Islam».

OTTERBECK, JONAS (2002), «Muslim Callers in Sweden». Ponència presentada al simposi *Islam, Citizenship and European Integration* (París, juny 2002), organitzada pel Network of Comparative Research on Islam and Muslims in Europe (NOCRIME).

PETER, FRANK (2003), «Training imams and the future of Islam in France». *ISIM Newsletter*, núm. 13, pp. 20-21.

RASTOUIL, LAURENT (1998), «La formation des imams en France: une fausse bonne question?». *Etudes*, núm. 388, març.

ROY, OLIVIER (2000), «L'individualisation dans l'islam européen contemporain», a Felice Dassetto (dir.), *Paroles d'islam. Individus, sociétés et discours dans l'islam européen contemporain.* París: Maisonneuve&Larose - European Science Foundation, pp. 69-84.

SAINT-BLANCAT, CHANTAL (2002), «Local Leadership: Visible and Invisible Interactions with the Italian local Society in Northern Italy». Ponència presentada al simposi *Islam, Citizenship and European Integration* (París, juny 2002), organitzada pel Network of Comparative Research on Islam and Muslims in Europe (NOCRIME).

SAINT-BLANCAT, CHANTAL (2004), «La transmission de l'islam auprès des nouvelles générations de la diaspora». *Social Compass*. vol. 51.

SHADID, W.A.R. - KONINGSVELD, P.S. VAN (2002), «Religious Authorities of Muslims in the West: Their Views on Political Participation» a W.A.R. Shadid - P.S. Van Koningsveld (ed.), *Intercultural relations and religious authorities: Muslims in the European Union.* Leuven: Peeters, pp. 149-168

SHADID, W.A.R. - KONINGSVELD, P.S. VAN (ed.) (2002), *Intercultural relations and religious authorities: Muslims in the European Union.* Leuven: Peeters.

THIELMANN, JÖRN (2003), «Challenged Positions, Shifting Authorities: Muslim Communities in a Small Town in South-West Germany». Ponència presentada al Seminari *The Production of*

Islamic Knowledge in Western Europe (Florència - Montecatini Terme, 19-23 març 2003), organitzada pel Programa Mediterrani del Robert Schuman Centre for Advanced Studies at the European University Institute.

TOULAT, PIERRE (1994), «Intermédiaires culturels: le champ religieux. Introduction». *Migrations-Société*, vol. 6, núm. 33-34, *Statut, rôle et formation de l'imam en France*, pp. 52-53.

WAARDENBURG, JACQUES (2000) «Normative Islam in Europe», a Felice Dassetto (dir.), *Paroles d'islam. Individus, sociétés et discours dans l'islam européen contemporain.* París: Maisonneuve&Larose - European Science Foundation, pp. 49-68.

WALBRIDGE, LINDA S. (1997), *Without forgetting the Imam. Lebanese shi'ism in an American community.* Detroit: Wayne State University Press.

WAUGH, EARLE H. (1980), «The Imam in the New World: Models and Modifications,» a F.E. Reynolds (ed.), *Transitions and Transformations in the History of Religions.* Leiden: E.J. Brill.

WEBB, GISELA (ed.) (2000), *Windows of faith: Muslim women scholars-activists in North America.* Syracuse: Syracuse University Press.

WEIBEL, NADINE (1998), «L'encadrement religieux au fémenin», a Franck Frégosi (ed.), *La formation des cadres religieux musulmans en France. Approches socio-juridiques.* París: L'Harmattan, pp. 91-100.

WEIBEL, NADINE (2001), «De l'autorité du père à celle de Dieu ou comment les 'musulmanes actives' d'Europe se réapproprient l'autorité religieuse». Ponència presentada al col.loqui anual de l'Association Française des Sciences Sociales des Religions *Les transformations de l'autorité religieuse* (París, ISESCO, 5-6 febrer 2001).

WERBNER, PNINA (1996), «The making of Muslim dissent: hybridized discourses, lay preachers, and radical rhetoric among British Pakistanis». *American Ethnologist*, vol. 23, núm. 1, pp. 102-122.

ZUHAIR, MAHMOOD (1994), «L'Institut européen des Sciences humaines». *Migrations-Société*, vol. 6, núm. 33-34, *Statut, rôle et formation de l'imam en France*, pp. 81-87.

4. LA CONSTRUCCIÓ D'UN CONEIXEMENT ISLÀMIC A OCCIDENT

AL-ALWANI, TAHA JABIR (2002), *Towards a Fiqh for Minorities. Some basic reflections.* Londres: The International Institute of Islamic Thought.

ALLIEVI, STEFANO (2003), «Islamic Voices, European Ears: Exploring the Gap between the Production of Islamic Knowledge and its Perception». Ponència presentada al Seminari *The Production of Islamic Knowledge in Western Europe* (Florència - Montecatini Terme, 19-23 març 2003), organitzada pel Programa Mediterrani del Robert Schuman Centre for Advanced Studies at the European University Institute.

AL-QARADAWI, YUSUF (2002), «Présentation du Conseil», a Conseil Européen des Fatwas et de la Recherche, *Recueil de fatwas. Avis juridiques concernant les musulmans d'Europe.* Serie núm. 1. Lió: Tawhid, pp. 21-27.

ANDENNA, MICHAEL (2003), «The Relationship Text-Context as a Turning Point in the Definition of a Dynamic European Fiqh». Ponència presentada al Seminari *The Production of Islamic Knowledge in Western Europe* (Florència - Montecatini Terme, 19-23 març 2003), organitzada pel Programa Mediterrani del Robert Schuman Centre for Advanced Studies at the European University Institute.

BARTON, STEPHEN (1986), «Sermons for Europe. The preaching of a Bradford imam». *Research paper*, núm. 29 Birmingham: Centre for the Study of Islam and Christian-Muslim Relation.

BOENDER, WELMOET (2003), «Islamic law and Muslim minorities». *ISIM Newsletter*, núm. 12, p. 13.

BRUINESSEN, MARTIN VAN (2003a), «The Production of Islamic Knowledge in Western Europe». *ISIM Newsletter*, núm. 12, p. 6.

BRUINESSEN, MARTIN VAN (2003b), «Making and Unmaking Muslim Religious Authority in Western Europe». Ponència presentada al *Seminari The Production of Islamic Knowledge in Western Europe* (Florència - Montecatini Terme, 19-23 març 2003), organitzada pel Programa Mediterrani del Robert Schuman Centre for Advanced Studies at the European University Institute.

CAEIRO, ALEXANDRE (2003a), «The European Council of Fatwa and Research». Ponència presentada al Seminari *The Production of Islamic Knowledge in Western Europe* (Florència - Montecatini Terme, 19-23 març 2003), organitzada pel Programa Mediterrani del Robert Schuman Centre for Advanced Studies at the European University Institute.

CAEIRO, ALEXANDRE (2003b), «Adjusting Islamic Law to migration». *ISIM Newsletter*, núm. 12, pp. 26-27.

CAEIRO, ALEXANDRE (2004), *La normativité islamique à l'épreuve de l'Occident: le cas du Conseil européen de la fatwa et de la recherche.* París: L'Harmattan.

DELORENZO, YUSUF TALAL (2000), «The fiqh counselor in North America», a Yvonne Yazbeck Haddad - John L. Esposito (ed.), *Muslims on the Americanization Path.* Nova York: Oxford University Press, pp. 65-86.

IBN BAZ, SHAYKH - UTHAYMEEN, SHAYKH (1998), *Muslim minorities: fatawa regarding Muslims living as minorities.* London: Message of Islam.

KEPEL, GILLES (1985), «La leçon de Cheikh Fayçal. Les enjeux d'un discours islamiste dans l'immigration musulmane en France». *Esprit*, núm. 102, pp. 186-196.

KONINGSVELD, PETER S. VAN (2001), *The significance of fatwas for Muslims in Europe*. ISIM Lecture, Utrecht.

MALIK, MALEIHA (2003), «Accommodationg Muslims in Europe: opportunities for minority fiqh». *ISIM Newsletter*, núm. 13, pp. 10-11.

MASUD, MUHAMMAD K. (2002), «Islamic law and Muslim minorities». *ISIM Newsletter*, núm. 11, p. 17.

MESTIRI, MOHAMED (2003), «From the fiqh of minorities to the fiqh of citizenship: challenges of conceptualizatrion and application». Ponència presentada a la Conferència Anual de The Association of Muslim Social Scientists, *East meets West. Understanding the Muslim presence in Europe and North America* (Bloomington, Indiana, 26-28 de setembre de 2003).

OUBRU, TAREQ (1998), «Introduction à la chari'a de minorité». *Islam de France*, núm. 2, pp. 27-41.

REEBER, MICHEL (1992a), «Les degrés du Minbar: sociologie religieuse de la prédication islamique en dispora». *Migrations-Société*, vol. 21, núm. 4, pp. 31-44.

REEBER, MICHEL (1992b), «Les minbar de la diaspora, à propos de la prédication». *Projet*, núm. 231, tardor, pp. 55-59.

REEBER, MICHEL (1993), «Islamic preaching in France: admonitity adresses or a political platform? *Islam and Christian-Muslim Relations*, vol 4, núm. 2, desembre 1993, pp. 210-222.

REEBER, MICHEL (2000), «Les khutbas de la diaspora: enquete sur les tendances de la prédication islamique dans les mosquées en France et dans plusieurs pays d'Europe occidentale», a Felice Dassetto (dir.), *Paroles d'islam. Individus, sociétés et discours dans l'islam européen contemporain*. París: Maisonneuve&Larose - European Science Foundation, pp.185-203.

5. AUTORITATS MEDIATITZADES

AL-ASWAD, EL SAYED (2000), «Muslim sermons. Public discourse in local and global scenario». Ponència presentada a la Conferència anual de l'American Anthropological Association (San Francisco, 2000).

BENTZIN, ANKE (2003), «Islamic TV programmes as a forum of a religious discourse» a Stefano Allievi-Jorgen Nielsen (eds.), *Muslim networks and transnational communities in and across Europe*. Leiden: Brill, pp. 170-193.

BUNT, GARY (2000a), «Interface dialogues and the Online *Fatwa*». *ISIM Newsletter*, núm. 6, p. 12.

BUNT, GARY R. (2000b), *Virtually Islamic: Computer-mediated communication and Cyber islamic Environments*. Cardiff: University of Wales.

BUNT, GARY R. (2003), *Islam in the Digital Age: E-Jihad, Online Fatwas and Cyber Islamic Environments*. Londres: Pluto Press.

CAEIRO, ALEXANDRE (2003), «Debating fatwas in the Cyberspace: the construction of Islamic authority in four Francophone Muslims Internet forums». Ponència presentada a la Conferència internacional *Transforming Traditions in the Interplay of Religion and Media* (Jyväskylä, Finlàndia, 10-13 de juliol de 2003).

CHIH, RACHIDA-MAYEUR-JAOUEN, CATHERINE (2002), «Le cheikh Sha'rawi et la télévision: l'homme qui a donné un visage au Coran», a Catherine Mayeur-Jaouen (ed.), *Saints et héros du Moyen-Orient contemporain*. París: Maisonneuve & Larose, pp. 189-209.

EICKELMAN, DALE F. - ANDERSON, JON W. (1997), «Print, Islam and the prospects for civic pluralism: new religious writings and their audiences». *Journal of islamic Studies*, vol. 8, núm. 1, pp. 43-62.

EICKELMAN, DALE F. - ANDERSON, JON W. (eds.) (1999), *New Media in the Muslim World. The emerging public sphere*. Bloomington: Indiana University Press.

HIRSCHKIND, CHARLES (2001), «The ethics of listening: cassette-sermon audition in contemporary Cairo». *American Ethnologist*, vol. 28, núm. 3, pp. 623-649.

IHTIYAR, NEÇE (2002), «Televangelism and the case of Yaçar Nuri Özturk». *ISIM Newsletter*, núm. 9, p. 22.

JONKER, GERDIEN (2000), «Islamic television "made in Berlin"», a Felice Dassetto (dir.), *Paroles d'islam. Individus, sociétés et discours dans l'islam européen contemporain*. París: Maisonneuve&Larose - European Science Foundation, pp. 267-280.

MANDAVILLE, PETER (2000), «Information technology and the changing boundaries of European Islam», a Felice Dassetto (dir.), *Paroles d'islam. Individus, sociétés et discours dans l'islam européen contemporain*. París: Maisonneuve&Larose - European Science Foundation, pp. 281-298.

MARIANI, ERMETE (2001), *Islam et globalisation : Médiation, Mobilité et Religion. L'exemple de Yussef al-Qardawi*. París: Institut d'Études Politiques. Memoria DEA : Analyse comparative des aires politiques, spécialisation Monde musulman (director: G. Kepel). 89 p.

MARIANI, ERMETE (2002), «Hadith On-Line: the invention of a tradition». *ISIM Newsletter*, núm. 9, p. 24.

MARIANI, ERMETE (2003), «Fatwa on-line : Proposition pour une méthode de lecture». Ponència presentada al Seminari *The Production of Islamic Knowledge in Western Europe* (Florència - Montecatini Terme, 19-23 març 2003), organitzada pel Programa Mediterrani del Robert Schuman Centre for Advanced Studies at the European University Institute.

MARIANI, ERMETE (2004), «Yussuf al-Qardawi: pouvoir électronique, financier et symbolique», a Franck Mermier (dir.), *Mondialisation et nouveaux médias dans l'Orient arabe* (col.loqui organitzat a Lió el novembre de 2001 pel GREMMO i pel CERMOC-UL).

MESSICK, BRINKLEY (1996), «Media muftis: radio fatwas in Yemen», a M. H. Masud-B. Messick-D. S. Powers (eds.), *Islamic legal interpretation. Muftis and their fatwas.* Cambridge: Harvard University Press, pp. 310-320.

ROALD, ANNE-SOPHIE (2001), «The wise men: democratisation and gender equalisation in the Islamic message: Yusuf al-Qaradawi and Ahmad a-Kubaisi on the air». *Encounters*, vol. 7, núm. 1, pp. 29-55.